CELEBRATING
REFORM AND
OPENING UP
1978—2018

纪念中国改革开放40周年丛书

居民财产性收入：产权改革与增长保障研究

伍中信 彭屹松 曾 峻◎著

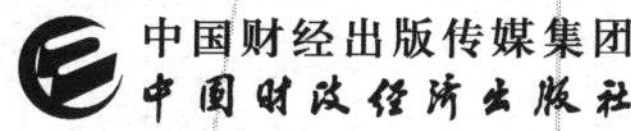

图书在版编目（CIP）数据

居民财产性收入：产权改革与增长保障研究/伍中信，彭屹松，曾峻著.
—北京：中国财政经济出版社，2019.3
（纪念中国改革开放40周年丛书）
ISBN 978-7-5095-8663-1

Ⅰ.①居… Ⅱ.①伍… ②彭… ③曾… Ⅲ.①居民收入-研究-中国
Ⅳ.①F126.2

中国版本图书馆CIP数据核字（2018）第260055号

责任编辑：钱红叶等　　　　责任校对：黄亚青
封面设计：陈宇琰

中国财政经济出版社 出版
URL：http：//www.cfeph.cn
E-mail：cfeph@cfeph.cn

社址：北京市海淀区阜成路甲28号　邮政编码：100142
营销中心电话：010-88191537
天猫网店：中国财政经济出版社旗舰店
网址：https：//zgczjjcbs.tmall.com
北京财经印刷厂印刷　各地新华书店经销
710×1000毫米　16开　17印张　290 000字
2019年3月第1版　2019年3月北京第1次印刷
定价：70.00元
ISBN 978-7-5095-8663-1
（图书出现印装问题，本社负责调换）
本社质量投诉电话：010-88190744
打击盗版举报热线：010-88191661　QQ：2242791300

自 序

改革开放的40年，一直是沿着“放权让利”的路径依赖着。

但真正改革的重点、触及产权的改革，发轫于1992年，也就是从小平同志南方谈话的时候开始的。

改到深处是产权，我们至今还在路上。

市场经济，实际上是产权经济。因为没有产权主体，就没有市场主体，没有市场主体，自然就没有市场和交易。

当时，亟待培育和发展社会主义市场主体，即产权主体。

恰逢其时，产权经济学鼻祖科斯教授，于1991年年底获得了诺贝尔经济学奖。国内学者一哄而上，开始学习什么是市场经济，什么是公司制，什么是产权经济学，言必称科斯。

有人说，科斯及其产权经济学，对中国经济体制改革是最同步的，最有营养的，也是最有贡献的，这话一点都不假。

其时，作为会计学，一直很少有人把会计与产权直接挂起钩来。最多是某些学者在文章中偶然提及，或者在方法论和某些理念上加以融合。

其实，会计学就是为产权而生！为产权而死！

会计从一出生就嫁给了产权，从此相依为命，不唯同年同月同日生，也将同年同月同日死！

如果社会上不需要明晰产权，会计就根本没有产生的必要！

相反，如果没有会计学，人与人之间，组织之间，产权也无从区分和明晰。人们的财产关系，继而人际关系，都会陷入无休止的纠葛之中。市场交易主体也不能确定，人与人之间的激励机制也无法兑现，社会难以进步。

此时，1992 年，我们适时地发现了会计与产权的这一重要的“姻缘”关系。

这一发现，正契合中国产权改革的关键时刻，与中国经济改革的核心内容完美同步，也非常有利于中国会计改革与经济改革的协同。

为此，我们利用以研究制度为特色的产权经济学（又称“新制度经济学”）对会计制度的改革展开跟进研究。《论公司制与会计变革》《会计改革与产权改革的相关性研究》《会计准则制定模式研究》《产权范式的会计研究》和《中国的过渡会计学：研究框架与现实评价》就是跟进的代表之作。2006 年 2 月 15 日，财政部发布与国际财务报告准则“实质趋同”的企业会计准则体系。近年来，“蓝天保卫战”和“一带一路”倡议深入推进。我们运用产权经济学以及法和经济学的基本原理，较为系统地探讨了产权保护与公允价值（《产权保护、公允价值与会计改革》《产权保护、公允价值与会计稳健性》）、公共领域与会计变迁（《产权保护、公共领域与会计制度变迁》）、会计法律制度体系及其优化（《两大法系会计法律制度：架构、特征与适应性效率》《会计法律制度体系优化研究》）、国际趋同问题与财务报表列报改革（《产权保护、双重计量与三重列报》）、碳排放权的会计处理问题（《产权保护导向的碳排放权会计确认与计量研究》）以及“一带一路”地区准则趋同问题（《会计准则国际趋同提升了资本市场效率吗？——来自“一带一路”亚洲地区主要资本市场的经验证据》）等等。可以说，我们站在经济改革的最前沿俯视着会计改革，检视并指引着会计改革的整个路径。

我们的研究方法和成果得到著名新制度经济学家茅于轼教授的高度认可和支持，并欣然以《中国会计学产权学派的兴起》为题为我们的《产权理论与中国会计学》一书作序。

与此同时，在市场经济和产权经济提出伊始，我们适时提出并论证了“财权流”理论体系，并认为财权是现代财务区别于传统财务的根本标志，也是财务主体区别于会计主体的根本砝码。通过财权理论的确立，使会计和财务在产权功能上产生分工，两者分别承担界定产权（外延）和支配产权（内涵）两大重要使命。

我们把“资源配置”和“财权配置”作为财务两大基本职能，以“财权配置”为核心构建了“财务治理结构”理论。创新性地论证了“企业治理以财务治理为核心”的思想，得到同行学者的一致认可和发扬。相关研究成果在《财政研究》杂志发表5篇（《现代财务理论的产权基础》《现代财务理论体系：基于价值与权力的融合研究》《财权起点论：财务研究逻辑起点的现实选择》《财权流：财务本质的恰当表述》《财务主体理论的经济学基础》），并在《中国会计年鉴》上连续4年刊载。

不唯如此，我们紧跟经济改革的时代步伐，就其需要破解的财务、会计和审计难题展开课题攻关，取得了可喜成果。如以产权配置与交易为特征的环境会计与审计问题（2011年国家社科基金重点项目），财产权利与会计制度（2015年国家社科基金项目），会计学的产权变革研究（2011年中国博士后科学基金项目），产权保护、审计监督与国家经济安全审计问题（2011年国家社科基金项目、2012年中国博士后科学基金特别资助项目、2015年财政部全国会计重点项目），产权财务研究（2009年中国博士后科学基金项目），国有企业公司化与公司治理中的财务问题（“债转股、国有股减持、管理层持股”，1998年和2001年国家社科基金项目），居民财产性收入增加与保障问题（“产权与财务的结合”，2008年国家社科基金项目和2018年国家社科基金重点项目），促进和服务了当时的经济改革。如近年来我们连续5次向全国政协提交相关提案（如“关于应对金融危机，急需尽快提高居民财产性收入的提案（2009）”“关于逐步确认农民土地所有权，增加农民财产性收入的提案（2012）”“关于确认农村居民宅基地产权的建议（2017）”），多家中央主流媒体作出报道，相关重要网站进行了专题视频采访并被上百家媒体转载，农业农村部、人力资源和社会保障部、国土资源部、住房和城乡建设部、中国人民银行、中国证监会都积极回应，对相关政策的及时制定产生了直接的推动作用。

如果说，中国会计学有哪种理论最能跟进中国经济改革步伐，那么我们可以自豪地说，产权会计与财务理论体系当之无愧！

——一个时代的产权保护状况体现着同时代的社会文明程度，会计秩序就是产权秩序，产权秩序便是社会秩序，会计既是该时代产权保护的卫士，又是社会文明的使者。

——会计存在和发展的根本使命在于：反映产权结构，体现产权关系，维护产权意志。

——会计的本质就在于认定和解除“受托责任”；其根本职能就是界

定产权（核算）和保护产权（监督）。

——把会计制度纳入制度经济学这一更大的理论氛围中，用“均衡”的概念作为会计学人的哲学思想来武装我们的头脑，很多的会计问题，都可能看得更深更远。用产权理论来武装会计理论，这丝毫谈不上对会计理论的叛逆和冲击，恰恰是一种“帕累托改进”。

——会计制度变迁是一个“演进”过程，简单的照搬不是中国会计制度变迁的正常秩序。在改革中强调“中国特色”显然是中国会计改革的正确道路。改革能否顺利和成功，不在于事先设计好了整个改革的模式或框架，而是在确定了“全面创立具有中国特色的会计理论和方法体系”的基本方向后，让千百万当事人去摸索、去博弈、去试错、去创新。

——会计在界定和保护利益相关者产权及保障市场经济有序和有效运转中的作用都是基础性的、不可替代的。产权保护导向的市场化改革必然要求产权保护导向的会计改革与之步调一致。

——经济史中的会计制度经历了从“法律遵从型”到“金融预期型”的变迁过程，旨在一体化保护实体产权和虚拟产权。会计制度变迁的根本原因是会计制度偏离会计域秩序引致的公共领域，变迁的内在逻辑是：会计习惯→会计习俗→会计惯例→会计社会规范→会计制度。有效的会计制度应遵从有效的产权法律制度，从而实现两者的同步变迁。

——会计法律制度体系是市场经济中的基础性产权保护制度安排。会计法律制度体系优化旨在实现对“产权”的一体化和基础性控制；优化的必要性源于国际趋同引致的会计制度与民法、商法、税收法规等法律制度的分离、冲突等不兼容问题；优化的指导原则是最小化改革成本。中国会计法律制度体系优化实施方案是“逆流而上”与“循序渐进”。

——中国从计划经济体制向社会主义市场经济体制转型，本质上表现为产权不断明晰和权利不断开放的过程。产权结构的变化决定了会计法律制度体系变迁的方向，特定历史时期的产权结构决定了当时会计法律制度体系的架构和特征；改革开放40年来会计制度的变迁路径是从“法律遵从型”到“金融预期型”；进入“金融预期型”会计制度时代，平等保护各产权主体的财产权利需要切实维护会计的信任功能。

——独立财权的确立是现代财务区别于传统财务的根本标志，是企业是否真正开展财务活动的标志；“财权流”作为现代财务的本质表述，贯穿于财务基本理论的始末，在现代财务的理论体系中占据着核心和统驭地位。

——产权问题是我国社会主义市场经济建立与发展的核心问题，是现代企业制度建立的基石。以公司组织形式所进行的产权价值运动是市场经济形成与发展的基础，而产权价值运动过程及其结果又决定着市场经济运行的基本规律。不管是发达国家还是发展中国家，一旦产权制度发生较大变化，其财务效应就是显著的。

产权会计不是流派，也不是一种学说，而是会计学的灵魂！

我们为会计学而生，也必将为产权而死！

谨以此书献给《产权与会计》出版20周年，并致我们为产权会计奋斗的青春岁月！

作者

2019年2月于长沙岳麓山下

内容摘要

进入21世纪以来，我国经济腾飞，分配方式不断优化，居民的收入来源也趋于多元化。而在诸多不同渠道的收入中，财产性收入正逐渐成为居民收入增长的重要源泉。我国居民收入和财产性收入增加的问题一直是党和国家的关注重点。党的“十七大”“十八大”报告和中央经济工作会议多次提出要增加居民收入和财产性收入。早在中共十七大报告中，中央首次提出“要创造条件让更多群众拥有财产”，并明确要让个人拥有财产普遍化。2008年，中央“一号文件”也据此提出，要“进一步明确农民家庭财产的法律地位，保障农民对集体财产的收益权，创造条件让更多农民获得财产”。2014年，党的十八届三中全会提出，赋予农民更多财产权利，选择若干试点，慎重稳妥推进农民住房财产权抵押、担保、转让，探索农民增加财产渠道。“要创造条件让更多群众拥有财产”，“赋予农民更多财产权利”这些提法引发了全社会的广泛关注，也进一步明确保障我国居民财产权利，切实增加居民收入和财产性收入的深远意义。

本书对居民财产权利提高和财产性收入增加的分析，主要内容如下：第1章为绪论，介绍居民财产的缘起，基本概念，基本分类及本课题的基本思路等。第2章论述了我国居民财产产权基础与基本分类，从财产基础、法律基础、市场基础三方面构建居民财产的产权基础，将我国居民财产划分为金融资产收入、住宅资产和土地收入、生产性资产收入、其他投资品收入。第3章描述了全国居民财产性收入现状，剖析我国居民财产呈现的以下特点：(1) 增长速度快，但总量相对偏低；(2) 城乡差距较大，地区差别显著；(3) 户均差距较大。综述了产权、政权与财权及财产保障相关问题，梳理了已有文献研究资料对于城乡居民财产性收入的影响因素，深入研讨城乡资源因素、地区因素、行业因素、政策因素和个人特征因素对我国城乡居民财产性收入现状的影响。第4章对比中美两国居民总体收入与居民财产性收入状况，发现中国居民的收入与居民财产性收入的主要特点是：主要来源于劳动者报酬，中国居民的个人收入来源构成较单调，收入不稳定，并且居民财产性收入（如租金、来自公司的红利、利息等）较少。美国居民财产性收入是美国家庭收入的重要组成部分，所占比重仅次于薪资收入。发达国家提高居民财产性收入的做法对中国的启示是：(1) 转移和引导农业劳动力向有需求的产业与地区流动；(2) 认真对待农民进入市场，完善的农村协会组织；(3) 重视农业科研推广；(4) 加强对居民投资知识的培训，完善中小投资者权益保护机制；(5) 增加实业投资及租赁服务；(6) 建立和完善多层次资本市场体系，丰富金融工具品种和结构，使市场成为决定收入分配的主导力量。第5章对城镇居民财产性收入进行了系统深入的研究，提出收入—财产（生活性和投资性）—财产性收入三者相联系的观点，分析近几年我国城镇居民财产和财产性收入的现状和值得关注的问题，并测算了城镇居民总财产＝（金融财产＋实物财产－借贷），最后有针对性地提出增加城镇居民财产性收入的对策建议。第6章重点研究我国农村居民的收入水平和结构，利用30个省（市、自治区）11年的数据建立面板数据模型分析得出农村居民财产性收入的影响因素主要有农村土地流转、财产性收入积累、公共基础投资、城镇化水平、人力资本、金融市场建设和农村制度性因素。探究农村居民收入的增长点，有针对性地提出提高农村居民财产性收入的政策措施。第7章以现代产权理论、城市化发展的理论为基础，从农村宅基地使用权市场化流转的两大实践模式——政府、市场与农户主体关系，宅基地权能的分割——分析宅基地社会产权样态，指出当前农村宅基地运行中存在的三大问题：(1) 农村宅基地政策性、制度性障碍；(2) 宅基地福利性、保障性、无偿性的特性；(3) 宅基地隐性流转和地下交易大量存在。这三大问题限制了宅基地市场化发展，使农村居民的财产利益遭到一定程度的损失。因此，如果以提高农民收入、保护农民权益为农村建设的基本原则，就要拓展宅基地交易的产权权能，提高宅基地集约利用程度。第8章从居民财权、产权、国家政权三者的关系剖析居民财权增加的内涵和必要性，分析影响居民财产增加的限制因素和现代市场经济的基本特征，认为居民财权提高的途径是政权与财权的相互融合：(1) 政权与财权都受到基本法律保护，财产和财产继承权受到法律保护；(2) 规范和维护居民的消费权益；(3) 规范和保障居民的物权；(4) 保障居民参政议政权；(5) 扩展居民财权实现的形式。第9章以湖南省为例，对实现国内生产总值与城乡居民人均收入同步增长的现实条件、制约因素以及实现路径进行研究。

本书解释和描述了我国居民收入和财产性收入的现状。在我国，农村居民和城镇居民在财产方面是我国两个最具代表性的居民类别，将它们进行区别研究，可以更有针对性地进行深入分析。从收入视角来看，城镇居民应当是在城镇有着较长的工作经历，与城镇主流人群具有类似的收入结构，具有比较稳定的居所，并有长期在城镇工作生活愿望的群体。除此之外的，就应当属于农村居民。城镇居民的财产构成一般包括：现金、银行存款和各种有价证券之类的金融资产，住宅资产收入，直接用于生产活动的生产性资产，以及具有收藏投资价值的各种其他投资产品。农村居民的财产主要表现为银行存款的金融资产收入，住宅和凭借土地获取的土地资产收入，包括各种各样的农业生产机械、耕牛、运输设备、建筑设备等等在内的生产性资产收入，以及一般比较缺少的其他投资品收入。从总体而言：(1) 两者财产来源渠道差别大，农村居民财产渠道单一；(2) 两者财产数量差距大，财产集中于城镇居民。而从分类而言：(1) 城镇居民拥有多种的金融资产，农村居民的金融资产种类比较单一；(2) 城镇居民中少数人群拥有较高的房产收入，农村居民更多地享有住宅和土地收入；(3) 农村居民其他投资品带来的财产很少。

城镇居民财产主要来源于金融资产、无形非生产资产、有形非生产资产及有形生产资产。前三类资产使用权的让渡所获得的财产是生产要素按贡献参与收益分配的一种体现，因此理应有权按照各自贡献的大小取得相应的分配份额。其中，房租收入是房产资产所有者的所有权在经济上的实现。从财产形成条件讲，拥有稳定的财产是城镇居民拥有或者创造财产的前提条件，合理和合法界定财产所有权是获得财产的法律基础，市场体系的完善是城镇居民获得财产的重要保障。在以上理论分析的基础上，本书针对我国城镇居民财产结构进行数据分析发现，近年来，城镇居民财产绝对数和增长比率持续增长，且构成有较大变化。为此，本书提出了一系列建议以增加城镇居民财产性收入，如完善法律制度、提高劳动报酬在初次分配中的比重、大力发展资本市场、促进房地产市场健康发展、加强宏观经济政策调控力度等。

增加农村居民收入一直是促进我国农村经济发展的重心，而增加农村居民财产是农民增收的新亮点。为此，本书首先对我国农村居民收入进行了经验描述：农村居民财产增长速度大于纯收入增长速度，且增长稳定，增幅呈倒“U”形；但与城镇居民比较，绝对数小，人均财产明显低于城镇居民，增长速度缓慢；与农民各项收入比较，农村居民财产占总收入比例小，但有不断增加的趋势；财产内部差异化，而这种差异主要体现在土地征用补偿、转让土地承包经营权收入和金融资产及其他之间。本书用以上经验描述为基础，进一步对农村居民财产影响因素进行了实证研究。利用30个省（市、自治区）11年的数据建立面板数据模型，分析得出农村居民财产的影响因素主要有农村土地流转、财产积累、公共基础投资、城镇化水平、人力资本、金融市场建设和农村制度性因素等，其中财产积累对农村居民财产的影响最大，农村土地流转次之。最后，针对如何增加我国农村居民财产性收入提出了相应的政策建议，如必须大力发展农村经济，规范农村土地流转，明晰土地产权，同时加强农村人力资本投资，提升农民文化素质水平，并建立和健全农村各项制度，保障农村居民生活和权益，加大公共基础投资、加快推进农村城镇化及加强农村金融市场建设等。

在描述我国居民财产现状的基础上，本书分析了我国居民财产的影响因素：城乡资源因素、地区因素、行业因素、政策因素和个人特征因素。对我国居民财产性收入低下的原因进行了深层分析：首先，现行政治体制下政府权力过大，改革滞后于经济体制，经济的快速增长和市场机制的建立并没有惠及所有人；其次，有限准入秩序下偏重于少数利益集团的利益，从而导致不利于一些弱势群体的制度安排形成；最后，有限准入秩序下，科层组织制度的设计使城乡差距拉大，市场化改革程度的差异使地区差距拉大，而这种地区差异主要是由东西部地区不同的产权制度基础、现存制度安排存量及传统计划经济存量造成的。

最后探讨隐藏在财产性收入的背后权利，一方面，财产是产权与财权融合下的财产：产权表现为某一主体对财力所拥有的一种占有权，而财权则表现为一种支配权。两者的关系是实物形态的财产和价值形态的财产的结合，财产是产权与财权结合条件下的财产所有权在经济上的实现。另一方面，财产是政权与财权融合下的财产：在市场经济条件下，国家政权与居民财权是社会经济体系的两大基本制度，其相互关系的制度重构属于制度变迁的核心内容。本书分析了政权与财权之间的相互关系：(1) 居民财权依存于政权保护，政权保护不仅是居民财权历史发展的结果，也是居民财权有效的基本前提；(2) 居民财权是政权赖以稳固的社会基础和经济基础；(3) 国家财权与居民财权的循环流动是现代市场经济基本表征。经过政权与财权的分析，进一步分析政权对我国居民财产低下的影响，即居民财权相对政权过小，中国居民财产权利有限，其收入增长速度低于国家经济增长速度，且财产集中掌握在少数人手中。正是以上因素的影响，造成我国居民财产性收入低下。因此，通过政权与财权的相互融合可以提高居民财产性收入。而政权与财权的融合，主要表现在基本法律的保护、居民消费权益的规范和维护、居民物权的规范和保障、居民参政议政权的提高及居民财权实现形式的扩展等。

从对我国居民财产的分析中，本书深入剖析了我国居民财产现状的形成背景及旧制度安排的不足。那么，就必须用相应的新制度来调整旧制度安排所造成的社会分配失衡，防止社会财富出现“马太效应”。新制度的建立必须从政治制度改革入手，并上升为基础的法律制度，即对居民财产增加与保障的制度安排及方法进行改进。首先，基础政法制度要明确界定居民财产权，必须建立健全严格、公正、高效的司法审判机制，从诉讼程序上对公民私有财产权进行有效救济。对此，本书提出了三点建议：(1) 建立财产侵害案件的刑事立案、侦破反馈制度；(2) 严格依法实施对公民财产的冻结、查封、扣押和没收等措施，不得违法冻结、查封、扣押和没收；(3) 各级司法机关应以贯彻实施《物权法》为契机，以保护人民的财产权益不受损害为原则，增强对公民合法私有财产的物权保护意识，提高对公民合法财产保护的必要性的认识，努力探索构建中国特色财产的司法保障体系。其次，建立强化市场型政府，即政府有足够的权力去创造和保护个人的财产权利，且它还受到约束而无法剥夺或侵犯私人权利。再次，用市场组织替代科层组织，建立城乡统一的要素市场，打破城乡间和地区间要素流动壁垒，促进产品和要素在城乡和地区间自由流动，缩小城乡和地区差距。最后，改善宏观经济运行体系：完善财产资本化的市场体系，保障居民财产的稳步增加；优化财政与金融体制，扩大居民财产增加的覆盖面；健全产权改革中的公平与效率机制，缩小居民财产差距等。

最后的附件也是本书的重要组成部分。附件1至附件3均为相关新闻报道，作者以全国政协委员的身份长期呼吁提高我国居民财产性收入，引起广泛的社会关注，推动了相关政策的制定和出台，凤凰财经网、和讯网等多家新闻媒体均进行了报道。

目 录

第 1 章

绪　　论

1.1　研究背景与意义

1.1.1　研究背景

我国经济发展进入新常态，正从高速增长转向中高速增长，如何在经济增速放缓背景下继续促进城乡居民持续增收，保护居民财产的保值与增值，突破中等收入陷阱，是必须破解的一个重大课题。在中共十七大报告中，政府首次提出“要创造条件让更多群众拥有财产”，并明确要让个人拥有财产普遍化。2008 年，中央“一号文件”也据此提出，要“进一步明确农民家庭财产的法律地位，保障农民对集体财产的收益权，创造条件让更多农民获得财产”。2014 年，党的十八届三中全会提出，赋予农民更多财产权利，选择若干试点，慎重稳妥推进农民住房财产权抵押、担保、转让，探索农民增加财产渠道。当前和今后一段时间内，我国仍处于并将长期处于社会主义初级阶段的基本国情没有变，仍然是经济欠发达国家，加快发展仍然是第一要务。而且，国内农业生产成本快速攀升，大宗农产品价格普遍高于国际市场，如何在“双重挤压”下创新农业支持保护政策、提高农业竞争力，是必须面对的一个重大考验。我国农业资源短缺，开发过度、污染加重，如何在资源环境硬约束下保障农产品有效供给和质量安全、提升农业可持续发展能力，是必须应对的一个重大挑战。城乡资源要素流动加速，城乡互动联系增强，如何在城镇化深入发展背景下加快新农村建设步伐、实现城乡共同繁荣，是必须解决好的一个重大问题。破解这些难题，是今后一个时期“三农”工作的重大任务。必须始终坚持把解决好“三农”问题作为全党工作的重中之重，靠改革添动力，以法治作保障，加快推进中国特色农业现代化。2015年，农业农村工作要全面贯彻落实党的十八大和十八届三中、四中全会精神，以邓小平理论、“三个代表”重要思想、科学发展观为指导，深入贯彻习近平总书记系列重要讲话精神，主动适应经济发展新常态，按照稳粮增收、提质增效、创新驱动的总要求，继续全面深化农村改革，全面推进农村法治建设，推动新型工业化、信息化、城镇化和农业现代化同步发展，努力在提高粮食生产能力上挖掘新潜力，在优化农业结构上开辟新途径，在转变农业发展方式上寻求新突破，在促进农民增收上获得新成效，在建设新农村上迈出新步伐。此外，树立“以人为本”的发展理念，发展的最终目的是不断提高人民群众的收入水平和生活水平，而人民群众财产性收入的增加，则是生活水平提高的重要内容。国家积极创造条件让更多群众从最根本的方面参与到经济发展当中，让他们成为各项经济活动的主体之一，除了劳动报酬以外，还有机会得到更多的财产，是实现好、维护好、发展好最广大人民的根本利益，真正做到发展为了人民、发展依靠人民、发展成果由人民共享的执政理念的生动体现，是实现全面协调可持续发展的必然要求，人民群众财产增加的同时能为经济社会持续健康发展提供有力支撑。

1.1.2 研究意义

“善为国者，藏之于民”，在任何一个以市场配置资源为主的经济体中，居民部门都是财富创造、分配和使用的主体，他与宏观经济中的其他各部门有着紧密的联系，其资产负债的存量调整，在很大程度上决定了资源配置的方向，同时，居民财产又是宏观经济的一道重要“护城河”，特别是在经济危机时期表现得尤为明显。党的近几年来的一系列方针政策，其经济意义在于关注、提升并保护普通群众的财产权利和财产增值。保护居民私有财产、增加其财产性收入、扩大财产性收入的覆盖面是改善民生、扩大中等收入阶层、构建和谐社会的重要举措。要增加居民的财产，离不开对居民存量财产的界定和计量，产权界定是产权流转的前提，产权界定与否，直接影响到人们产权流转的成本和收益。产权界定清晰，为产权流转奠定了坚实的基础。财务和会计理论的创新是政治经济举措能否顺利实施乃至最终取得成功的重要条件。对居民增量财产的实现做出恰当的产权界定与监督是会计的基本职能之一，并在此基础上制定实施科学的宏观经济政策、做出合理的微观财务决策。这样才能真正体现普通群众的产权意志，维护其产权利益，从而实现和谐的财产权生态构建，达成有利于维护大众产权契约关系、增加居民财产性收入的制度安排。

城乡居民财产性收入增加与财权提高的理论与现实意义在于：（1）进一步完善社会主义分配方式，鼓励非公有制经济发展的实际举措。“让更多群众拥有财产”的表达，说明居民家庭通过已经拥有的财产而不是通过直接的劳动就可以直接获得收入，体现了平等保护物权、鼓励多种要素参与分配，从而缩小收入分配差距，让更多的人分享经济发展的成果的政策导向，同时这一提法适合我国所有制结构多元化、利益主体多元化的现实情况，不仅肯定和鼓励私人财产的存在，而且肯定和鼓励私人财产能够获利生息、保值增值。这一经济制度安排，对我国非公有制经济发展必将产生深远的影响。（2）缩小收入分配差距，维护社会公平的有效途径。改革开放以来，随着国民经济的发展，人民群众的生活水平不断提高。但由于多种现实的原因，收入分配的差距也在不断扩大，在一定程度上影响了社会安定和社会和谐。据联合国开发计划署统计资料显示，我国目前20%最贫困人口占收入或消费的份额只有0.47%，而20%最富裕的人口却占收入和消费的份额高达50%。世界银行公布的我国居民可支配收入的基尼系数已由改革开放初期0.18—0.20的水平上升到2004年的0.47，2007年更是达到0.48，大大超过了国际警戒线0.4的标准。社科院最新发布的2011年《社会蓝皮书》指出，近年来收入分配改革举步维艰，基尼系数远超正常水平。《社会蓝皮书》副主编、社会学研究所副所长陈光金表示，全社会总收入差距一直在扩大，基尼系数目前在0.5左右。[①] 同劳动差别相比，包括资本在内的财产占有差别对收入差距扩大的影响程度要大得多。“创造条件让更多群众拥有财产”，意味着国家鼓励和支持普通劳动者以非劳动要素参与剩余产品价值的分配，意味着今后广大居民的收入过于依赖工资的状况会得到改变，有利于扩大中等收入者的比重和增加低收入者的货币化收入。（3）扩大内需，实现宏观经济良性运行的现实基础。近年来，我国经济发展速度较快，但经济发展主要靠投资拉动，而非消费拉动，是造成国民经济不协调、不均衡的表现之一。温饱解决后，人的衣食住行玩的需求提高了，消费水平提高了，消费结构合理了，宏观经济的良性运行才可能实现。当人们普遍都有一定的财产，中等收入者比例不断扩大时，同时就意味着整个经济中的消费结构处于比较合理的阶段。因此，只有更多人拥有财产，城乡居民收入普遍增加，社会消费能力才能提高，其对拉动经济发展的作用

① 深圳商报，2010-12-16，A13.

才能增大。（4）有效提高资源配置效率，促进市场经济健康发展。由于资本的逐利性，可以有效聚集闲散资金将资产配置到收益最大的项目或渠道，这种配置方式不但能给人们带来财产性收入的增加，而且能引导资本等生产要素进行最有效的配置，从而促进社会经济的发展。

1.2 文献回顾与述评

西方国家会计理论的萌动和发展的历程就是对产权，尤其是财产权的状态和增值确认计量技术不断精确与拓宽的进程，其财务理论的发展历程则是基于风险条件下对财产权收益创造技术的探索进程。早在 17 世纪，已有学者通过个人之间财产权流动关系来解释复式记账原理（Chatfield，1977）。随着财产权利主体的大众化和财产权关系的复杂化，建立在产权理论基础上的会计确认与计量理论也在不断创新（Paton，1992）。为解决资本主义内部日益尖锐的阶级矛盾，在新古典框架内，众多西方学者对收入不平等的动态特征、财产要素和劳动要素的边际贡献进行了开创性的研究：Quash（1993）、Beaudry（2002）等发现全球收入逐渐呈两极化方向发展；而斯蒂格利茨（1969）、Caselli（2000）的研究认为收入分布中的不平等将收敛到一个固定的水平，历史性的不平等从长期来看趋于消失；前述研究大多立足于宏观经济大势并以国家作为研究单元进行，Sala－i－Martin（2006）以人为分析单元开创了从微观视角研究居民个人收入问题的新思路。

自 20 世纪 90 年代以来，我国部分会计学者开始借鉴西方产权经济学的成果研究会计基本理论、会计确认与计量方法和财务治理等方面的问题，着重从产权保护、财产权利配置和财产权收益分配博弈的视角，试图构建新的财务理论体系，并从普通居民财产主体的视角试图进行产权界定方法的创新（陈静宇、魏力伟，2007），勾勒了产权理论与财务会计理论融合互长的前景。经济学学者则从宏观经济角度分析了国民财产总量计算与结构界定的方法（樊纲、姚枝仲，2002），运用非参数估计的核密度函数来估计我国的收入分布（徐现祥、舒元，2005）。在此基础上，理论和实证两方面的研究都证实居民财产性收入过低和失衡是导致我国居民收入产生差距的重要原因（李实、魏众，2005；徐现祥、王海港，2008），并对经济增长产生不利影响（王兰芳，2002）。为此，许多学者从调整经济发展战略、促进公平效率（林毅夫，2005）、加快资本市场建设（骆祚炎、刘朝晖，2004）、优化家庭金融资产配置（刘楹，2005）等多个方面对提高居民财产性收入提出了政策建议。上述研究成果的理论意义在于为从基于产权视角的会计理论和财务理论研究居民财产问题奠定了良好的理论基础。

但综观中美两国学者的研究，普遍存在的问题是，研究缺少系统性，对于居民财产、居民财权、居民收入等概念未能从经济思想史上得以继承，也未能发挥学科融合的优势。宏观经济视角的定量研究未能充分利用微观层面的会计界定、计量、保护个体财产的功能；增加居民财产的对策未能把握财产增值是在产权流动中实现的这一动态特质。具体来说体现在：宏观经济上对居民财产的研究缺少会计对财产权的界定基础，直接运用模型来估计财产性要素收入分布的可信度值得怀疑；提升居民财产的对策研究未能从财权配置与收益分享的财务创新视角考虑实践的可操作性和动态性；而会计学者则尚未能从增加居民财富的角度深入研究相应的产权会计和财务理论的创新问题。会计理论对界定和反映产权关系、计量产权收益、激励产权投入、协调产权契约、最终保护居民合法财产权利起着无法替代的作用；财务理论对维护产权价值、创造产权收益有着独特的功能和使命，因而对基于产权保护的居民财产增加与保障的财务体系创新研究显得极为迫切和及时。

1.3 研究内容与创新

本书首次提出从产权会计的视角来反映、界定和保护居民财产性收入在产权流动过程中的增值，从而为建立居民财产性收入分布的宏观模型奠定基础；并在此基础上提出增加居民财产性收入的财务保障对策体系。本书的研究必将提升我国会计和财务理论在增加居民财产性收入方面的应用与深化，促进国民收入更加合理地分配，有助于民生的改善，加速和谐社会的构建进程，其经济效益与社会效益将随着改革的不断推进而日益彰显出来。本书对居民财产性收入的研究内容具体如下：

1. 我国居民财产性收入的产权基础。从财产基础、法律基础、市场基础研究居民财产性收入产权形成机制；根据统计口径将城镇居民财产性收入划分为金融资产收入、住宅和土地资产收入、生产性资产收入、其他投资品收入。

2. 我国居民财产性收入的现状分析。首先分析居民财产性收入的基本特点，如我国居民财产性收入增长速度快，但总量相对偏低；我国居民财产性收入城乡差距较大，地区差别显著以及我国居民财产性收入户均差距较大等。按照居民财产性收入的基本分类对城镇居民与农村居民财产性收入产权特征进行了总体和分类的比较分析。接着对居民财产性收入的影响因素进行了研究，认为城乡资源因素、地区因素、行业因素、政策因素和个人特征因素五因素对我国城乡居民财产性收入现状都有实质影响。

3. 我国居民财产性收入的影响因素研究。梳理了已有文献研究资料对于城乡居民财产性收入的影响因素，深入研讨城乡资源因素、地区因素、行业因素、政策因素和个人特征因素五因素对我国城乡居民财产性收入的影响。

4. 中美两国居民财产性收入比较研究。对比中美两国居民总体收入与居民财产性收入状况，发现中国居民的收入与居民财产性收入的主要特点是：主要来源于劳动者报酬，个人收入来源构成较单调，收入不稳定，并且居民财产性收入（如租金、来自公司的红利、利息等）较少。美国居民财产性收入是美国家庭收入的重要组成部分，所占比重仅次于薪资收入。中美两国居民财产性收入的差异对中国的启示是：应完善居民财产性收入统计；加强对居民投资知识的培训，完善中小投资者权益保护机制；增加实业投资及租赁服务。建立和完善多层次资本市场体系，丰富金融工具品种和结构，使市场成为决定收入分配的主导力量。

5. 城镇居民财产性收入增加与保障研究。基于城镇居民的财产构成和财产的分配依据，分析城镇居民财产性收入的现状特点，依据经济学和财务学原理计量城镇居民财产性收入，最后提出增加城镇居民财产性收入的途径，如完善法律制度，提高劳动报酬在初次分配中的比重，大力发展资本市场，促进房地产市场健康发展，加强宏观经济政策调控力度等。

6. 农村居民财产性收入增加与保障研究。用描述统计分析对农村居民收入与城镇居民收入水平和结构进行比较，分析两者之间的区别和差距，并在此基础上对农村与城镇居民的财产进行比较。然后利用30个省（市、自治区）11年的数据建立面板数据模型分析得出，农村居民财产性收入的影响因素主要有农村土地流转、财产积累、公共基础投资、城镇化水平、人力资本、金融市场建设和农村制度性因素。其中财产积累对农村居民财产性收入的影响最大，农村土地流转次之。最后提出提高农村居民财产性收入的相关政策建议。

7. 农村宅基地使用权市场化流转的理论与案例研究。以现代产权理论、城市化发展的理论为基础，从农村宅基地使用权市场化流转的两大实践模式：政府、市场与农户主体关系，宅基地权能的分割分析宅基地社会产权样态，指出当前农村宅基地运行中存在的三大问题：一是农村宅基地政策性、制度性障碍；二是宅基地福利性、保障性、无偿性的特性；三是宅基地隐性流转和地下交易大量存在。这三大问题限制了宅基地市场化发展，使农村居民的财产利益遭到一定程度的损失。因此，如果以提高农民收入、保护农民权益为农村建设的基本原则，就要拓展宅基地交易的产权权能，提高宅基地集约利用程度。

8. 居民财产性收入增加与保障的制度安排及方法改进。从居民财产性收入增加的内涵入手，增加居民财产性收入体现了贯彻落实科学发展观的必然要求。从制度因素着手，居民财产性收入的数量、结构及其分布形成居民财产性收入增加的制约因素。最后，提出保障居民财产性收入增加的制度创新，如基础政法制度要明确界定居民财产权，建立强化市场型政府，实行市场组织缩小城乡和地区差距以及改善宏观经济运行体系：完善财产资本化的市场体系，保障居民财产性收入的稳步增加；优化财政与金融体制，扩大居民财产性收入增加的覆盖面；健全产权改革中的公平与效率机制，缩小居民财产性收入差距等。

财产权利与财产保障研究。基于产权与财权融合下的财产，重点研究了政权与财权融合下的财产，主要体现为：依存于政权保护使得居民财权具有限制性，而居民财权的独立又是政权赖以稳固的基础，国家财权与居民财权的循环流动则构成了现代市场经济基本表征。由此得出我国居民财产性收入低下的原因即在于居民财权相对政权过小。在此基础上，从财产权利的角度得出，提高居民财产性收入的途径即实现政权与财权的相互融合，具体表现为政权与财权都应受到基本法律保护，规范和维护居民的消费权益，规范和保障居民的物权，保障居民参政议政权，扩展居民财权实现的形式等。

1.4　研究方法

本书拟运用产权经济学、计量经济学、现代管理科学、现代会计理论和财务理论的基本原理，以保护、提高和拓宽居民财产性收入权利为根本出发点，通过对我国居民财产性收入的整体状况、结构、性质、公平与效率等多个方面的问题进行系统的探索和论证，着力从产权会计的视角解决居民财产性收入的相关会计确认计量问题，并在此基础构建居民财产性收入分布模型，捕捉财产在初次分配中的弱势诱因和其与经济增长之间的作用机理，形成提高居民财产性收入比重、纾解财产要素贡献对收入分布的扭曲效应的解决思路，从宏观经济政策、企业财权配置与财务决策、居民家庭财务等角度构建一个应用性财务对策体系。本书本着理论联系实际的原则，运用规范研究与实证研究相结合、理论研究与实地调研相结合、统计分析与案例剖析相结合的研究方法。

1.5 基本约定

1.5.1 基本概念

(1) 居民

居民在西方经济学中是和企业、政府同样重要的一个市场主体，他们以家庭为最基本的组织形式，处于一定的生产关系网络中，一方面是生产要素的主要供给者，另一方面也是市场商品和劳务的主要需求者。以私人财产为前提的“财产”的所有权人即个体居民。

在西方，往往按是否从事实体投资活动，将居民分为有生产经营活动的私营企业主居民和无生产经营活动的普通居民。前者在其家庭财产中，除了拥有合法获得的房屋、耐用消费品、银行储蓄、各种有价证券以及无形资产之外，还拥有机器设备、厂房、农具机械等生产资料，而后者的财产主要由各种合法获得的收入形成，如工资、奖金、劳务报酬、储蓄、金融资产以及房屋、车辆等不动产及无形资产构成，一般不具有生产资料。

我国由于历史和经济体制原因所造就的“二元经济”使得农村和城镇具有不同的经济发展水平和生产关系，因此也使得农村居民和城镇居民具有不同的收入方式和收入水平，农村居民和城镇居民基本上代表了中国社会阶层两个最大的具有差异化的收入群体类别。因此，在我国将居民分为农村居民和城镇居民两大类来分别研究更合理。

(2) 财产

财产，或称财富，因为其与生俱来的稀缺性，一直就是经济学关注的核心内容。古希腊经济学家、史学家、思想家色诺芬最早论述了财产（财富），他在《经济论》中写道：“财富就是具有使用价值的东西”。使用价值即是财富，这是色诺芬的观点。英国古典经济学家威廉·配第从实用价值的角度考察财富，认识到作为物质的财富，不仅需要人类劳动，还要依靠自然界及其自然力，或者说，还要依靠土地。他说：“劳动是财富之父，土地是财富之母。”重农学派代表人物魁奈把能够满足人们需要的并用来出卖的使用价值称为“真正的财富”“真实的财富”。法国古典政治经济学集大成者西斯蒙第认为，财富必须同时具备三个条件才能成为财富，即财富必须是通过直接或间接的劳动创造的；财富必须有利，能直接或间接为人所使用；财富必须能累，能保存起来以备日后消费的东西。英国古典经济学家西尼尔认为“财富所包括的是一切有价值的事物，也只包括这些事物”。在他看来，财富或价值构成的要素有三个：效用、稀少或供给有限以及可以转让。从以上可以看出财产（或称财富）具有以下特点：一定有使用价值，可以直接或间接满足人们的需要；财富可以用来交换、储存；具有稀缺性。

马克思说：“财产最初无非意味着这样一种关系：人把他的生产的自然条件看作是属于他的、看作是与他自身的存在一起产生的前提”[①]，其实质是把财产看做一种经济关系，是社会生活中客观存在的人对物的排他性占有关系。张卓元主编的《政治经济学大辞典》认为“财产作为一个经济学范畴是指人们对物质财富的所有、占有、支配和使用中形成的社会关系，它体现了附着于物之上的人的权利。经济学意义上的财产必然与财产权利相联系，它强调人与人之间的关系，而不是人与物之间的关系。脱离了财产权利，财产就无所谓财产，而只是物……之所以界定财产，就是要通过物来研究其背后的人与人之间的关系。社会性是财产的主要属性，随着历史的发展，财产的外延也在不断扩大”。[②] 现实意义上的财产，是指拥有的金钱、物资、房屋、土地等物质财富，是国家财产、私人财产和具有金钱价值，并受到法律保护的权利的总称。大体上，财产可以分为三种，即动产、不动产和知识财产（即知识产权）。随着经济、科技的发展和观念的变化，人们对财产的认识不断深化，财产的范围也随之拓宽。

（3）产权与财产权

产权是经济所有制关系的法律表现形式。它包括财产的所有权、占有权、支配权、使用权、收益权和处置权。在市场经济条件下，产权的属性主要表现在三个方面即产权具有经济实体性、可分离性、产权流动具有独立性。产权的功能包括：激励功能、约束功能、资源配置功能、协调功能。以法权形式体现所有制关系的科学合理的产权制度，是用来巩固和规范商品经济中的财产关系，约束人的经济行为，维护商品经济秩序，保证商品经济顺利运行的法权工具。

①产权首先是指特定的客体，即任何产权都是以特定客体为前提和基础。产权中“产”即为客体，没有特定客体的存在，产权便不再存在；任何产权都是依赖于特定客体的，也只能是某一特定客体的产权。在现实生活中这样的客体有多种表现形式，如财产、资产、资本、商品等。

---

① 马克思，恩格斯．马克思恩格斯全集：第46卷上［M］．北京：人民出版社，1974：491.

② 张卓元主编．政治经济学大辞典［Z］．北京：经济科学出版社，1998：102－103.

②产权也是指主体对客体的权利，即主体与特定客体的关系。这种关系在现实生活中常表现为以财产权等。主要包括对财产的所有权、占有权、使用权、支配权、收益权和处置权等，可以说产权是主体对客体一系列权利束的总称。

③产权还应该包括不同主体基于对特定客体的权利，相互之间发生的各种各样的经济关系。如常见的领导与被领导，监督与被监督，生产者、经营者、消费者等之间的相互关系。表现在现代公司制企业中，经常是公司的所有者与公司的管理者以及公司各利益相关者的关系等，构成现代公司法理理论的重要内容。

④从权利本身的内容来讲，产权的内容包括两个方面，一是特定主体对特定客体和其他主体的权能，即特定主体对特定客体或主体能做什么不能做什么或采取什么行为的权力，二是该主体通过对该特定客体和主体采取这种行为能够获得什么样的收益。所以产权又称权益。传统经济学侧重于研究收益的配置机制，而现代经济学侧重于研究权力的配置机制。

财产权是与财产密不可分的一个重要概念。经济学上对财产权的界定基本上不涉及财产本身的物的形态，而是将物背后体现的对其占有、使用、收益和处分的权利作为研究对象，即更多地认为财产就是财产权，是一种以所有权为核心的一系列权利的集合体。科斯认为，（财）产权是一个社会所强制实施的选择一种商品的使用的权利，是行动团体对资源的使用权、转让权和收入的享用权；（财）产权揭示了人们对物的使用所引起的相互认可的行为关系。[①] 所谓产权，就是对财产的权利，亦即对财产的广义的所有权。包括归属权（又称狭义所有权）、占有权、支配权和使用权，它是人们（财产主体）围绕或通过财产（客体）而形成的经济权利关系；其直观形式是人对物的关系，实质上都是产权主体之间的关系。[②] 产权归属和占有主体的不同分类：原始产权、政府产权和法人产权。本书研究的产权是居民私有财产产权。

（4）居民财产

财产是指通过资本、技术和管理要素参与社会生产和生活活动所产生的收入，包括家庭拥有的动产（如银行存款、有价证券等）、不动产（如房屋、车辆、土地、收藏品等）所获得的收入。具体表现为出让财产使用权所获得的利息、租金、专利收入和财产营运所获得的红利收入、财产增值收益等。主要涉及各种投资，比如实业投资和金融资产投资，涵盖储蓄、债券、保险和股票等。财产占居民可支配收入的比例，往往是衡量一个国家居民富裕程度的重要尺度之

① R. 科斯，等著．财产权利与制度变迁：产权学派与新制度学派译文集［M］．陈昕，译．上海：上海三联书店、上海人民出版社，1994.

② 黄少安．产权经济学导论［M］．北京：经济科学出版社，2004：65.

一。沿用国家统计局现在统计中常用的“人均可支配收入”指标，该指标由四部分构成，按照占比大小分别是：工资性收入（工资等）、转移性收入（养老金等）、经营性收入（商业买卖收入等）和财产。在“人均可支配收入”中以“工资性收入”为主，占到70%左右。财产占比较小，占比在2%左右。财产是财产所有者通过让渡财产所有权或使用权获得的经济利益，是财产所有权在经济利益上的实现，是居民通过所拥有的财产参与收入分配体系而获得的非劳动性收入，属于国民收入再分配的范畴。财产具有如下特征：

第一，非直接劳动性。“财产”是凭借财产所有权而获得的收入。从其分类可以看出，不管是财产他用还是财产自营所得收入，均是基于财产权利而获得的要素报酬收入，是“劳动、资本、技术、管理等生产要素按贡献参与分配的体现”，是典型的非直接劳动性收入。马克思的劳动价值论深刻地回答了价值由谁创造和如何决定，劳动收入是合法的得到尊重和认可的收入。伴随着我国市场经济体制改革的不断深化，各种要素市场的广泛建立，居民财富的迅速积累，非劳动收入在我国也得到政策的保护和鼓励。

第二，衍生性。拥有财产是居民获得“财产”的前提和基础。从财产的实物形态看，财产是某一时点的存量，而“财产”则是一定时期内的流量，居民财产的多寡，在一定程度上决定了可用于投资营运所能获得的财产的多少，没有财产，也就不会有基于财产实体和财产权利而形成的“财产”。

第三，增值性。增值是指价值在量上的增加。各种股票、债券、古董、专利技术等财产有自己独特的运动形式和实现价值增值的方式，这些“财产”通过在证券市场、技术转让市场、古玩交易市场依靠市场机制获得。它的增值能力取决于居民获取信息的能力，敢于承担风险的能力，理性预期能力，资产组合能力等多种因素。

第四，风险性。财产的各种形式都具有一定程度的风险性。间接投资所得利息收入会面临经济波动引起的利率风险；居民将手中有形或无形的财产直接在资本市场投资，获得的股息、红利收入会面临信息不对称风险；在证券市场从事证券买卖活动获得的投机性收入，会面临各种经济、政治、文化等系统风险；直接进行实业投资，从事生产性、非生产性活动会面临各种经营管理风险。

第五，多样性。由于财产的价值抽象性，产生了其具体表现形式和来源的多样性。具体体现形式有利息，股息、红利收入，保险，知识产权收入以及实业投资收入等。多样性在一定程度上可以分散投资风险。

（5）财产性收入

按照国家统计局的统计指标解释，是指金融资产或有形非生产性资产的所有者向其他机构单位提供资金或将有形非生产性资产供其支配，作为回报而从中获得的收入。它一般是指经营家庭拥有的动产（如银行存款、有价证券等）、不动产（如房屋、车辆、土地、收藏品等）所获得的收入。财产性收入内部的差异主要体现在土地征用补偿、转让土地承包经营权收入和金融资产及其他之间。

（6）财权

财权流理论认为，“财权表现为某一主体对财力所拥有的支配权，包括收益权、投资权、筹资权、财务决策权等权能”；“财权与产权是两个相近的经济学范畴，两者交叉的领域财权构成了产权中最核心的权能”。“‘财权流’作为现代财务的本质表述，贯穿了财务基本理论的始末，在现代财务的理论体系中占据了核心。将财权流作为现代企业财务的本质描述，主要基于如下考虑[①]：

①财权是现代财务区别于传统财务的根本标志，也是企业是否真正开展财务活动的标准。因此，用“财权流”作为现代财务的本质，有利于体现财务区别于其他事物（尤其是会计这一最相近的学科范畴）的矛盾特殊性，更有利于体现现代财务区别于传统财务的本质特征。在现代企业制度下，“财权流”的表述能够体现“本金收益与支配论”背后的支配力量的矛盾特殊性。

②“财权流”的本质表述是在吸取了“本金论”“资金运动论”等“价值流”的优点并考虑到现代企业制度的产权思想而得出来的。所谓的财权，是一种“财力”以及与之相伴随的“权力”的结合，即“财权=财力+（相应的）权力”。这里的“财力”表现为一种价值，是企业的财务资金或本金，而相应的权力便是支配这一“财力”所具有的权能。这样，用“财权流”来作为现代财务的本质表述，一方面可用“财力”的流动来替代“本金”“资金”等“价值流”，发挥它们在本质理论上的优势，而且随着商业信用的发展，企业“应收”“应付”项目已十分普遍，这些项目与其说是资金或本金，不如说是一种“权力”或“财力”，用“财权流”来表述或许更加贴近现实。另一方面，通过“权力”的流动来体现一种在现代企业制度这一特殊历史条件下的“生产关系”。也就是说，与财力相伴随的“权力”的流动过程，实质上就是处理权力双方“财务关系”的过程。这在一定程度上弥补了“资金运动论”及“本金投入与收益论”在字面上不能反映财务关系的缺陷。

③从产权角度看，一组产权的交换或流动，实质上包含着一组价值的运动，也体现了一定的权、责、利的关系。现代产权经济学表明，“物质商品的交易实质上可以看成是这些物品所有者的一组权利交换，这一点是产权实际存在的原

① 伍中信. 财权流：现代财务本质的恰当表述［J］. 财政研究，1998：32－35.

因。尤其对于一个复杂的交换过程来讲，产权的思想意味着权利的交换，是一个复杂的过程，因而交换实际上可以分解成不同的人加有的不同权利之间的交换”。正如阿尔钦教授所说：产权不是人与物之间的关系，而是指由于物的存在和使用而引起的人们之间一些被认可的行为关系。

④“财权流”作为现代财务的本质表述，贯穿了财务基本理论的始末，在现代财务的理论体系中占据着核心和统治地位。有了独立财权的企业才能称其为财务主体，也才能有自己的财务目标，进而独立地处理企业与外部环境的财务关系，并独立行使企业的财务职能。

财权流理论确立“财权流”作为现代财务的本质表述，阐明了财权与产权深刻的内在联系。

1.5.2 基本分类

要探究我国居民的财产的提升对策，必须要对我国居民财产的来源、分布等方面的特点进行深入的分析。而由于我国人口众多，地域辽阔，加之历史的复杂原因，不同群体的财产状况存在很大的差异。我们认为，考虑到上述多方面的原因，将我国居民分为两类具有代表性的群体：农村居民和城镇居民，这两类群体在财产方面是我国两个最具代表性的居民类别，将他们进行区别研究，将有利于更有针对性地进行深入分析，进而针对不同的群体采取不同的对策。

(1) 城镇居民与农村居民的分类由来

在我国第一次提出城乡区别的，是国家统计局为了人口和经济普查而作的规定。也就是说城镇居民与农村居民这两个词也就是从此而来。统计部门为了科学、真实地反映我国现阶段城乡人口、社会和经济发展情况，准确评价我国的城镇化水平，对城乡区划作了规定。并且明确其规定只作为统计上划分城乡的依据，不改变现有的行政区划、隶属关系、管理权限和机构编制，以及城市规划、集镇和村庄规划等有关规定。统计部门以国务院关于市镇建制的规定和我国的行政区划为基础，以民政部门确认的居民委员会和村民委员会为最小划分单元，将我国的地域划分为城镇和乡村。城镇是指在我国市镇建制和行政区划的基础上，经本规定划定的区域，包括城区和镇区；乡村则是指规定划定的城镇以外的其他区域。这一划分基本上从地域的角度对城乡进行了区别。

1958年1月9日，我国颁布了《中华人民共和国户口登记条例》，这是新中国第一部户籍管理制度的法律法规。这个条例以法律形式严格限制农民进入城市，限制城市间人口流动和限制劳动力的自由流动。至此，我国通过法令的形式把人口硬性地分为“城镇人口”（即非农业人口）和“农村人口”（即农业人口），城乡分离的“二元经济模式”和“二元制户口管理结构”因此而生成。

而最先产生对这一应用分类的需求是1991年9月22实施的《道路交通事故处理办法》。在《道路交通事故处理办法》中规定，“非农业人口”和“农业人口”所依据的赔偿标准是不同的，从而引发了对“非农业人口”和“农业人口”划分标准的需要。

《道路交通事故处理办法》将受害人分为“非农业人口”和“农业人口”，其依据的是受害人的户口或户籍，即依据受害人的户口或户籍的归属地而决定其属于“农业”或“非农业”人口。

2005年5月1日，最高人民法院颁布并实施了《关于审理人身损害赔偿案件适用法律若干问题的解释》（以下简称《司法解释》），《司法解释》从过去以户口或户籍为标志划分为“非农业人口”“农业人口”转化到现在以职业、居住、生活的地域和时间为标志划分为“城镇居民”和“农村居民”。《司法解释》将受害人分为“城镇居民”和“农村居民”，其依据的是受害人的生活、工作、居住的环境和地域。两者之间不仅分类所依据的标准不同，而且分类后的名称和概念也完全不同。

户口或户籍是指公民在公安机关户籍登记资料上的记载，表示的是一种居住地身份或出生地身份；而某某居民是指一定社会制度下，在一定时间里、一定地域内，居住地相对稳定且其经济收入和生活与居住地相联系的有生命的人。所以，居民已经不局限于以户口或户籍为标志，较之于某某户口，其内涵更为丰富、对象更为广泛。

司法界人士根据司法实践认为，“城镇居民”实际上是指城镇常住人口。即在城镇有固定的居所并在城镇居住，在城镇有固定的职业和稳定的收入及生活来源并且户口落户在城镇的人员；或者户口虽然未在城镇落户，但是其已经在城镇居住、工作、生活并且达到一定期限的人员。所以，只要符合以上条件，均应认定为“城镇居民”。因此，是否属于“城镇居民”并不以或并不仅仅以户口或户籍为标志。这样，“城镇居民”不仅包括户口登记为“非农业人口”的并且居住在城镇的人员；而且包括居住在城市或小城镇的，户口登记为“自理口粮户口”“蓝印户口”“地方城镇居民户口”的人员以及户口虽然尚未在城镇落户，但是其已在城镇居住、工作、生活并且已经达到一定期限的人员。“城镇居民”所包含的主体比“非农业人口”要广得多。

（2）基于收入视角的城镇与农村居民的分类

从前面的分析可以看出，城乡的区分和城镇与农村居民的划分首先主要是基于统计和法律实践上的需要，而且随着社会经济制度的发展，户籍制度改革和农村城镇化的推进，农村人口不断向城市迁移，对于城镇居民和农村居民的界限日渐模糊、泛化。而且随着我国社会科学研究的推进，加之党中央提出了“提高居民财产”的精神，“居民”也同时向社会学概念或边缘学科的概念渗透，而非完全意义上的法律概念。因此，两者分类所依据的标准、性质也不同。

根据本书研究的需要，我们认为，在参照前述法律和统计方面的标准外，更应当考虑个体所拥有的财产的不同特征，从而将其划分为“城镇居民”或“农村居民”。

据此，我们认为，城镇居民应当是在城镇有着较长的工作经历，能与城镇主流人群具有类似的收入结构，具有比较稳定的居所，并有长期在城镇工作生活愿望的群体。因此，我们在城镇居民的划分中突出了收入结构和长期稳定的概念，这样的城镇居民就不仅包括了原来户籍意义上的城镇户口居民，同时也包括了由于各种历史和行政管理的原因脱离农村，成为城镇户口居民的人，还包括了进城务工后，在城镇已经稳定地生活下来，具有与本地城镇人口类似的收入状况的农村户口人员。而除此之外的，就应当属于农村居民。

由于我国近二十年来社会经济环境的巨大变革所带来的冲击，我国居民的流动性大为增加。而由于农村城镇化和农民工外出打工的趋势，使得越来越多的传统意义上的农村人口转变成了城镇居民。而这些转移人口的分类具有一定的难度，因为他们游离于城市与农村之间，在某一时期可能既具有农村居民的特征，也具有城市居民的特征。因此，在本书的研究中，主要不以人的特征来进行区分，而更多地从收入结构与稳定性方面来进行划分，这样才能体现出这两类人群在财产上的代表性特征，并分类进行研究，从而有利于本书研究目标的实现。

第 2 章

我国居民财产性收入产权基础

内容提要：我国居民财产性收入产权的形成基础有财产基础、法律基础、市场基础。我国居民的收入按照其来源的性质，划分为生产要素与非生产要素。生产要素是指金融资产，如现金、存款、有价证券等；无形非生产资产，如专利、专有技术、商标商誉、知识产权等；有形非生产资产，如自然资源；有形生产资产，主要是房产。这四种资产当中，金融资产、无形非生产资产、有形非生产资产都是生产要素，涉及生产领域，而房产一般而言是作为居民的不动产，其租金收入来自租房的其他居民，并没有直接介入生产领域，是属于消费领域的，从这个意义来说，住房资产是非生产要素。

2.1 我国居民财产性收入产权的形成基础

2.1.1 财产基础

城乡居民拥有或者创造财产的前提条件是拥有稳定的财产。如果城乡居民尚处于解决温饱的阶段，是不大可能拥有和创造利息、租金和股利等财产的。关键因素在于两点①：一是收入在覆盖支出后存在储蓄性结余，或者劳动报酬在覆盖劳动力成本后仍具备拥有财产的可能性；二是其收入结余具备市场准入条件或高

① 陈心宇．试析“让更多群众拥有财产性收入”［J］．理论导刊，2008（4）．

于市场准入门槛。马克思理论告诉我们，财产的根源来自于生产领域劳动者创造的剩余价值。由 2008 年美国次贷危机引发的全球性的经济危机再一次验证了这一点，虚拟经济不可能超出实体经济太远，没有生产领域，财产将是无源之水、无本之木。

从我国改革开放的实践来看，1978 年至 2007 年，中国城镇居民家庭人均可支配收入和农村居民家庭人均纯收入分别增长近 40 倍和近 30 倍，达到 13785. 8 元和 4140. 4 元。同时居民的消费结构和消费观念发生了深刻的变化，2007 年中国城市与农村居民食品支出占全部生活消费支出（恩格尔系数）的 36. 3% 和 43. 1%。较 1978 年 57. 5% 和 67. 7% 的水平大幅下降。收入的增长、消费结构的变化使广大群众积累了越来越多的财富。仅从城乡居民储蓄存款来看，城乡居民储蓄存款余额和人均储蓄存款余额分别从 1978 年的 210. 6 亿元和 21. 9 元跃升至 2007 年的 172534. 2 亿元和 13058 元，这些都为城镇居民拥有财产奠定了物质基础。

2. 1. 2　法律基础

财产要素参与收入分配是要素所有权或产权在经济上的实现形式，是体现所有制关系或产权关系的利益关系所必须具有的经济上的实现形式。[①] 所以，财产权利是收入分配的前提条件和经济依据，那么合理和合法界定财产所有权就成为获得财产的基础。

近年来，我国在保护私有产权的法律基础方面采取了一系列措施。2004 年 3 月 14 日第十届全国人大二次会议通过的《中华人民共和国宪法修正案》从两个方面完善了私人财产权的保障，一是完善了对私有财产保护的规定，如将宪法有关条款修改为："公民的合法的私有财产不受侵犯"。"国家依照法律规定保护公民的私有财产权和继承权。"二是增加尊重和保障人权的规定。随后，2007 年 10 月正式施行的《物权法》，对于所有与物权相关的法律关系进行了明确界定。

党的十七大报告以明确的态度重申了宪法中保护公民私有财产权的规定，强调我国现行鼓励、支持、引导非公有制经济发展的经济政策，并且遵循物权法确立的物权平等原则，首次提出坚持平等保护物权，更首次提出了"创造条件让更多群众拥有财产"，表明对财产的取得与保有的双重肯定。因此，我国居民对财

① 沈卫平. 我国现行收入分配制度的理论依据辨析［J］. 深圳大学学报（人文社会科学版），2004（5）.

产的拥有具有了法律基础，从而有利于营造良好的法治环境，为我国居民增加财富、拥有更多的财产创造条件。

2.1.3 市场基础

市场体系的完善是保障城镇居民获得财产的重要保障。如果没有完善的市场机制基础，城镇居民就无法实现所有权和经营权的分离，从而无法实现财产权利的货币化，也就谈不上增加财产了。构建完善的市场机制，要从四个方面入手：一是形成优质的市场主体——企业，这就需要建设良好的法人治理结构；二是建设多层次的市场体系，以满足不同需求层次的产权所有者根据自己的财富存量和风险偏好配置投资；三是形成健康的竞争次序。充分有效的市场竞争正是市场发挥资源配置作用的“看不见的手”。现阶段，要以构筑“公开、公平、公正”的证券市场环境为核心，特别注意保护中小投资者的合法权益，保障要素在全市场体系内自由流动，使“弱势群体”也能享受到经济发展的成果；四是要建设覆盖全面的信用体系。信用交易的出现和发展克服了时间及空间的分离对交易的限制，从而大大扩展了市场交易的范围，降低了交易成本。我们认为，现实条件下政府应在建设信用体系的过程中起牵头的作用。在后金融危机的大背景下，建立有效的信用和风险管理体系已经与我国金融和经济安全密不可分，与未来中国经济长期稳定健康发展息息相关。

2.2 城镇居民的财产分类

《中国统计年鉴》2002 年以前将我国城镇居民收入结构主要分为国家国有单位职工工资、集体及其他经济类型单位职工工资、职工从工作单位得到的其他收入、个体经营劳动者收入、被聘用或留用的离退休人员收入、其他就业者收入、其他劳动收入、财产、转移性收入、特别收入等十大类。2002 年以后，《中国统计年鉴》统计口径调整为工薪收入、经营净收入、财产收入和转移性收入。其具体含义是：（1）工薪收入，指就业人员通过各种途径得到的全部劳动报酬，包括所从事的主要职业的工资以及第二职业、其他兼职和零星劳动得到的其他劳动收入；（2）经营净收入，指家庭成员从事生产经营活动所得到的净收入。是全部生产经营收入中扣除生产成本和税金后所得的收入；（3）财产，指家庭拥有的动产（如银行存款、有价证券）、不动产（如房屋、车辆、土地、收藏品等）

所获得的收入。包括出让财产使用权所获得的利息、租金、专利收入；财产营运所获得的红利收入、财产增值收益等；（4）转移性收入，指国家、单位、社会团体对居民家庭的各种转移支付和居民家庭间的收入转移。包括政府对个人收入转移的离退休金、失业救济金、赔偿等；单位对个人收入转移的辞退金、保险索赔、住房公积金、家庭间的赠送和赡养等。

韩海燕（2010）借鉴弗里德曼将收入分类的方法，结合我国现阶段城镇居民实际收入状况，将我国城镇居民的收入按照其来源的性质，划分为稳定性收入与非稳定性收入。稳定性收入是指经常不变的或变动幅度小，稳定增长的收入；非稳定性收入是指变动幅度大，可能增长也可能减少的收入。因此，她认为如要采用统计年鉴中的数据，应该作如下合并归纳：2002 年之前的稳定性收入 = 国有单位职工工资 + 集体经济单位职工收入 + 其他经济类型单位职工收入 + 职工从单位得到的其他收入 + 离退休再就业人员收入 + 其他就业者收入 + 其他财产租金收入 + 养老金或离退休金 + 社会救济收入 + 保险收入 + 赡养收入 + 提取住房公积金，非稳定性收入 = 其他劳动收入利息 + 红利 + 赔偿收入 + 保险收入 + 赠送收入 + 记账补贴 + 其他转移性收入。2002 年之后的稳定性收入 = 工资性收入即补贴 + 出租房屋性收入 + 养老金或离退休金 + 社会救济收入 + 保险收入 + 赡养收入 + 提取住房公积金，非稳定性收入 = 其他劳动收入 + 利息收入 + 股息及红利。

城镇居民由于处于政治经济的中心，有着便利的交通、通信和信息渠道以及就业与投资机会，获取财产的来源比较广泛。

2.2.1　金融资产收入

金融资产主要是指现金、银行存款和各种有价证券。在这些金融资产中，由于货币处于闲置状态，不会产生收入，只有进入再生产过程中，转化为资本才能产生收入。银行存款能够带来利息。而其他的有价证券包括债券、股票、基金、理财产品、金融衍生工具和其他的间接权益性投资品。来源于这些财产的收入是附着于这些金融产品上的法定收入要求权，主要是利息、股息、红利以及由于价格上升所产生的资本性利得。

城镇居民除了基础性的金融资产——现金和银行存款外，其更多的财产来源于高级别的金融资产，即有价证券。近年来，随着资本市场的迅猛发展，加之便利的通信设施，使得城镇居民投资于资本市场变得非常容易，拥有股票、债券和基金等有价证券在城镇居民中已经非常普遍；而随着衍生品市场的开发，部分城镇居民还开始投资于金融衍生产品，包括期货、期权、股指等等；另外，各种理财产品在城市也非常普遍，城镇居民也可以根据自己的需要非常便利地进行购买。

在国有企业改制的过程中，不少城镇居民也持有了改制后企业的股份；而另外一些企业实施了员工持股计划，这样城镇居民也可能以普通员工或管理者的身份持有一部分股权；还有一些居民以直接投资的形式获得了企业的股份。这一些股份可能没有活跃的交易市场，因而其价格不易获得，转移也可能受到限制，但因为这些股份的持有者可获得分红的法定权利，因此也是城镇居民据以获取财产的一种重要的金融资产。

我国的城镇居民拥有的金融资产的类别比较广泛，其产生的收入在财产中占据了非常重要的位置，而且除了基本的金融工具外，其收入的重心偏向于高端的金融产品收入。

2.2.2 住宅资产收入

在计划经济时代，城镇居民的住房是由计划分配决定的，住宅只属于纯粹的耐用消费品。而在市场经济环境下，我国的房地产行业得到了大力的发展，住宅已经由原来单纯的居住功能转变成了具有升值投资功能的投资品。尤其是近年来，我国的房地产市场火爆，因而城镇居民的住宅资产增值非常迅速，同时房屋的租金收入也大幅上涨。住宅所带来的收入即应当包括实际实现的收入，如居民出售房屋或收取租金，也应当包括未实现的，如自住房或非出售房屋的增值。伴随着房地产市场的火爆，城镇居民的住宅资产性收入迅速增长，已经成为城镇居民财产性收入增长中的重要来源。

2.2.3 生产性资产收入

生产性资产是指直接用于生产活动的生产工具。对于大部的城镇居民来说，主要是提供劳动力进行生产。少数城镇居民个人拥有生产性资产，比如大型机器设备，运输设备等等。由于这些设备相当一部分通常会以企业实体的形式拥有，或挂靠在一些企业下面，所以其产生的收入往往会表现为红利收入、经营性收入或工资性收入等，而可归结为生产性资产收入的是很少的。

2.2.4 其他投资品收入

其他投资品主要指具有收藏投资价值的各种投资产品，比如：邮票、古玩、字画、宠物、各种名表名车等。随着城镇居民收入的增加，各种不同的爱好群体也非常活跃，尤其是逐渐形成了各种收藏品的交易市场，使得这些投资品有着比较活跃的交易市场，也比较易于变现，实现其投资收入。这一类财产通常存在于城镇居民中收入比较高并且具有特定爱好的中产阶级以上层次的人群中。

2.3　农村居民的财产分类

农村居民主要从事农业生产活动，活动范围比较固定，交通和通信方式相对城镇落后，其获得财产的范围和能力都要小些。近年来，随着社会经济发展的转型，部分原来的农村人口已经转移到城市，在城市稳定地工作和生活，实际已经属于城镇居民的范畴。而剩余的农村居民也有一部分在城市务工，但是往往是临时性的，不具有稳定性，其主要生活环境和人际关系还是保留在农村，其获得收入的方式也还是与大部分农村人口的方式一致，仍然属于农村居民。

2.3.1　金融资产收入

由于受制于体制、通信手段与理财知识的局限，在相当长的一段时期内，农村居民的金融资产主要表现为银行存款，利息是其唯一的财产来源。随着农村经济的快速发展和农民知识水平的提升，越来越多的金融产品也走向了农村。虽然有少数的农村居民持有债券、股票等有价证券，但总体来看，由于现代金融体系的网络还未完全在农村展开，农村居民最主要的金融资产仍然是银行的储蓄存款，存款利息也成为其主要的财产来源。

2.3.2　住宅和土地资产收入

相对于城镇居民来说，农村居民具有比较大的居住面积，且还有可耕种的自留地，因此，农村居民一般同时拥有住房和土地。但是，由于法律层面对农村居民的土地和房产具有比较严格的限制，我国《土地管理法》明确规定集体所有的土地只有经过国家征用转为国有土地后才能出让和转让，农村居民无自由处分土地的权利。因此，农村居民实际上并不拥有对土地的完整所有权，其所有权在集体，从产权的层面讲，农村居民对土地的权利束是不完整的，只享有有限的使用和收益权。因此，除了国家征用外，农村居民实际上凭借土地获取财产的可能性是很低的。

随着城市用工需求的增加，大量的农民离开了土地，来到城市务工，这为土地的集约化经营提供了条件。党的十七届三中全会和2010年中央1号文件专门出台了政策：加强土地承包经营权流转管理和服务，建立健全土地承包经营权流转市场。按照依法、自愿、有偿原则，允许农民以转包、出租、互换、转让、股份合作等形式流转土地承包经营权，发展多种形式的适度规模经营。有条件的地方可以发展专业大户、家庭农场、农民专业合作社等规模经营主体。也就是说，在土地承包权不变的基础上，农户把自己承包村集体的部分或全部土地，以一定的条件流转给第三方经营。中央政策的出台为农民获取土地承包权流转的收入奠定了基础，农民可以通过对承包土地使用权的转让而获取一定的财产。但总体来说，由于我国居民的人均土地水平比较低[①]，再加之目前我国耕地产出比较低，这就决定了土地承包权流转所获得的收入不会太高。从未来中国几年来看，我国农村居民的土地流转收入会越来越普遍，但对财产的贡献程度有限。

对于我国农村居民的住房宅基地，我国的《土地管理法》同时还规定“农村村民一户只能拥有一处宅基地，农村村民出卖、出租住房后，再申请宅基地的，不予批准”。“农村居民集体所有的土地使用权不得出让，转让或者出租于非农业建设。”于是使得农村住房价值严重缩水，大大限制了农村住房租赁和出售，减少了农村居民从住房获得租金和其他处置收益的可能性。

从目前来看，获取住宅和土地资产收入比较多的是城镇的郊区农村居民。受益于近年来房地产市场的持续火爆和城市建设如火如荼的展开，郊区农村居民的房地产价格也水涨船高。他们获取房地产收入的途径主要是两种：一是通过房屋出租获取租金。由于城镇，尤其是大城市，高昂的房价使得大批的务工人员选择在郊区租房居住，这样就使得城郊的农村居民能获取不菲的租金收入。二是通过土地征收的方式获取土地征收款。由于近年城市建设不断推进，城镇的范围不断扩充，城镇郊区的农民的住房或土地往往被征用作为城镇发展用地，这一部分农村居民就可以凭此获取比较高的收入。

随着我国城镇建设的不断推进，城镇范围的拓展和农村人口的转移，农村居民的住房和土地价值在不断地上涨，其获得相应的财产也在不断地增长。但总体来看，这一部分财产主要还是局限于城镇之郊或城乡接合部的农村居民所获得。对于广大的乡村居民来说，其房产和土地的收入是极少的。

---

① 根据中国统计局网站公布的统计数据，根据2008年最新的耕地面积和人口数计算出来的人均拥有耕地面积为1.37亩；农村人口人均耕地面积为2.53亩。

2.3.3　生产性资产收入

农村居民通常拥有各种各样的生产性资产，这包括各种各样的农业生产机械、耕牛、运输设备、建筑设备等等。但由于上述生产性资产通常需要与劳动者的劳动结合才能产生收入，并非纯粹的财产性增值，因此与城镇居民类似，这一部分收入也往往被列入到经营性收入或工资收入当中去了。

2.3.4　其他投资品收入

相对于城镇居民来说，由于农村居民相对收入更低，一般缺少对各种投资收藏品的爱好，因此这一方面的财产基本可以忽略。

2.4　城乡居民财产性收入产权的分配依据

我们前面已经提到，能够产生财产的来源主要有：金融资产，如现金、存款、有价证券等；无形非生产资产，如专利、专有技术、商标商誉、知识产权等；有形非生产资产，如自然资源；有形生产资产，主要是房产。这四种资产当中，金融资产、无形非生产资产、有形非生产资产都是生产要素，涉及生产领域，而房产一般而言是作为居民的不动产，其租金收入来自租房的其他居民，并没有直接介入生产领域，是属于消费领域的，从这个意义来说住房资产是非生产要素。因此，他们参与收入分配的理论依据不同。

前三类资产使用权的让渡所获得的财产是生产要素按贡献参与收益分配的一种体现，虽然自身并不直接创造价值，但它在活劳动以物化的载体即使用价值的增加方面作出了的贡献，构成新价值创造的必不可少的前提。这些生产要素对增进社会财富和价值作出了贡献，因此理应有权按照各自贡献的大小取得相应的分配份额。

房产本身是非生产要素。城镇居民将房产出租，其房租收入主要来源于租住者的收入，虽然没有直接介入生产领域而是涉及非生产领域，但由于其是生产和再生产劳动力商品的生活资料，是生产和再生产劳动力这一主观生产要素的必备条件，进而为各种形态社会财富的生产作出了间接贡献，转化为广义生产要素，其所有者也可以获得相应的要素收入。因此，房租收入是房产资产所有者的所有权在经济上的实现。

第3章

我国居民财产性收入现状分析

摘要：本章描述全国居民财产性收入现状，剖析我国居民财产性收入的基本特点：（1）增长速度快，但总量相对偏低；（2）城乡差距较大，地区差别显著；（3）户均差距较大。从城乡资源因素、区域因素、行业因素、政府因素和个人特征因素着手分析对我国城乡居民财产性收入现状的影响，在此基础上进一步分析了我国居民财产性收入低下的危害与成因。

3.1 我国居民财产性收入的基本特点

改革开放以来，随着经济的快速增长，分配方式不断发生变化，居民收入来源趋于多元化。在财产性收入呈高速积累的同时，我国居民收入已不再仅仅依靠工资性收入，财产性收入正逐渐成为居民收入增长的重要源泉。在经济和居民收入保持持续快速增长的同时，财产性收入呈现出比居民收入更快的增长势头。总体上，我国居民财产性收入呈现出增长速度快，但总量相对偏低和差距较大等基本特征，如表3-1所示。

表3-1　2000—2016年城乡居民人均财产收入状况　单位：元

指标＼年份	2000	2005	2009	2012	2013	2016
全国居民人均财产净收入绝对数	86.70				1423	1889
构成（财产净收入占总收入的百分比）					7.8%	7.9%

续表

指标 \ 年份		2000	2005	2009	2012	2013	2016
城镇	总收入	6296	10493	18858	26959	29547	33616
	人均财产性收入	128.38	192.91	431.84	707	832	1140
	占总收入的比例	2.04%	1.83%	2.30%	2.62%	2.82%	3.39%
	相对 2000 年的增长倍数	0	1.51	3.37	5.52	6.33	8.90
农村	总收入	3146.21	4631	7116	7917	9430	12363
	人均财产性收入	45.04	88.45	167.20	249	195	272
	占总收入的比例	1.43%	1.91%	2.35%	3.15%	2.07%	2.20%
	相对 2000 年的增长倍数	0	1.96	3.71	5.53	4.33	6.04

资料来源：《中国统计年鉴》（2000—2017 年）。

3.1.1　我国居民财产性收入增长速度快，但总量相对偏低

2016 年全国居民人均财产净收入 1889 元，绝对数（元）相对 2000 年增长 21.78 倍，比 2013 年增长了 32.75%。按常住地分，城镇居民人均财产性收入 1140 元，比 2013 年增长了 37.02%；农村居民人均财产性收入 272 元，比 2013 年的 195 元增长了 39.49%。但是，不管是城镇居民还是农村居民，其财产的绝对量还是保持很低的水平，2016 年城镇居民财产性收入为 1140 元，农村居民财产性收入仅为 272 元。城镇居民财产性收入在总收入中的比例为 2.74%，农村居民为 3.29%。2016 年全年全国居民人均可支配收入 23821 元，比上年增长 8.44%，扣除价格因素，实际增长 6.3%。全国居民人均财产性收入 1889 元，仅占可支配收入的 7.9%。而工资性收入为 13455 元，占比为 56.48%，说明我国居民总收入还是依靠工资性收入为主的结构，这种结构很不合理。

3.1.2　我国财产性支出占总支出的比例增长迅速

如表 3－2 所示，我国城镇居民 2016 年财产性支出总量相对 2000 年增长 9.05 倍，比 2013 年增长了 2.93 倍，这一增速大大高于居民可支配支出增长 21.86% 的速度；我国农村居民 2013 年财产性支出总量相对 2000 年增长 108.76 倍，比 2013 年增长了 1.73 倍。但是，不管是城镇居民还是农村居民，其财产性支出近年来均保持较高的增长态势，2016 年城镇居民财产性收入为 1745 元，农

村居民的财产为1234元。城镇居民财产性收入在总支出中的比例为22%，农村居民为21.19%，说明我国居民财产性支出在总支出中占比迅速上升。

表3-2　　2000—2016年城乡居民人均财产支出状况　　单位：元

指标 \ 年份		2000年	2005	2009	2012	2013	2016
全国居民居住净支出绝对数						2998.5	7261
构成(财产净支出占总支出的百分比)						22.7%	21.86%
城镇	平均每人消费性支出	4998	7943	12265	16674	18023	23079
	居住支出	565	809	1229	1484	1745	5114
	占总支出的比例	11.31%	10.18%	10.02%	8.9%	9.7%	0.22%
	相对2000年的增长倍数	0	1.43	2.18	2.62	3.09	9.05
农村	总支出	2652	4127	6334	5908	6625	10130
	财产性支出	19.74	32.50	38.93	1086	1234	2147
	占总支出的比例	0.74%	0.78%	6.15%	18.40%	18.60%	21.19%
	相对2000年的增长倍数	0	1.65	1.97	55.02	62.51	108.76

资料来源：《中国统计年鉴》（2000—2017年）。

3.1.3　我国居民财产性收入城乡差距较大，地区差别显著

财产差距首先体现在城乡差距较大。依据近年来我国城镇和农村居民财产性收入状况，农村居民的财产在总量、增长速度方面都低于城镇居民。2013年城镇居民财产性收入为810元，农村居民的财产仅为293元。农村居民的财产性收入仅为城镇居民财产性收入810元的32.8%。

我国居民财产性收入地区差距非常显著，如表3-3所示。从各个省份的情况来看，城镇居民财产性收入最高的福建为2106.61元，而最低的新疆仅152.66元，福建是新疆的13.80倍，排名前五位平均水平为1551.66元，高出全国平均水平（768.92元）很多，是全国平均水平的2.02倍，而排名后五位的省份平均水平未超过100元，不到全国平均水平的1/3。

表3-3　　2013年排名前五位和后五位省份城镇居民的财产　　单位：元

前五位	福建	广东	浙　江	云南	湖南
	2106.61	1609.73	1486	1459.76	1096.34
后五位	陕西	青海	黑龙江	宁夏	新疆
	322.82	294.35	264.18	196.43	152.66

资料来源：《中国统计年鉴》（2014年）。

3.1.4　我国居民财产性收入户均差距较大

如表 3 – 4 所示，2013 年农村居民财产最高收入户为 1680.54 元，而最低收入户仅为 204.07 元，最高收入户收入是最低收入户的 8.24 倍。中等收入户也只有 627.43 元，即使是最高收入户与中等收入户之间的差距也有 1053.11 元。根据相关调查，城镇居民不同收入群体的财产构成也有各自的特点，以 2013 年为例，低收入户的财产主要来源于人均出租房屋收入，其中最低收入户的人均出租房屋收入占财产的比重为 76.9%，而最高收入户仅有 35.0%；与其他收入户相比，中等收入户的人均利息收入占财产的比重最高，高收入户的人均股息、红利收入和其他投资收入的比重比较高，而低收入户的这几项比重都很低。

从上述分析我们可以看出，居民财产收入无论是在城乡之间、地区之间还是不同家庭之间都存在巨大的差距。

表 3 – 4　2013 年按收入五等份分农村居民家庭户均财产　单位：元

项目	低收入户	中低收入户	中等收入户	中高收入户	高收入户
农村居民人均纯收入	2583.20	5516.40	7942.10	11373.00	21272.70
财产性收入	204.07	435.80	627.43	898.47	1680.54

资料来源：《中国统计年鉴》（2014 年）。

3.2　我国城乡居民财产性收入的影响因素分析

从影响我国城乡居民财产性收入的城乡资源因素、区域因素、行业因素、政策因素和个人特征因素五个方面着手，深入研讨五因素对我国城乡居民财产性收入现状的影响，丰富了学者对城乡居民财产性收入问题成因的认识。

3.2.1　城乡资源因素

我国城乡居民财产性收入差距仍十分显著，农村城乡居民财产性收入远远落后于城镇城乡居民财产性收入水平。可见，城乡环境对于城乡居民财产性收入具有重大影响。本章主要从人口、经济以及城市化水平三个方面进行考察，其影响因素指标结构如表 3 – 5 所示。

表 3－5　　影响我国城乡居民财产性收入的城乡因素指标结构

城乡人口相关指标	城镇人口占全国人口比例
	农村人口占全国人口比例
	城乡从业人口比
	城乡居民家庭恩格尔系数比
	人口自然增长率
	人口受教育程度
	……
经济相关指标	人均国内生产总值
	第一、第二、第三产业比重
	财政“三农”支出
	财政社保支出
	全社会固定资产投资额
	人均消费性支出
	……
城市化水平	居民人均道路面积
	居民人均居住面积
	每万人拥有厕所数
	电脑普及率
	燃气普及率
	卫生机构数
	污水处理厂数
	社会医疗保险覆盖率
	……

各类指标对城乡居民财产性收入的影响分析如下：

（1）城乡人口结构

农村人口占全国比、城乡从业人口比和人口自然增长率等指标说明农村人口越多，人口自然增长率越高，第一产业比重越大，越不利于我国城乡居民财产性收入的总体状况及公平性，因此要提高城乡居民整体收入、缩小城乡收入差距，就应该降低农村人口比和控制人口数量，同时降低第一产业在国民经济中的比重。

（2）城市化水平和收入差距

从全国范围分析，城市化水平对城乡居民财产性收入水平具有正向促进作用。根据“配第—克拉克定理”，随着人均国民收入水平的提高，劳动力移动的规律是：第一产业→ 第二产业→ 第三产业。城市化建设的不断推进促进第二、第三产业逐渐形成并走向成熟，城市建设对农村工业原材料和劳动力的需求增加，促进了城市和农村生产率水平的提高。生产率水平的提高又带动了城乡城乡居民财产性收入水平的提高。我国广大农村地区的城市化建设相对落后，无法起到促进居民增收的作用，同时在城市化建设进程中又不可避免地出现城乡居民财产性收入差距拉大问题。当农村剩余劳动力迁移使得城市人口接近于最适度人口规模时，政府对城市部门基础设施投资的强度就会加大，以避免抑制经济增长。政府对城市建设的投入通常比农村高得多，致使城市的发展环境更优于农村从而吸引更多的社会资本流入城市。一定程度上推动了城市城乡居民财产性收入提高。然而农村由于缺少劳动力、机会和资本，形成了贫者更贫的局面。

（3）城乡经济结构

经济增长对城市城乡居民财产性收入水平的提高具有积极促进作用，对农村城乡居民财产性收入水平的促进作用尤为明显。经济增长本身就是社会财富的增长，政府和社会将资源投入农村地区，在促进农村经济发展和社会财富增加的同时，也促进了农村城乡居民财产性收入水平的提高，从而达到缩小城乡居民财产性收入差距和社会贫富差距的效果。人均消费性支出对提高城乡居民财产性收入水平的作用同样明显，此外，由于城市和农村具有不同的经济功能，城市主要发展第二、第三产业，而农村以第一产业为主，因此第一产业占比对农村城乡居民财产性收入水平提高起积极促进作用，对城市城乡居民财产性收入水平则是抑制作用。

3.2.2　区域因素

根据地区收入差距理论，可以运用地域特征（或地理特征）来解释地区间的差异情况。而与此同时，人类活动又是在一个整体的空间范围内进行与交往，各区域（城市、集镇、村落）相互联系，应当关注先进发达地区（中心地区）与落后地区（边缘地区）之间关系的性质。由于我国幅员辽阔，各省份所处的地理位置不同，各地的自然资源和经济环境导致经济发展和城乡居民财产性收入呈现出不同特点。普遍来说，我国东部沿海地区经济较发达，城乡居民财产性收入较高；西部内陆地区经济发展较落后，城乡居民财产性收入较低，我国城乡居民财产性收入的地区差距仍然十分显著。如表 3 - 6 所示，在研究地区差异对我国城乡居民财产性收入的影响时，可以从自然资源、社会环境、教育投入、经济投入、农业产出、文化及技术发展、居民就业及消费、公共建设及社会保障等方面进行分析。

表 3-6　　影响我国城乡居民财产性收入的区域因素指标结构

自然资源	自然保护区面积
	人均水资源量
	……
社会环境	接待入境旅游人数
	商品房销售面积
	……
教育投入	普通高校专任教师数
	普通中小学专任教师数
	教育经费支出
	……
经济投入	农林牧渔业固定资产投资
	金融业固定资产投资
	水利、环境和公共设施管理业固定资产投资
	文化体育和娱乐业固定资产投资
	……
农业产出	农林牧渔业总产值
	……
文化及技术发展	技术市场成交额
	……
居民就业及消费	城镇失业率
	城镇居民家庭人均消费性支出
	……
公共建设及社会保障	社区服务设施数
	年末参加城镇基本养老保险人数
	年末参加城镇基本医疗保险人数
	……

（1）自然资源

一个地区的自然保护区面积越大，开发程度越高，对于经济发展有利的开发就越少，受到的限制就越多，于是对于提高居民人均收入就越不利。而人均水资源量越高，说明该区域拥有河流（或海域）的面积越广，交通更为便利，经济更为发达，能为本地区居民提供更多、更好的就业机会和获利可能，直接带动城乡居民财产性收入的提升。同时，水资源丰富，将极大地促进农业的发展，大大提升农民的收入水平。

（2）社会环境

众所周知，我国近年各地的商品房房价呈直线上升，尤其在一些一线城市，高昂的房价和较大的涨幅令一般的工薪族难以承受，虽然政府出台了系列措施进行控制，但房价仍然居高不下，短期内难以有本质的变化，甚至有“奋斗一辈子只为一套房子”的说法。所以，一个地区的商品房价格一定程度上与居民的收入情况成正比，商品房的销售量也很大程度上反映了该地居民的收入高低。因此，从与居民人均收入的地区差距的关系这个角度来说，与其说商品房销售面积影响城乡居民财产性收入，还不如说它受到城乡居民财产性收入的重要影响。接待入境旅游人数表明了一个地区旅游产业的发展程度，一定程度上代表了该地的第三产业的发展水平，这说明发展第三产业，提高第三产业在国民经济中的比重，能提高地区的整体经济状况和城乡居民财产性收入。

（3）教育投入

对教育的经费和人力资源投入能很大程度上影响一个地区的城乡居民财产性收入，不论是高等教育还是初等教育。高等教育是对知识和能力的深化，初等教育则是对知识的普及以及为高等教育奠定基础。一般来说，对教育越重视，投入越多，居民受教育的环境和程度越好，该地的居民能得到的工作机会和晋升机会就越多，创造财富和收入的能力也越强。这与人们对于“知识就是力量”和“教育改变命运”的认识是一致的。

（4）经济投入

社会固定资产投资代表了固定资产再生产的力度，也一定程度上代表了经济投入和增长的状况，这说明对社会经济建设的投入和经济增长能较大程度提高城乡居民财产性收入。各行业的固定资产投资力度对居民人均收入的影响又有细微差别，对公共设施管理业的投入与对公共建设的支出和社会福利的健全反映政府对区域社会基础设施建设投资力度，为城乡居民财产性收入的提升和居民生活水平的提高提供基本现时保障，而对水利和环境的固定资产投入则说明了在经济建设发展过程中生态环境的重要性，是城乡居民财产性收入长期可持续增长的必要因素。

（5）农业产出

由于我国城乡二元结构使得城镇地区和农村地区的经济发展不平衡，城乡居民财产性收入差距较大，而全国的农村分散在各个省份，于是在讨论各省级行政单位之间的地区差距时，该地区农村的经济投入和产出水平能较大程度地影响农村居民的收入，从而影响整个地区的人均收入。可见，较低的农村居民人均收入不仅会扩大全国的城乡差距，也会降低该地的人均收入在全国各地中的排名。所以，要提高某地区居民的整体收入状况，缩小城乡居民财产性收入的地区差距，应该加大对农村和农业的固定资产投资，加快农村经济的发展。由此可见，对农业的投入，对农村的重视，对农民的关注，不仅是有关农村地区的发展和农民收入和生活状况的改善，也关系到整个地区乃至全国的城乡居民财产性收入公平性的发展。

（6）文化及技术发展

科技作为第一生产力，能直接带来经济水平的提高，为我国城乡居民财产性收入的增长提供物质保障。目前我国高技术产业和高新科技的发展还处于起步阶段，在不同地区的发展尚未表现出明显差距，但随着我国劳动密集型产业向技术密集型产业的转型，技术市场成交额对城乡居民财产性收入的地区差距的影响将日益显著。

（7）居民就业及消费

城镇居民家庭消费性支出对收入的影响作用，表明了支出不仅受收入的影响，同时也能影响收入的双向互动效应。城镇失业率与城乡居民财产性收入呈负相关关系，失业率越高，居民的就业状况和人均收入就越差，因此要提高城乡居民财产性收入就要降低失业率。

（8）公共建设及社会保障

一个地区的社会福利制度的建立完善以及养老保险、医疗保险等基本的社会保障项目的实施和覆盖面，能影响到该地区的城乡居民财产性收入。社会保障制度及公共福利越完善，覆盖面越广，居民的人均收入越高。而社区服务设施数的增加，能为居民生活提供更多便利，有利于提升其生活水平，使其更为专注于工作，提高收入。

3.2.3 政策因素

（1）公共财政支出结构及受益总量

公共支出的结构及流向是我们判断一个国家是不是有利于居民财产增加与保障的重要指标。以美国为例，2013 年美国政府在直接涉及老百姓的医疗卫生、社会保障和就业福利上的开支，总共约为 15000 亿美元，相当于联邦政府总开支的 61%，为美国 GDP 的 11.5%，分到 3 亿美国人身上，人均 5000 美元（相当于美国人均可支配收入的18%)。转型国家如俄罗斯在这方面也有比较大的改善，1999—2006年，俄罗斯联邦和各联邦主体、地方政府，将1/3的财政支出用于教育、医疗、救济等社会领域，建立和维持了一套比较完善的社会福利体系。

我国改革开放40年来，财政支出结构发生了很大变化，经济建设支出所占比重大幅度下降，而政府用于教育、社会保障、医疗卫生等社会发展领域的支出占比开始攀升。如2013年中国政府在直接涉及老百姓的教育、医疗卫生、社会保障和就业福利上的开支，总共约为19039亿元，相当于中国政府总开支62593亿元的30.42%，为中国GDP的6.33%。这种支出结构的变化标志着我国财政正在从过去的“生产型财政”向“公共财政”转轨。然而，与广大人民群众的迫切愿望相比，特别是与党的“十七大”报告提出的“关注民生、执政为民”这一新时期政府执政理念的客观要求的模式相比，现有的财政支出结构还不是最优的，仍存在着进一步调整的空间。特别是居民财产性相对占国内生产总值的比例仍较低，且低幅徘徊的趋向明显。至2013年居民财产总量为3416.87亿元，只占国内生产总值的1.14%，而早在1995年，居民财产总量就占了国内生产总值的1.12%。因此，我国政府公共支出的受益总量及结构还要下大力气改革。

(2) 社会保障覆盖率

在市场经济体制下，自我保障能力较差的往往是一些低收入阶层及弱势群体，社会保障及相关的制度是否有利于普通居民是至关重要的。实际上，社会保障覆盖率的高低不仅仅是一个财力问题，更重要的是在经济增长以后有没有一种机制来提高社会保障覆盖率。如在20世纪六七十年代，我国农村地区建立了合作医疗制度，县和乡镇级医院逐步建立，乡村也有很多“赤脚医生”。这一时期，农村地区医院床位总数已与城市地区持平。但随着后来农村合作医疗体制的瓦解，农村医疗保障的覆盖面迅速缩小——从1980年的80%降为1998年的6.6%。这种变化不是由于我们的财力下降了，而是我们缺乏一种提高社会保障覆盖率的机制。我们的一些地方政府不是没有钱花，而是没有对财政预算过程的实质监督，以至于政府钱多后更倾向于在形象工程、政府办公大楼上浪费，在高资源消耗、高环境污染格局下必然会给中低收入者带来“看病贵”的问题。而政府在医疗卫生领域的投入不足所造成的医疗机构和设备短缺等问题，也会进一步加重民众的“看病难”问题。据统计，我国从1996—2013年，医院、卫生院的数量从67556个减少到60037个，10年中减少了7519个，年均递减1.17%；从1994—2005年，我国入院人数年均递增2.95%，而同期医院及卫生院病床数年均递增率仅为0.84%。上述数字表明，我国政府在医疗卫生领域存在着较严重的“缺位”问题。从全体人民“病有所医”的目标出发，今后财政理应加大医疗卫生领域的支出规模。

世界银行2006年年底发布的当年第三季度《中国经济季报》称，中国住房公积金贷款主要使少数收入较高的家庭受益。审计署2013年6月27日发布的审计报告，也印证了世行的观点。这份审计报告对4个直辖市和41个大中城市的住房公积金进行了审计调查。调查发现，中高收入群体从公积金中受益更大，而低收入群体的居住条件却没有因此改善。

从国际比较来看，目前我国社会保险的费率水平已经较高，如基本养老保险的缴费率企业20%及个人8%，均高于雇主10.5%和雇员5.6%的世界平均水平，甚至已经超过欧洲国家（不含东欧国家和俄罗斯）企业14.2%和个人6.8%的平均缴费率。这种情况表明，从经济整体发展的角度看，我国今后已不具备继续提高社会保险缴费率的条件，解决基本养老保险制度收支缺口的办法主要应依赖政府用一般财政收入给予的补助。采取这种办法最大的好处是在劳动力、资本和消费三大税基之间分散政府的养老负担，避免人口老龄化对就业乃至整个社会经济发展造成负面影响。如果上述观点成立，那么今后财政就需要将越来越多的预算资金投入到基本养老保险制度中，从而导致财政支出不断地向社会保障领域倾斜。

（3）居民的社会政治参与度

居民的社会政治参与度越高，那么有利于居民的经济增长的制度安排就越容易形成。许多制度，包括分配制度，都是在政治市场上形成的，分配制度实际上是利益集团之间在政治市场上博弈的结果。居民的社会政治参与度的大小是民主的函数。经济发展过程也是民众政治参与度不断提高的过程。不利于居民政治参与度提高的社会环境，甚至阻碍居民政治参与度的提高，是不少发展中国家经济社会发展缓慢的深层次原因。发展中国家并不是缺乏增长的动力和潜力，而是缺乏一种有效保护私人财产和有效执行契约的机制，缺乏一种有效地分配增长成果的公平机制。而这些正是公民参与度低及缺乏民主和法制的产物。在一个社会中，公众的参与度越高，民主越充分，那么制度就会越公正。反之，如果公众参与度低，或者就是一些精英们在那里“关门”搞制度设计，那么这种制度就难以做到公正。

3.2.4 行业因素

改革开放以前，我国不同行业和各部门之间收入差距非常小。1978年全国几大行业中，电、煤气及水的生产和供应业平均工资最高，为850元，社会服务业平均工资最低，为 392 元，但是我国不同行业之间的收入差距明显扩大。1999 年全国 16 大行业中，金融保险业平均工资高达 12046 元，而农、林、牧、渔业平均工资仅为 4832 元，最高行业工资与最低行业工资的绝对值从 458 元扩大到 7214 元，比率由 2.16∶1 扩大到 2.49∶1。一些带有垄断性质的行业如电力、金融、烟草等行业，依靠在国民经济中的垄断地位，获得高额垄断利润。调查数据显示，2008 年，20 个行业门类收入差距为 4.77 倍，有的高达 10 倍。垄断行业收入比全国平均水平高 10 倍。据人力资源和社会保障部统计，目前，电力、电信、金融、保险、烟草等行业职工的平均工资是其他行业职工平均工资的 2—3 倍，如果再加上工资外收入和职工福利待遇上的差异，实际收入差距可能在 5—10 倍之间。

目前，我国部分第二产业与大批第三产业的相关行业收入大幅度超越传统行业，随着我国产业结构的调整，行业间收入上的差距表现得更为明显。垄断行业、新兴行业、知识和资金密集型行业的就业人员工资水平远高于非垄断行业、传统行业和劳动密集型行业。因此，可以选取各行业规模以上施工项目个数、各行业固定资产投资、各行业外商直接投资、各行业对外直接投资、能源消费量、各行业就业人数等指标分析影响我国城乡居民财产性收入的行业因素。

（1）各行业规模以上施工项目个数和能源消费量

规模效应对行业收入具有重要作用，而能源消费量也从一定程度上代表了行业的生产规模。要提高我国某行业的人均收入，应从提高行业的项目资金和生产的规模效应着手。而我国现阶段收入较高的行业中，大部分是垄断行业，这充分体现了资金和人力资本的规模效应，若要缩小收入的行业差距，则应重视低收入行业的规模效应，将垄断行业的资金投入转移一部分到低收入行业。

（2）各行业外商直接投资和固定资产投资

外商直接投资和固定资产投资对行业的人均收入影响较大，想提高某行业收入，则应增加投资，包括资金和技术的投资。资金的投资能带动技术的发展，技术的发展能进一步带动资金的获取和高效利用。我国现阶段的高收入行业除了垄断行业以外，高新技术产业也占了较大部分，这也是投资较多、发展较快的行业。而我国现阶段收入较低的行业中，发展时间较长、竞争较充分、投资较低的行业是比较明显的，如住宿餐饮业、居民服务业。因此，要全面提高各行业的收入，缩小行业差距，应全面增加投资，重点关注低收入行业的固定资产投资情况，通过增加投资带动发展，从而提高该行业的收入。

（3）各行业就业人数

一方面，初期就业人数的充分投入能带动行业的发展，体现出劳动力的规模效应；另一方面，过多的就业人数使得效率降低，使“规模效益”变成“规模不效益”。就业人数与行业收入的另一个关系，表现在就业人数多的行业多数是劳动密集型行业，这些行业的从业人员缺乏在技术密集型行业中竞争的学历和能力；而收入较高的行业人数较少，也是因为收入较高的行业一般要求从业者具备较高的学历、知识和技术，但这样的人员还是占少数。因此，要提高行业收入，促进公平，应注意各行业就业人员的教育和培训，丰富就业人员的知识体系和工作能力，用提高从业人员的技能和效率，代替一味增加就业人数。

3.2.5 个人特征因素

（1）性别

由于受人类长期的父权社会的影响，“男主外女主内”的思想可谓根深蒂固，对我国女性的就业和收入造成了较大负面冲击，一是在就业时较难得到机会公平，二是就业后的晋升也较同等条件的男性更难，于是就业和晋升机会的缺失造成了女性的收入较男性低。除了外部的社会经济等因素外，女性自身的追求和社会家庭责任等也是很大的一个原因，如女性如何在工作和家庭中寻求平衡，如何对自己的职业进行规划。因此，除了外界的歧视外，女性由于家庭或生育等原因主动或被迫放弃一些高收入的机会，也是造成我国城乡居民财产性收入的性别差距的一个较重要原因。

（2）教育

通常来说，个人的受教育水平很大程度上影响着个人的收入水平。教育可以通过下面两种途径影响个人的收入水平。第一种途径是，教育是个人学习能力的一种体现，由于教育具有信号功能，诺贝尔经济学奖得主迈克尔·斯彭斯的“文凭信号显示模型”较好论证了这一观点。这种理论认为，教育本身虽然不是一种直接的生产要素，但它作为间接生产要素可以促使其他直接生产要素更好地发挥功效。第二种途径是，教育本身就是一种对人力资本的投资，在实际的生产之中起到与高物质资本存量相同的作用，持这种观点的代表人物是诺贝尔经济学奖得主西奥多·舒尔茨。这种观点认为，教育水平越高的人，更有可能利用新技术，更有可能在生产中积累经验，提高自己的劳动生产率。

（3）工作经验

通常来说工作年限越长，积累的工作经验也就越多，其工作技能也就越熟练，工作效率也就越高，所获得工作报酬也就更多。此外，明瑟将工作经验也纳入到人力资本中，他认为经验是工作后继续教育的重要组成部分，经验和教育对于个人收入的增长起着同等重要的作用，这就是著名的明瑟方程。而工作经验可以更为直接地反映于居民上期收入水平。从短期看，城乡居民财产性收入在一定时期内比较稳定，如果上期收入一定，在不更换工作的情况下，当期收入应该是在上期收入基础上小幅度地减少或增加，可以看作一种棘轮效应，符合现实经济运行规律。从长期看，前期收入决定了居民未来获得收入的能力，故上期收入（即工作经验）对居民当期及未来的收入水平具有重要影响。

3.3 我国居民财产性收入低下的原因分析

通过上述居民财产的基本特点及影响因素分析，我们不难看出，我国居民财产性收入仍然比较低，主要原因是居民财权相对政权过小。

3.3.1 政府改革滞后于经济体制改革

我国改革开放四十年，经济迅速增长并且初步建立了市场经济体制，但是经济的快速增长和市场机制的建立并没有惠及所有人。西方发达国家的工业化及分配机制的完善是一个包括思想、社会、政治等条件在内的各种条件成熟后的自然过程，在制度、资源稀缺的条件下仅仅依赖市场机制是难以最终完成的。广大的发展中国家经过一定阶段发展后，由于政治体制改革的滞后及民主制度的缺失，经济增长后并没有建立一种使大多数人受益的制度、体制和机制保障。

道格拉斯·诺斯等人在《诠释人类历史的一个概念性框架》中提出，人类社会经过三种不同的社会秩序。第一种是原始社会秩序，即狩猎采集社会的秩序。第二种是有限准入秩序。这种有限准入秩序通过对经济体系实行政治控制来解决如何约束暴力的问题，也就是通过限制进入来产生租金，以此来维护社会稳定和社会秩序。第三种是开放准入秩序，即通过政治和经济上的相互竞争而非创设租金来维持社会秩序。有限准入秩序的特征有：（1）通过精英阶层的特权来控制暴力；（2）限制贸易准入；（3）对精英阶层的产权提供相对有力的保护，对非精英阶层的产权保护相对较弱；（4）对经济、政治、宗教、教育等组织的进入和退出加以限制（诺斯，2007）。有限准入秩序的实质是对有价值的权利和活动设立进入特权。我国正在从有限准入秩序向开放准入秩序转变，在这个转型过程中，很容易形成政府的“掠夺之手”。

掠夺之手模型主要回答的问题是政治人物将如何把自己利益体现在政策和制度中，以服务于政治人物的目标（施莱弗和维什尼，2004）。诺斯等人把暴力专营者创设的政府称为自然政府。在自然政府中，政治和经济紧密地结合在一起。政府通过限制经济上的进入而获得租金，用以在精英阶层中订立可信承诺，从而支持现有政权并提供社会秩序（诺斯，2007）。自然政府面临一个两难境地：建立多大规模的统治联盟才是适宜的？扩大联盟会有更多力量，但使联盟绑在一起的租金被摊薄了。按照施莱弗和维什尼（1998）的观点，政治家们的目标并不是社会福利的最大化，而是追求自己的私利。他们所建立的“掠夺之手”模型的理论出发点是，很多管理的实施目的其实是为了增加政治家自己的财富和权力，政治家的政治目标在大多数时候与社会福利最大化的目标并不一致。

3.3.2 有限准入秩序下偏重于少数利益集团的利益

由于缺乏民主和法制，政府的目标往往与利益集团的目标一致，从而导致不利于穷人的制度安排形成。政治家的任期与社会福利最大化的回报问题不一致，为多数人服务有一个“搭便车”问题。而少数人（即利益集团）与政治家也容易在利益上达成一致意见，并且可以共同实现利益最大化。

为什么有的国家能把增长的成果惠及更多的人，而有的国家做不到呢？为什么社会资源和发展的机会更多地有利于富人？从政府的目标来看，是希望经济增长以后能让所有人受益，这些年来，我们的政府越来越关心民生问题。但是，如何让政府更多地关注民生问题？它的保障机制是什么？从一些实证分析来看，不少我国政府实施的缩小收入差距的一些再分配举措往往偏离了其目标，一些应该有利于低收入阶层的补贴却被高收入阶层获得。

高收入阶层在什么制度条件下对分配制度产生重要的影响？用利益集团的逻辑来分析，如果没有一个竞争性政治市场和对利益集团的制约机制，那么一些利益集团就会成为制度选择的决定者，并且会影响制度的性质，并往往导致不利于穷人的经济增长的制度安排。中国改革开放20多年，尽管在经济上取得了巨大的成就和经济的繁荣，但是随着中国经济发展与财富增长，随着国内民众利益越来越分化，不仅一个又一个的利益集团涌现，而且这些利益集团正在利用中国转轨经济制度摩擦和政治体制改革的滞后，利用其拥有的各种资源上的优势以及话语权，逐渐地将其侵占绝大多数人利益的行为制度化和合法化。诺贝尔经济学奖得主斯蒂格利茨（2006）在北京也提醒我们，“中国要把利益集团对经济的影响限制在最小程度”。

3.3.3 有限准入秩序下城乡和地区差距拉大

有限准入秩序通过对经济体系实行政治控制来解决如何约束暴力的问题，政治控制是采取科层组织形式来管理大量分散的市场主体——农户。这又包括两层含义：一是乡村本身成为一个科层组织。1953 年，毛泽东指出："中国农业现在大部分是个体经济，要有步骤地进行社会主义改造。"改造的方式就是集体化，通过设立等级严密的科层组织来管理农户。互助组、合作社，一直到后来的人民公社，都是科层组织形式。二是乡村和城市结合起来，这又是一个范围更大的科层组织，即城乡关系成了一种等级命令关系：乡村服从城市，城市"剥夺农村"。科层的优势在于能够通过命令—服从形式将决策者的意图贯彻下去，从而节约市场中协商谈判的成本；不过，在科层组织中，由于上下级沟通不畅，交易费用中的信息成本和监管成本会上升。

（1）科层组织制度的设计使城乡差距拉大

政府通过科层这种组织制度的设计，来消除公有制产权界定下产生的巨额交易费用，但这一制度却带来了高额的监管费用。公共产权节约了类似于私人产权的界定和执行成本，但是产生了更高的类似于"租耗"的其他形式的成本。在公有制产权制度下，国家的干预和管制是造成产权残缺的重要根源之一，即对那些用来确定"完整的"所有制的权利束中的一些私有权的删除。

在这种产权制度下，农民之间的自愿谈判和交易受到严格限制，被严格限制在自留地和周期性的集市中。在高度分割的非正式市场中，资源的交换以昂贵的交易费用来完成。因此，政府设计了一整套科层制度来分配资源，但这一努力没能减少公有制中的租值消散。例如，人民公社里设计了一系列烦琐复杂的工分统计制度，以考核个人的劳动成果，却始终难以杜绝窝工现象。

农产品的统购统销制度使农村成为城市的低价农产品供应地。新中国成立伊始，国家以低价在市场上获得农产品。到 1953 年，当收购变得越来越困难时，国家开始实施统购统销政策，并于 1958 年完成了这一制度安排。在统购统销制度下，政府垄断了农产品的全部收购，并通过 1953 年实行的粮油棉票证计划供应制度，控制了食品和其他农产品的销售。这样，政府就通过其行政手段，强制性地将农村剩余产品划入城市需求之中。在这种体制下，农户的分配制度受到国家的严格控制（例如，国家规定公积金、公益金、社员分配的比例、生产队留粮标准等）。

在科层组织中，职责范围很清楚——各个成员接受组织分配的活动任务，并按分工原则履行自己的岗位职责。在统购统销制度下，农村为城市提供低价的农产品供应，犹如企业中的原材料供应部门，这体现了科层的专门化特征。据李澈（1993）统计，1955—1985 年，政府通过"剪刀差"形式汲取的农业剩余总额达到 5430 亿元，而如果把通过公开税、剪刀差和储蓄净流出 3 种征税渠道汲取的农业剩余总额相加，国家这 30 年从农业获取的剩余总额为 6926 亿元。

户籍制度限制了农村人口的流动。由于农产品的统购统销制度压低了城市的生活成本，城市自然成为理性经济人向往的地方。为了避免人口向城市集中，政府开始限制农村劳动力向城市的流动。1958 年 1 月 9 日，颁布了《中华人民共和国户口登记条例》。最初，条例主要是用于登记管理的功能。此后，“三年困难时期”造成我国商品粮供应全面紧张，公安部于 1963 年依据是否吃国家计划供给的商品粮，将户口分为“农业户口”和“非农业户口”。从此，条例便以法律的形式严格限制农民进入城市，在城市与农村之间构筑起一道制度屏障。

在当代发达国家，农民（farmer）完全是个职业概念，指的是经营 farm（农场、农业）的人。但在中国，经过国家的集体化改造和户籍化管理后，农民就不仅仅是一种职业，还是一种生存状态，更是一种社会身份或社会等级的象征。户籍制度使城乡之间的等级关系建立和巩固起来。在等级严密的科层组织中，农民基本上被束缚于农业生产和被定位于最低层级中。

（2）市场化改革程度的差异使地区差距拉大

自市场化改革以来，东西部经济差距日益扩大，虽然自从西部大开发政策实施以来，西部的经济增长速度加快，但经济总量仍然差距很大。这主要是东西部制度变迁程度差异（市场化程度差异）导致的。樊纲等对各地区市场化指数进行评分比较，得出的结果是东部地区市场化指数平均值为 7.16，中部为 5.47，而西部市场化指数平均值为 4.71，可见西部地区的市场化程度明显低于东部地区。而导致此结果的原因包括以下两个方面：

第一，东西部地区的产权制度基础不同。西部地区经济主要是建立在以国有经济为主导的基础之上的，而东部地区国有经济成分所占比重相对低于西部地区，非国有经济比重相对高于西部地区，因而双方不同的产权制度基础就为市场经济体制在东西部地区的推进奠定了差异的制度环境。东西部制度环境的“起点存量”差异，导致在推进各自的市场化改革中出现不同的制度变迁绩效。

第二，除了产权制度基础之外，东西部市场化差异还与制度环境中现存制度安排存量有关，也就是现存的传统计划经济存量。从制度形成的方面来看，我国内地的制度大多形成于传统经济体制时期，由于当时国际环境的影响，我国的投资和政策都是向西部倾斜的，由此西部的“传统制度积累存量”明显高于东部沿海地区，之所以西部经济改革程度慢于东部，与双方传统制度积累的“量”有关。并且由于“惯性”的作用，传统的计划经济体制不会自生自灭，在一定环境下还会继续发生作用，从而在很大程度上延缓新制度产生作用的时间和效果。显然，东部通过市场化改革促进了本地区的经济发展，而西部却惯于“国家输血”意识，不愿意放弃现有的经济体制，从而在市场化改革的道路上与东部之间的差距越来越大，最终陷于“路径依赖”。

(3) 中国居民财产权利极其有限

目前城镇居民的财产增长的主要来源集中在房地产市场和资本市场，主要是通过出租房屋和获得股息、红利取得财产。近几年我国城镇居民人均出租房屋收入占全部财产的一半多，是第一项财产，2007 年城镇居民出租房屋收入占财产收入总额的 50.9%，股息红利收入占 24.8%。根据中国社会科学院经济研究所课题组的初步研究，我国居民的财产有六七个子项目，其中最主要的是三项，即房产、金融资产和土地（土地主要是对农村居民而言），这三项大体上的比重是：房产占将近六成，金融资产占两成，土地占将近一成，三项合计约占居民财产的九成。从 1998 年城镇住房市场化后，城镇居民的住房财产权利增加。人们可以花钱买下房子，获得了居住权、出让权以及收益权（包括增值、租金等经济利益）。但 2002 年开始至 2007 年政府宏观调控房产，既征收高额房产增值税，又限制房产的自由销售，结果却是不仅没有使房价下跌，反而导致房价居高不下，居民没钱购买房屋，房屋大量空置，城镇居民的房屋财产收益权受到极大限制。2010 年 4 月出台的房地产新政对于遏制北京、上海等一线城市的房价起了一定作用，但是对于二三线城市的房价调节收效甚微，7 月份房价全国还同比上涨 10.45%，更让一般的普通居民买不起房，又何谈财产呢？

对于农村居民的土地财产权，国家一系列的法律、法规及文件规定进行了严格的管制，主要表现在两个方面：一是对农地用途的管制，二是对农民宅基地用途的管制。对于农地和宅基地用途的管制，只要符合国家利益（例如保证粮食安全）就是理所当然的，但从农民的权益性财产转变为财富的角度看，显然这一系列用途管制大大缩小了农民占有土地的现实和潜在的升值空间和兑现的可能。剥夺了农民的土地发展权。以农村宅基地为例，与城镇住房制度相反，现有法律规定一户一宅，禁止农户把宅基地转让给市民，而在一个村庄中并不存在对宅基地的市场需求，如果农户仅可以将房屋转让给本集体内的农户，由于在目前的法律下一个农户只能拥有一处宅基地，那么有条件成为受让人农户的数量将会非常少，在几乎没有市场需求的情况下供给价格必然极低，农民即使迁移至城镇定居，也只能让房屋闲置或是以极低的价格出卖。现有法律对农民在处理房屋及其房屋下面的宅基地方面的权利限制过于严格，其结果是农民不动产的流转价格难以反映土地资源的稀缺程度，掩盖了真实的市场需求价格。制度扭曲下的价格实质上成为二元土地制度对农民财权的一种变相剥夺。

(4) 居民收入增长远低于国家经济增长速度

近年来，我国财产的增长幅度大大高于人均可支配收入的增幅，但相对于国家经济增长速度，总体上水平还比较低。具体以土地为例，2000 年左右，国家有关部门公布的国有资产土地总价值为 25 万亿元，按 GDP 近十年每年增长率 10% 测算，到 2009 年总价值为 55.95 万亿元，按全国 13 亿人口平均，人均土地财富为 4.5 万元，如果每年按照 10% 增值，人均每年可分得财富 4500 元，按家庭每户 5 人算，则每个家庭可每年增加收入 2.25 万元，这是一笔多么可观的财产性收入啊！然而由于这些土地是国有的，这些土地增值再多再高，也进不了寻常百姓的消费预算中，所以老百姓只能拼命储蓄，财产少，自然就不敢消费，进而导致内需不足。与此同时，财产在居民人均可支配收入中的比重还比较低。现在统计中常用的人均可支配收入由四部分构成：工资性收入（工资等）、转移性收入（养老金等）、经营性收入（商业买卖收入等）和财产，我国居民工资性收入占到 70% 左右，财产仅占 2% 左右。

（5）财产集中掌握在少数人手中

过去，我们只关注美国等发达国家的贫富差距。但是，自从 20 世纪 90 年代以来，中国居民内部出现了持续加剧的收入不平等现象。我们通常认为这是一个富人变得更富、穷人变得更穷的过程。据波士顿咨询公司 2009 年全球财富报告显示：中国内地拥有百万美元金融资产的家庭数量已跃居全球第五，仅次于美国、日本、英国和德国。中国的 150 万个家庭（约占全国家庭总数的 0.4%）占有中国大陆（经济调查统计单位）财富总量的 70%，这些家庭的资产多投放于购买海外地产、子女留学及国外奢侈性消费，这些中国人拥有可以挥霍的财力，财力来源于他们拥有的权位，大部分是政府官员或是与官员有着千丝万缕联系的商人。中国的贫困人口到底有多少？据世界银行 2007 年 11 月公布的数据：生活在日均 1 美元贫困线以下的中国人口实际大约为 3 亿。这 3 亿左右人口辛劳终生，仅仅能够维持简单生存，购买力极其有限，更不要说有什么财产。

2009 年麦肯锡公司全球研究所做了一项调查，印证了许多经济学家长期以来持有的观点：中国家庭储蓄的主要原因之一是缺乏社会保障网络。他们列出了三个重要原因：教育需求、疾病保障和赡养父母。需要在短期内改变如此根深蒂固的结构性因素是不可能的，仅仅依靠人民币升值也是不行的。要说近 10 年来有什么变化的话，则是中国消费型经济变得越来越弱，而不是越来越强了。而且，高收入的那部分人彼此之间的收入差距一直像姜糖一样拉得越来越长。实际上，当我们顺着收入阶梯向上爬时，梯子的横档却彼此相隔得越来越大。

第 4 章

中美居民财产性收入比较分析

内容提要：财产性收入占国民可支配收入的比例是衡量一个国家公民富裕程度的重要标准。对比中美两国居民总体收入与居民财产性收入状况，发现中国居民的收入与居民财产性收入的主要特点是：主要来源于劳动者报酬，中国居民的个人收入来源构成较单调，收入不稳定，并且居民财产性收入（如租金、来自公司的红利、利息等）较少。美国居民财产性收入是美国家庭收入的重要组成部分，所占比重仅次于薪资收入。发达国家提高居民财产性收入的做法对中国的启示是：(1) 转移和引导农业劳动力向有需求的产业与地区流动；(2) 认真对待农民进入市场，完善农村协会组织；(3) 重视农业科研推广；(4) 加强对居民投资知识的培训，完善中小投资者权益保护机制；(5) 增加实业投资及租赁服务；(6) 建立和完善多层次资本市场体系，丰富金融工具品种和结构，使市场成为决定收入分配的主导力量。

4.1　中美居民财产性收入的含义及统计口径

4.1.1　美国居民财产性收入的含义及统计

美国的收入结构构成与中国有很大的区别，美国的居民收入分为工资性收入、存货估价和资本折旧过程中的经营者收入（财产所得：包括资本折旧和对库存价值的调整）、租金收入、资产性收入和转移性收入五个部分，其中资产性收入包括居民的股息（各项金融证券资产）收入和利息（包括债券利息）收入。

（1）宏观数据口径

美国经济分析局（U. S. Bureau of Economic Analysis，Survey of Current Business）负责发布美国的宏观数据，该机构发布的《国民收入和生产账户》（NIPA）的“收入和收入配置”（personal income and outlay）中有“租金收入（rental income of persons）”和“资产收入（personal income receipts on assets）”这两个子项目。“租金收入”和“资产收入”之和，可对应于我国统计部门公布的国民经济核算“现金流量表”中的住户部门“财产性收入”。《国民收入和生产账户》（NIPA）的数据主要是通过宏观总体估算取得的，因而其中的“个人收入和支出”统计数据可以反映整体状况，但不能说明收入的具体家庭和人员分布情况。①

（2）人口普查口径

与美国经济分析局不同，美国人口普查局（U. S. Census Bureau）是通过大量的具体调查获得人口、经济等统计数据的。美国人口普查局调查统计居民收入时，共设立了“工薪”“利息”“股利”等41个详细项目，其中的“利息收入”“股利收入”“租金、使用权、不动产和信托收入”“实现的资本收益”4项，可对应于我国统计部门公布的家庭收入调查中的“财产性收入”。②

4.1.2 中国居民财产性收入的含义及统计

我国统计部门将居民收入主要分为四类，即：（1）工薪收入；（2）经营净收入；（3）财产性收入，包括利息收入、股息与红利收入保险收益、出租房屋收入和知识产权收入等；（4）转移性收入。按照中国国家统计局的解释，“财产性收入是指金融资产或有形非生产性资产的所有者向其他机构单位提供资金或将有形非生产性资产供其支配，作为回报而从中获得的收入”。具体而言，“财产性收入”是指由家庭拥有的动产（如银行存款、有价证券等）、不动产（如房屋、车辆、土地、收藏品等）所获得的收入，它包括出让财产使用权所获得的利息、租金、专利收入等；财产营运所获得的红利收入、财产增值收益等。这里需要特别注意的是，不能望文生义地把出售财产所得当作“财产性收入”，因为财产的出售主要表现的是财产形式的变化，而不是财产数量的变化。

---

①② 王志平．中美居民财产性收入比较及启示［J］．上海市经济管理干部学院学报，2014，8（3）：7－13.

(1) 宏观数据口径

在国家统计局编发的《中国统计年鉴》中，有反映非金融企业、金融机构、政府和住户四大部门收入和支出情况的“现金流量表（实物交易）”，该表反映的内容包括了国民经济各部门的“财产收入”。其中住户部门“财产收入”的“来源减去运用（支出）”即“财产收入”净值，包括利息、红利和租金等。上面的计算没有考虑住户部门的“土地出让金”收入，从逻辑上讲，“土地出让金收入”先是由政府部门获得的，但是这部分收入会部分地直接转化为住户部门的收入，其中部分又被称为土地征用补偿金。

(2) 居民生活抽样调查的口径

自 1998 年起，国家统计局在其编发的《1998 中国统计年鉴》的“人民生活”一章中增加了上一年度居民家庭收入中的“财产性收入”一栏，我国统计和公布“家庭总收入”“人均可支配收入”或“人均纯收入”时，一般是以家庭为抽样统计单位，并折算成“人均收入”的。

4.2　中美两国居民财产性收入的总体状况

4.2.1　美国居民财产性收入的总体状况

根据美国经济分析局发布的 2013 年“收入和收入配置”项目数据，美国全国“个人收入”总计为 140684 亿美元，其中，工薪收入为 88397 亿美元，是最重要的收入来源，占比 62.83%；个体经营收入为 12851 亿美元，占比 9.13%；财产性收入（租金收入 5634 亿美元与资产收入 20604 亿美元）为 26238 亿美元，占“个人收入”比重为 18.65%，其中“利息收入”在美国总体的个人“财产性收入”中占有大约一半的份额，如表 4－1 所示，转移性收入为 24266 亿美元，占个人收入比重为 17.25%。

2014 年美国人口普查局的“当前人口调查”统计活动涉及 15 岁及以上人群，包含 222003 人。调查结果，2013 年人均年收入为 42394 美元。其中，拥有财产性收入的有 126842 人，平均财产性收入为 4546 美元；拥有利息收入的有 127776 人，平均利息收入为 3142 美元；拥有股利收入的有 31804 人，平均股利收入为 3693 美元；拥有租金收入有 12481 人，平均租金收入为 5623 美元。采用加权折算方法，可以得出，222003 人的人均财产性收入为 5566 美元，占人均总

表 4－1　　2013 年美国居民财产性收入的总体情况　　单位：亿美元

<table>
<tr><th rowspan="2">合计</th><th rowspan="2">工薪收入</th><th rowspan="2">个体经营收入</th><th rowspan="2">租金收入</th><th colspan="2">资产收入</th><th rowspan="2">转移收入</th><th rowspan="2">社会保险</th></tr>
<tr><th>利息</th><th>股利</th></tr>
<tr><td>140684</td><td>88397</td><td>12851</td><td>5634</td><td>12713</td><td>7890</td><td>24266</td><td>－11068</td></tr>
<tr><td rowspan="2">占个人收入比重</td><td rowspan="2">62.83%</td><td rowspan="2">9.13%</td><td>4.00%</td><td>9.04%</td><td>5.61%</td><td rowspan="2">17.25%</td><td rowspan="2">－7.87%</td></tr>
<tr><td colspan="3">财产性收入合计：18.65%</td></tr>
</table>

资料来源：US Bureau of Economic Analysis，National Income and Product Account Table 2.1 Personal Income and Outlay。

收入（42394 美元）的 13%。需要指出的是，在美国的个人收入统计中，有“设算收入”（imputed income）的概念和方法。比如，居民住在自己拥有产权的房屋内，你没有给自己付房租，因此等于少付了房租，亦等于取得了一笔“收入”。美国统计部门公布的居民收入中，是包含这类“设算收入”的。

根据美国人口普查局的资料，美国 15 岁及以上人口约占美国人口的 78%。假定美国居民的财产性收入主要由 15 岁及以上人口获得，而美国 15 岁及以上人口人均拥有财产性收入 5623 美元，由此进一步推算，全美家庭人均财产性收入约 4385 美元。据美国人口普查局的 CPS 资料，2013 年美国人均收入为 42394 美元。由此，可以粗略地推算出，2013 年美国家庭人均获得的财产性收入，在总收入中约占 10.34%，如表 4－2 所示。

表 4－2　　2013 年美国居民人均财产性收入情况

<table>
<tr><th rowspan="2">项目</th><th colspan="2">全民族</th></tr>
<tr><th>人数</th><th>收入平均值（美元）</th></tr>
<tr><td>总收入</td><td>222003</td><td>42394</td></tr>
<tr><td>财产性收入</td><td>126842</td><td>4546</td></tr>
<tr><td>利息</td><td>123772</td><td>3142</td></tr>
<tr><td>股利</td><td>31804</td><td>3693</td></tr>
<tr><td>租金等</td><td>12481</td><td>5623</td></tr>
</table>

资料来源：U.S. Census Bureau，Current Population Survey，2014 Annual Social and Economic Supplement。

4.2.2　中国居民财产性收入的总体状况

在 2015 年国家统计局编发的《中国统计年鉴》中，如表 4－3 所示，2013 年住户部门“财产性收入”的“运用（支出）”为 7656.3 亿元，来源 21824.4

亿元，“财产收入”净值为 14168.1 亿元，当年住户部门的初次分配总收入为 353759.9 亿元，加上“经常转移”净值后的“可支配总收入”为 357113.4 亿元，2013 年中国住户部门的“财产收入”占“初次分配总收入”和“可支配总收入”的比重分别为 4% 和 3.96%。

表 4－3　　2013 年中国居民财产性收入的总体情况　　单位：亿元

合计	工薪收入	财产性收入	转移性收入
357113.4	298966.1	14168.1	44180.3
占个人收入比重	83%	3.96%	13%

资料来源：《中国统计年鉴》(2015 年)。

按照统计部门的《中国统计年鉴 2015》“人民生活”口径，如表 4－4 所示，以家庭收入为单位的“居民收入”分成四类，平均每人全部年收入为 18310.8 元，其中工薪收入 10410.8 元，占比 56.9%；经营净收入为 3434.7 元，占比 18.8%；财产性收入包括利息收入、股息与红利收入、保险收益、出租房屋收入和知识产权收入等为 1423.3 元，占比 7.8%，比例最低，收入结构不合理；转移性收入 3042.1 元，占比 16.6%。

表 4－4　　2013 年中国居民人均财产性收入情况　　单位：元

项目	2013 年
平均每人全部年收入	18310.8
工薪收入	10410.8
占全部年收入比重	56.9%
经营净收入	3434.7
占全部年收入比重	18.8%
财产性收入	1423.3
占全部年收入比重	7.8%
转移性收入	3042.1
占全部年收入比重	16.6%
可支配收入	17114.6

资料来源：《中国统计年鉴》(2015 年)。

我国目前依然属于相当明显的城乡“二元”结构，城市居民与农村居民的收入来源有比较明显的差异。依据近年我国城镇和农村居民财产状况，如表 4－5 所示，农村居民的财产在总量、增长速度方面都低于城镇居民。2013 年城镇居民财产为810元，农村居民的财产仅为293元。农村居民的财产性收入仅为城镇居民财产810元的32.8%。

因此，统计部门对城镇家庭和农村家庭进行收入统计时，其口径是略有差异的。我国城镇居民2013年财产性收入总量相对2000年的增长6.33倍，比2012年增长了14.57%，这一增速大大高于居民可支配收入增长59.4%的速度；我国农村居民2013年财产性收入总量相对于2000年增长6.51倍，比2012年增长了17.67%。但是，不管是城市居民还是农村居民，其财产的绝对量还是保持在很低的水平，2013年城镇居民财产为810元，农村居民的财产仅为293元。城镇居民财产在总收入中的比例为2.74%，农村居民为3.29%，城乡居民收入继续增加。

表4-5　　中国城乡家庭人均收入情况　　单位：元

指标 \ 年份		2000	2005	2009	2012	2013
全国居民人均财产净收入绝对数		—	—	—	—	1423.3
构成（财产净收入占总收入的百分比）		—	—	—	—	7.8%
城镇	总收入	6296	10493	18858	26959	29547
	财产性收入总量	128.38	192.91	431.84	707	810
	占总收入的比例	2.04%	1.83%	2.30%	2.62%	2.74%
	相对2000年的增长倍数	0	1.51	3.37	5.52	6.33
农村	总收入	3146.21	4631	7115.57	7917	8896
	财产性收入总量	45.04	88.45	167.20	249	293
	占总收入的比例	1.43%	1.91%	2.35%	3.15%	3.29%
	相对2000年的增长倍数	0	1.96	3.71	5.53	6.51

资料来源：《中国统计年鉴》（2000—2014年）。

4.3　中美两国居民财产性收入结构分析

4.3.1　美国居民财产性收入发展趋势

图4-1显示了美国2010—2013年美国居民的财产性收入总额的变化情况。在2004年之前都保持着稳定态势，在之后则进入一个有着较快增速的时期。由

于金融危机的缘故，2008 年居民财产性收入有所下降，又迎来一个新的分水岭。按照相同口径，2000 年以来，美国 NIPA 账户中的“财产性收入”占“个人收入”的比重基本保持在 17%—20% 之间，如图 4 - 2 所示。需要指出的是，美国 NIPA 账户中的“个人收入”，除了主要由居民收入构成外，还包括非政府、非企业的非营利机构收入。

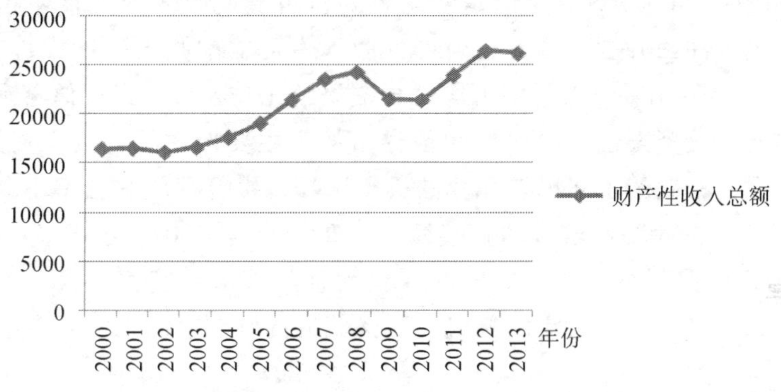

图 4 - 1　美国财产性收入总额变化（单位：亿美元）

资料来源：US Bureau of Economic Analysis，National Income and Product Account Table 2. 1 Personal Income and Outlay。

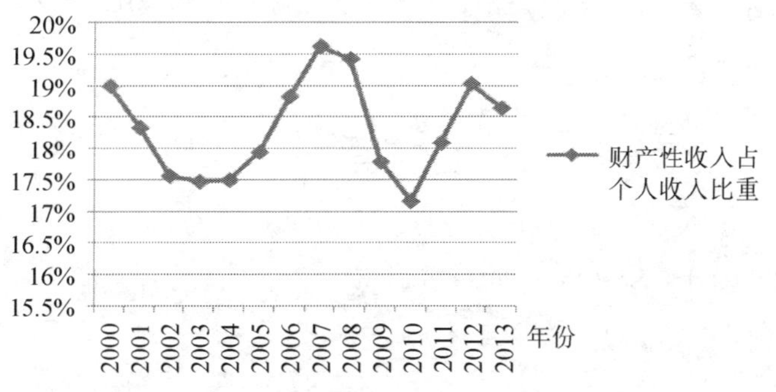

图 4 - 2　美国财产性收入占个人收入比重

资料来源：US Bureau of Economic Analysis，National Income and Product Account Table 2. 1 Personal Income and Outlay。

4.3.2　中国居民财产性收入发展趋势

2000 年以来，中国居民财产性收入总量不断增加，资金流量表的数据表明（如图 4 - 3 所示），居民财产性收入总量从 2000 年的 3065. 2 亿元上升到 2013 年的 21824.4 亿元，增加了 7.12 倍。居民财产性收入占可支配收入的比重总体上呈上升的趋势，平均为 5.2%。2000—2013 年居民财产性收入占可支配收入的比重基本在 3%—8% 之间波动。但是从 2000 年开始到 2007 年，居民财产性收入占可支配收入的比重总体上呈缓慢上升的趋势。2008 年由于金融危机的爆发，居民利息收入和股利收入减少，居民财产性收入占可支配收入的比重下降。2009—2012 年（如图 4－4 所示），无论是利息收入占可支配收入的比重还是红利占可支配收入的比重都回升了。因此，财产性收入占可支配收入的比重也有所回升，到 2012 年上升到 7.6%。由于中国居民投资渠道比较狭窄，银行储蓄存款仍然是居民的最主要的投资渠道，以股票和债券市场为主要形式的直接投资渠道不畅，品种单一，因此，制约了居民多元化的投资选择；银行存款利息率不断下降，是造成居民财产性收入增长较慢的直接原因。2000 年至 2007 年由于 2004 年 10 月 29 日上调银行存款利息，使得居民的存款利息收入增长速度加快，占居民可支配收入的比重上升；由于股市的景气，居民获得的红利收入也大幅度增加。

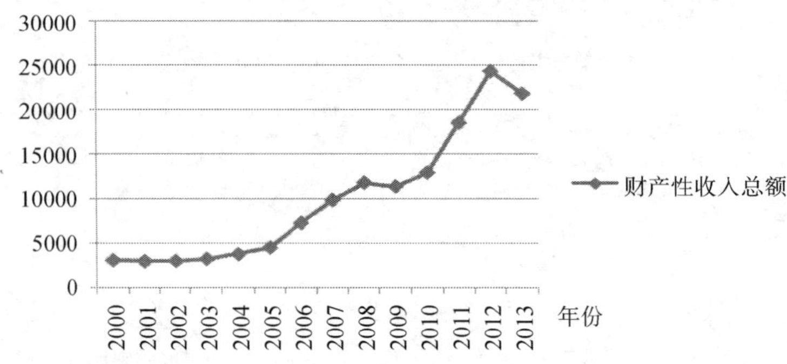

图 4－3　中国财产性收入总额变化（单位：亿元）

资料来源：《中国统计年鉴》（2000—2014 年）。

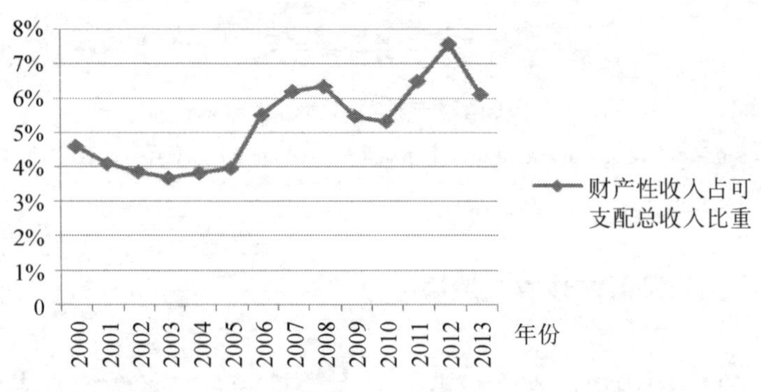

图 4－4　中国财产性收入占个人收入比重

资料来源：《中国统计年鉴》（2000—2014 年）。

4.4　中美两国居民财产性收入结构差异分析

4.4.1　美国居民财产性收入结构

财产性收入是美国居民可支配收入的重要来源，美国居民的财产性收入占可支配收入的比重约为 18%（如图 4－5 所示），而中国居民财产性收入占可支配收入的比重为 5.2%，美国比中国高 12.8 个百分点。利息收入是美国财产性收入的主要来源，美国居民的利息收入占财产性收入的比重最大，同时与财产性收入的变化趋势也趋同。但是美国居民的利息收入占可支配收入的比重为 9.04%，比中国的 5.2% 高 4 个百分点，而且美国的利息收入中以债券利息收入为主，而中国的利息收入以存款利息收入为主。美国居民的红利收入占可支配收入的比重约为 5%，明显高于中国的 0.5%。

4.4.2　中国居民财产性收入结构

中国居民财产性收入通常由利息、红利和租金等三部分组成（如图 4－6 所示），其中利息收入占绝对比重，2000—2013 年利息收入占财产性收入的比重平均为 90%，而红利收入的比重比较少，2000 年只占财产性收入比重的 4%，到 2013 年占财产性收入比重上升到 8%。

4.4.3　中美两国居民财产性收入结构差异

中美两国的不同之处在于美国居民的红利收入远比租金收入要多且一直都处在领先地位，这与中国其他部分收入逐渐超出红利部分存在显著不同，那么是何原因导致两国居民财产性收入结构不同呢？这是我们需要加以考察的，对这个问题的考察有利于找出进一步提升我国居民财产性收入的方法与途径。虽然随着中国改革步伐的加快，居民增收的途径增加，但由于种种原因中国金融体系还未像发达国家一样健全，特别是股市、期货等风险市场的波动，使得中国居民更倾向于投资于风险较小、收益稳定的租金市场；另外，从美国方面来看，美国出租房市场受到较多的限制，例如，50 万美元的房产，一般年毛租金为 5 万美元，扣除物业费，房地产税等持有成本，年净租金为3.5万美元，每年的利得税为4930美元左右，大约为净租金的14%，这样的收益与用同样的金额投资美国股市所得相比相距甚远，这就大大降低了美国居民投资租金市场的热情（叶汉建，2015）。

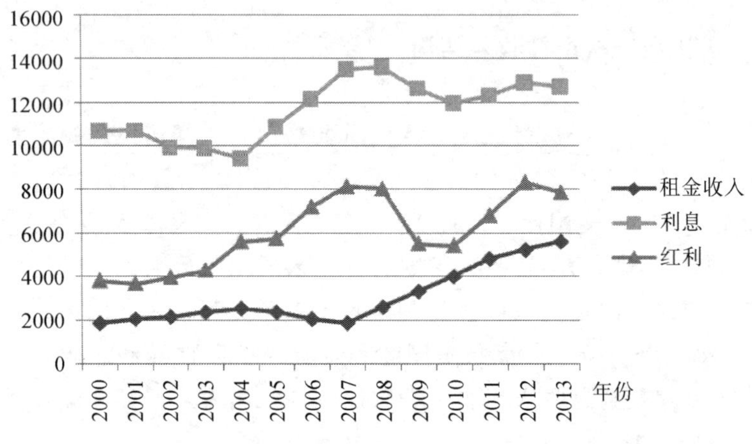

图4－5 美国财产性收入结构（单位：亿美元）

资料来源：US Bureau of Economic Analysis，National Income and Product Account Table 2.1 Personal Income and Outlay。

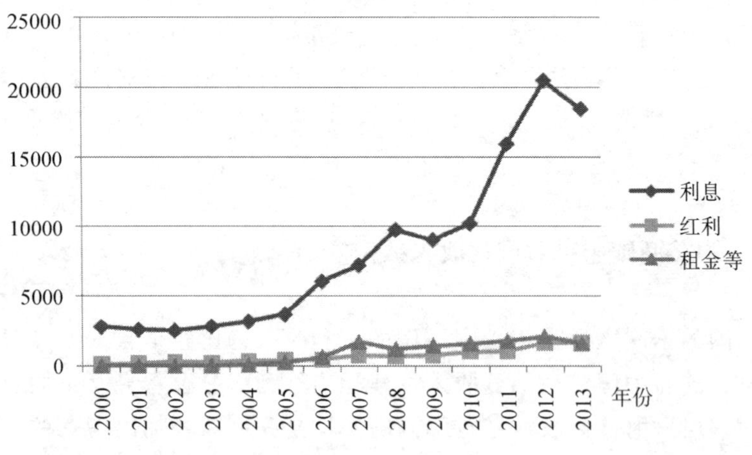

图4－6 中国财产性收入结构（单位：亿元）

资料来源：《中国统计年鉴》（2000—2014年）。

4.5　中美两国居民财产性收入地区不均衡分析

4.5.1　美国居民财产性收入地区差异

美国经济分析署（BEA）将美国分为八大经济地区：新英格兰、中东部、大湖、平原、东南、西南、落基山区和远西部地区。各地区中，财产性收入最高的是东南部地区（包括：亚拉巴马州，阿肯色州，佛罗里达州，佐治亚州，肯塔基州，路易斯安那州，密西西比州，北卡罗来纳州，南卡罗来纳州，田纳西州，弗吉尼亚州和西弗吉尼亚州），最低的是落基山区（包括：科罗拉多州，爱达荷州，蒙大拿州，犹他州和怀俄明州）。2013 年东南部地区财产性收入为 617. 11 亿美元，其中红利收入 191. 89 亿美元，占比 32%；利息收入 308. 16 亿美元，占比 50%；租金收入 117. 06 亿美元，占比 18%。2014 年落基山区财产性收入为 99. 34 亿美元，其中红利收入为 32. 26 亿美元，占比 32%；利息收入 45. 60 亿美元，占比 46%；租金收入为 21. 48 亿美元，占比 22%。地区差异较大，东南部地区的财产性收入是落基山区财产性收入的 6 倍多。

美国居民财产性收入地区差距明显。从各个州的情况来看，居民财产性收入最多的是加利福尼亚州，财产性收入总额为 372. 64 亿美元；居民财产性收入最少的是佛蒙特州，财产性收入总额仅为 53. 19 亿美元，前者是后者的 7 倍之多。

4.5.2　我国居民财产性收入地区差异

我国居民财产地区差距非常显著。从各个省份的情况来看，城镇居民财产最高的福建为 2106. 61 元，而最低的新疆仅 152. 66 元，福建是新疆的 13. 80 倍，排名前五位的省份平均水平为 1551. 66 元，高出全国平均水平（768. 92 元）很多，是全国平均水平的 2. 02 倍，而排名后五位的省份平均水平均未超过 1000 元，个别省份甚至不到全国平均水平的 1/3。

4.6 发达国家在提高居民收入方面的做法及对我国的启示

随着我国金融市场的不断发展，尽管居民可投资的金融工具日益多元化，居民金融资产总量增长较快，存款比重有所下降，其他金融资产所占比重有了一定程度的提高，但我国居民金融资产总量低，资产结构还存在着较严重的失衡现象，与发达国家如美国、加拿大、英国、法国、日本、德国等国比较，财产性收入占比还较低，这种差异给我们的启示是：

4.6.1 转移和引导农业劳动力向有需求的产业与地区流动

促进农村劳动力向非农产业转移，才能富裕农民，这是发达国家业已证明了的，也是世界经济发展的一个普遍规律。促进农村劳动力向非农产业转移是现代农村必须解决的首要问题，资本主义发达国家实现农业现代化的过程，就是农业劳动力不断转移的过程。

（1）美国

在工业化启动之前，农业劳动力比重为70%以上，在1910—1940年的30年间，约为30%，到了第二次世界大战后的50年代，则降到15%左右，而到了20世纪90年代末，只剩下不到3%。美国是典型的人少地多、人均资源丰富的国家，农村劳动力大量转移的直接动因是非农产业部门的发展对劳动力的大量需求，机械化导致农业劳动生产率大幅度提高，为农业劳动力向城市非农产业的快速转移提供了重要条件。

（2）日本

在19世纪80年代启动工业化时，农业劳动力比率高达80%以上，至20世纪20年代，日本用不到40年的时间将其农业劳动力份额由80%以上降到了54%，20世纪50年代以来，随着经济的迅速恢复，日本农业劳动力转移进入了历史上的最快时期，到1980年农业劳动力比率为16.4%。日本农业劳动力转移主要是通过兼业方式实现的，这在人多地少的国家具有一定的普遍意义。

（3）英国

世界上第一个进行工业革命和启动工业化的国家，也是第一个完成农业劳动力大规模转移的国家。19世纪是英国农业劳动力转移速度最快的时期。19世纪初，英国农业劳动力所占比重为 35%，到 19 世纪末，这一比重下降为 10% 以下，进入 20 世纪，英国的农业劳动力转移步入缓慢转移阶段，至 20 世纪 70 年代末，这一比例下降为 2.5% 以下，转移的主要方向是以服务业为核心的第三产业和农村非农产业。

（4）韩国

在 1950 年，韩国农村劳动力人口占 70% 以上，到 1980 年则下降至 15%，85% 以上的劳动力人口在城市从事第二、第三产业。农村劳动力人口向城市转化，使该国家的劳动力人口的产业结构发生了变化。因此，农村劳动力人口向城市转化，不仅有利于工业革命的实现，也推动了城市化，促进了传统农业向现代农业的转换。

（5）转移农业剩余劳动力对我国的启示

促进我国农村劳动力有序转移的关键是逐步建立城乡统一、开放、规范、高效的劳动力市场，实现城乡劳动力平等竞争，加快城市化进程，提高城市化对农村劳动力的转移效率，营造有利于农村劳动力就业的制度环境，引导农村剩余劳动力实行全方位、多层次、多渠道转移，逐步建立健全城乡统一、有序的劳动力就业市场体系，实现城乡劳动力平等竞争。在国家总体就业规划与就业政策指导下，通过建立健全劳动力就业市场体系，引导农业劳动力向有需求的产业与地区流动，实现劳动力与其他生产要素的重新组合，形成劳动力在地区与产业间的合理布局，通过完善政府的疏导和调控功能，降低农民的进城门槛，尽快取消影响人口和劳动力流动的政策限制，实行城乡劳动力就业的公平竞争、同工同酬、同等待遇制度，切实保障所有劳动者的合法权益，打破城乡分割体制，变城乡分开的就地转移为异地转移和就地转移相结合的模式，积极引导农村劳动力进行全方位、多层次、多渠道转移，在绝大多数发达国家的工业化进程中，农村劳动力的空间转移都是以向城镇的异地转移为主，即非农化和城镇化同步发展，而客观实际决定我国农业剩余劳动力转移必须走自己的路。

4.6.2　认真对待农民进入市场，完善的农村协会组织

欧美国家近年来随着农业生产的发展和农副产品买方市场的形成，引导鼓励农民进入市场，主要做法有：

（1）建立完善的农村协会组织。欧盟国家一般都建立了各种农村协会组织，如农民协会联合会、农业工会、农业公司等。这些组织尽管各异，但都不同程度地为农民服务，比如进行法律咨询，承担与农业产前、产中、产后相配套的供

销、运输等业务，为农业生产和流通创造一个良好的条件。

（2）集中统一销售农产品。即农协将所属社员的产品集中起来，在大型批发市场以竞价销售的现代流通方式，面向国内外进行批发，既扩大了销售范围，又提高了销售价格。

（3）生产、加工、销售一条龙。农村协作组织集经营销售和深加工于一体，社员不但能通过协作组织使产品实现价值，而且能分享因产品加工增值而增加的利润。

（4）农民以法人身份进入市场。在欧盟，农民对外的经济来源或以农场，或以合作社及其所设的加工、流通企业的名义出面，具有规范的法人地位，这就大大提高其信誉度，为农村经济快速健康发展奠定了基础。

（5）对我国的启示。①互相联合，发挥规模优势。随着社会主义市场经济的发展，传统的农民自产自销的经营方式已经明显不能适应现代化市场的竞争需要，农产品出现销售难问题已经不是局部农村的问题，造成增产不增收的现象较为普遍。因此，农民可以联合起来建立自己的合作组织，发挥整体参与市场的优势，克服独立经营身单力薄、效率低的矛盾，同时，可以将农产品集中起来，统一销售，不仅避免了农产品之间的竞争，而且在一定程度上决定市场价格，增加收入。②直接参与深加工。在欧盟，农户不仅经营初级产品，而且通过合作组织在一定程度上参与农产品的深加工，分享产品加工增值的利润。目前，我国农产品加工主要是通过龙头企业来完成的，虽然有时龙头企业收购农产品价格要高于市场价格，但这是为了更好地稳定企业生产，一旦企业认为无利可图时，就不愿从事农产品加工。因此，如何把企业和农户更紧密地结合为一个利益共同体，还有待于进一步探索。③以法人身份进入市场，增强竞争力。农户应以联合组织或企业形式参与市场竞争，这有利于树立良好的形象和信誉，依托规模和优势较大的合作组织和企业创立农业共同体。因此，当前应积极鼓励和引导农村合作组织或农村承包户进行工商和法人登记，以法人身份进行经营活动，增强市场竞争力。

4.6.3 重视农业科研推广

如美国建立比较完善的农业科研体系，包括三个层次：第一层次，在联邦级农业部设有农业研究局，下设一个大的研究和实验中心，中心在各州设有120多个专业研究所；第二层次，在州级大学内设有农业实验站，全国共设56个，主要为本州的农业提供研究和实验；第三层次，是农业公司和非营利机构，农业基础研究大都在大学的实验室进行，应用研究由联邦大学的专业研究所和实验站共同完成，基础研究和应用研究紧密结合，三个层次的研究工作相互补充和完善，确保农业科研成果源源不断。同时，有了农业科研成果，美国还建立了比较完善的科研推广体系，以保证科研成果较快转化为生产力，它也包括三个层次：联邦农业部的推广局，州合作推广站以及农业推广中心。推广机构的任务是，向农民提供各种培训，将大学的科研成果和新技术迅速推广给农民。推广经费来源于四个方面：农业部国家推广服务局、州政府、县政府以及个人捐款，其中联邦政府占 20%—30%，州政府占 50%，县政府占 20%—30%，个人捐款较少。

4.6.4　加强对居民投资知识的培训，健全农业咨询服务机构

增强居民金融资产选择行为的主动性，不断提高居民资产选择的技能，避免盲从参与投机炒作，完善中小投资者权益保护机制。如德国建立健全了农业咨询服务机构：一类是联邦政府农业部和各州负责农业教育培训和咨询的处室以及下设各类服务站；另一类是独立于农业部但得到各级政府资助的农林协会，这两类机构的工作人员都受过农业高等教育又有丰富的实践经验和专门技能，除了专业方面的咨询外，还提供各类农业科技信息和市场信息，引导农民选择最佳产、供、销品种，让农民得到更多的实惠。

4.6.5　增加实业投资及租赁服务

完善政策法规，加强对投资租赁行为的服务、指导和规范管理，维持良性运行市场秩序，保护民间投资的合法权益。[①] 如房屋租金、参与股份制或股份合作制企业分红、投资收藏品、房地产等市场，还包括明晰不动产权，按需将其抵押、转让、出售、出租，乃至形成可交易流动的金融资产。

4.6.6　建立和完善多层次资本市场体系，丰富金融工具品种和结构

金融机构应面向全体居民，加速金融产品创新，提高金融工具与金融机构的多样化程度，为居民融资和投资提供便利，创造条件让更多群众拥有财产性收入，使更多的人成为中等收入者，使广大居民公平、公正地共享经济增长的好处。

---

① 叶汉建．中美居民财产性收入结构比较［J］．经营管理者，2015（4）：123－125.

第 5 章

城镇居民财产性收入增加与保障研究

内容提要：近年来，我国城镇居民的财产性收入增长迅速，但其总收入比重还是很低。为实现“让更多群众拥有财产性收入”，提高居民的整体收入水平，本章对城镇居民财产性收入进行了系统深入的研究，提出收入—财产（生活型和投资型）—财产性收入三者相联系的观点，分析近几年我国城镇居民财产和财产性收入的现状和值得关注的问题，并测算了城镇居民总财产 = 金融财产 + 实物财产 - 借贷，最后有针对性地提出增加城镇居民财产性收入的对策建议。

5.1 城镇居民财产性收入的内涵与构成

5.1.1 城镇居民财产性收入的相关统计指标定义与分类

我国统计部门将居民收入主要分为四类：（1）工薪收入；（2）经营净收入；（3）财产性收入，包括利息收入、股息与红利收入、保险收益、出租房屋收入和知识产权收入等；（4）转移性收入。按照中国国家统计局的解释，“财产性收入是指金融资产或有形非生产性资产的所有者向其他机构单位提供资金或将有形非生产性资产供其支配，作为回报而从中获得的收入”。具体而言，“财产性收入”是指由家庭拥有的动产（如银行存款、有价证券等）、不动产（如房屋、车辆、土地、收藏品等）所获得的收入，它包括出让财产使用权所获得的利息、租金、专利收入等；财产营运所获得的红利收入、财产增值收益等。这里需要特别注意的是，不能望文生义地把出售财产所得当作“财产性收入”，因为财产的出售主要表现的是财产形式的变化，而不是财产数量的变化。

5.1.2　城镇居民财产性收入的构成

“财产性收入”，按照国家统计局的统计指标解释，是指金融资产或有形非生产性资产的所有者向其他机构单位提供资金或将有形非生产性资产供其支配，作为回报而从中获得的收入。它一般是指经营家庭拥有的动产（如银行存款、有价证券等）、不动产（如房屋、车辆、土地、收藏品等）所获得的收入。财产性收入内部的差异主要体现在土地征用补偿、转让土地承包经营权收入和金融资产及其他之间。

城镇居民财产性收入一般是以产权契约、金融票据、证券契约形式将财产资本化所得而形成的收入。

5.1.3　城镇居民财产的测算方法

为了掌握改革开放以来我国城镇居民的财产总量情况，研究财产总量与财产性收入之间关系。我们依据国家统计局城市司（2009）的方法，在此基础上对城镇居民的财产总量进行测算。在历年的统计年鉴和住户调查数据中，能直接获得有关居民财产存量的数据只有部分耐用消费品价值和住宅价值。因此，需要对金融财产和耐用消费品拥有量价值等进行估算。还需说明，城镇住户调查数据最早的年份是 1986 年，当时我国还处于改革开放初期，居民财产存量是非常有限的，城镇居民基本上都处于一种“无产者”状态。20 世纪 80 年代初，城乡居民主要财产形式是银行储蓄、家具和自行车，1985 年年底全国城乡居民人均储蓄余额仅 153.3 元，当时“中国居民的财产，不论就其规模而言，还是就其分配不均等程度而言，都不是特别值得关注的问题”（李实、魏众、古斯塔夫森，2000）。因此，从 1986 年估算全国城镇居民财产积累，并不会因之前数据的缺失而有较大的误差。

城镇居民总财产表达式为：

总财产 = 金融财产 + 实物财产 − 借贷

（1）金融财产的估算方法

历年居民的收入减去支出，其余额再减去当年手持现金后累加就是金融财产存量，表达式为：

$$F = \sum (y_t - c_t) - m$$

其中：F 是当年金融财产存量，y 为居民家庭年收入，c 为居民年支出，m 为当年手持现金，t = 1，2，…，n（年数）。

（2）实物财产的估算方法

城镇居民的实物财产种类非常丰富，有洗衣机、电视机、移动电话、自行车、家用汽车、金银珠宝、房屋等。根据城镇住户调查方案，本书把实物财产分为六类，一是日常耐用消费品（洗衣机、电冰箱等）；二是文娱用耐用消费品（电视机、照相机等）；三是交通工具（自行车、摩托车、助力车、家用汽车等）；四是通信工具（固定电话、移动电话等）；五是金银珠宝；六是房屋。前五类可以归纳为耐用消费品，实物财产的表达式为：

$$S = W + H$$

其中，W 为耐用消费品价值，H 为拥有房屋价值。

①耐用消费品的估算方法。住户调查数据中列出了住户所拥有的各种耐用品的品种和数量，但我们还是难以直接准确地将其转换计算出实际价值。在此，笔者通过计算住户历年购买耐用品的支出，在扣除折旧后，进行累加，得出耐用品拥有量的价值。此外，收藏品种类繁多，包括金银珠宝、文物古玩、名人字画、集邮藏品等等。在城镇住户调查数据中，只列有购买金银珠宝饰品的支出数，而没有其他收藏品的支出数据，因而只能计算金银珠宝饰品的价值，在现实生活中，居民拥有收藏品的仅为少数，暂不估算这些收藏品的价值，对整体居民财产的估算不会造成太大的影响。在计算折旧时，金银珠宝难以估算其市场价值变化，因此不计算折旧，汽车按 15 年折旧，其他耐用品按 10 年折旧。

由永续盘存法 $W_t = I_t + (1 - \delta_t) e_{t-1}$ 可得：

$$W = [I_{1t} + (1 - 1\ 10) e_{1t-1}] + [I_{2t} + (1 - 1\ 15) e_{2t-1}] + [I_{3t} + e_{3t-1}]$$

其中：δ 为折旧率；e_{1t-1} 为除汽车以外的全部耐用消费品、e_{2t-1} 为汽车、e_{3t-1} 为金银珠宝，第 t - 1 年的财产存量；I_{1t}，I_{2t}，I_{3t} 分别表示第 t 年全部耐用消费品、汽车和金银珠宝的新增财产；t = 1，2，…，n。

②住房价值的估算。城镇住户调查方案中有现住房按市场价估计值一项，现住房是指调查户经常居住的房子，既有可能是私房，也可能是租房。从当年的现住房市场价估计值推算当年的每平方米的均价，再计算调查户非自住房子的价值，最后得出当年房产的总价值。表达式为：

$$H = h_1 + h_2$$

其中：h_1 为自住房产的市场估价，h_2 为非自住房产的市场估价。

（3）借贷的估算

将历年住户的借贷收入减去借贷支出，其余额累加就是借贷。表达式为：

$D = \sum(di_t - de_t)$

其中：di 为住户借贷收入；de 为住户借贷支出；t=1，2，…，n。

5.2　增加城镇居民财产性收入的理论与现实意义

1. 贯彻落实科学发展观的具体要求。当前和今后一段时间内，我国仍处于并将长期处于社会主义初级阶段的基本国情没有变，仍然是经济欠发达国家，加快发展仍然是第一要务。科学发展观的核心是“以人为本”的发展，发展的最终目的是不断提高人民群众的收入水平和生活水平，而人民群众财产的增加，则是生活水平提高的重要内容。国家积极创造条件让更多群众从最根本的方面参与到经济发展当中，让他们成为各项经济活动的主体之一，除了劳动报酬以外，还有机会得到更多的财产，是实现好、维护好、发展好最广大人民的根本利益，真正做到发展为了人民、发展依靠人民、发展成果由人民共享的执政理念的生动体现，是实现全面协调可持续发展的必然要求。

2. 进一步完善社会主义分配方式，鼓励非公有制经济发展的实际举措。“让更多群众拥有财产”的表达，说明居民通过已经拥有的财产而不是通过直接的劳动就可以直接获得收入，体现了平等保护物权、鼓励多种要素参与分配，从而缩小收入分配差距，让更多的人分享经济发展的成果的政策导向，同时这一提法适合我国所有制结构多元化、利益主体多元化的现实情况，不仅肯定和鼓励私人财产的存在，而且肯定和鼓励私人财产能够获利生息、保值增值。这一经济制度安排，对我国非公有制经济发展必将产生深远的影响。

3. 缩小收入分配差距，维护社会公平的有效途径。改革开放以来，随着国民经济的发展，人民群众的生活水平不断提高。但由于多种现实的原因，收入分配的差距也在不断扩大，在一定程度上影响了社会安定和社会和谐。据联合国开发计划署统计资料显示，我国目前 20% 最贫困人口占收入或消费的份额只有 0.47%，而 20% 最富裕的人口却占收入和消费的份额高达 50%。世界银行公布的我国居民可支配收入的基尼系数已由改革开放初期 0.18—0.20 的水平上升到 2004 年的 0.47，2007 年更是达到 0.48，大大超过了国际警戒线 0.4 的标准。社科院最新发布的 2011 年《社会蓝皮书》指出，近年来收入分配改革举步维艰，基尼系数远超正常水平。《社会蓝皮书》副主编、社会学研究所副所长陈光金表示，全社会总收入差距一直在扩大，基尼系数目前在0.5左右。[①] 同劳动差别相比，包括资本在内的财产占有差别对收入差距扩大的影响程度要大得多。“创造条件让更多群众拥有财产”，意味着国家鼓励和支持普通劳动者以非劳动要素参与剩余产品价值的分配，意味着今后广大居民的收入过于依赖工资的状况会得到改变，有利于扩大中等收入者的比重和增加低收入者的货币化收入，增加低收入者的数量。

4. 扩大内需，实现宏观经济良性运行的现实基础。近年来，我国经济发展速度较快，但经济发展主要靠投资拉动，而非消费拉动，是造成国民经济不协调、不均衡的表现之一。温饱解决后，人的衣食住行玩的需求提高了，消费水平提高了，消费结构合理了，宏观经济的良性运行才可能实现。当人们普遍都有一定的财产，中等收入者比例不断扩大时，同时就意味着整个经济中的消费结构处于比较合理的阶段。因此，只有更多人拥有财产，城乡居民收入普遍增加，社会消费能力才能提高，其对拉动经济发展的作用才能增大。

5. 有效提高资源配置效率，促进市场经济健康发展。由于资本的逐利性，可以有效聚集闲散资金将资产配置到收益最大的项目或渠道，这种配置方式不但能给人们带来财产的增加，而且能引导资本等生产要素进行最有效的配置，从而促进社会经济的发展。

5.3　我国城镇居民财产性收入的现状与特点

5.3.1　城镇居民财产性收入变化状况

近几年，我国城镇居民收入均呈增长态势，据2015年国家统计局编发的《中国统计年鉴》，2014年城乡居民收入继续增加。全年全国居民人均可支配收入20167元，比上年增长10.1%，扣除价格因素，实际增长8.0%。按常住地分，城镇居民人均可支配收入28844元，比上年增长9.0%，扣除价格因素，实际增长6.8%，比2000年的6296元增长了4.59倍。在收入快速增长的同时，城镇居民财产性收入也呈现高速增长态势。我国城镇居民财产性收入总量相对2000年增长6.28倍，比2013年增长了12.27%，这一增速大大高于居民可支配收入

① 深圳商报，2010-12-16，A13.

增长的速度。我国城镇居民的财产收入迅速增长。根据新华社“新华国际”报道，瑞士信贷银行《2015 全球财富报告》的统计表明，中国财富总额 2015 年已达 22.8 万亿美元，较上年增加了 1.5 万亿美元，超过日本跃居世界第二位，仅次于美国。报告指出，自 21 世纪初以来的 15 年间，中国的财富总量已增至之前的 5 倍，人均财富占有量也从 2000 年的 5672 美元增长到 2015 年的 22513 美元。

根据城乡一体化住户调查，2015 年上半年全国居民人均可支配收入 10931 元，同比名义增长 9.0%，扣除价格因素实际增长 7.6%。按常住地分，城镇居民人均可支配收入 15699 元，同比名义增长 8.1%，扣除价格因素实际增长 6.7%（如表 5－1 所示）。

表 5－1　　2015 年 1—6 月度城乡居民收入和支出　　单位：元

指标	2015 年 1—6 月	
	绝对量	同比增长（%）
（1）全国居民人均可支配收入	10931	7.6
按常住地分：		
城镇居民	15699	6.7
农村居民	5554	8.3
按收入来源分：		
工资性收入	6308	9.0
经营净收入	1848	6.4
财产净收入	882	9.7
转移净收入	1892	11.4
（2）全国居民人均可支配收入中位数	9700	10.5
（3）全国居民人均消费支出	7546	7.7
城镇居民	10401	6.2
农村居民	4326	10.3
（4）农村外出务工劳动力（万人）	17436	0.1
外出务工劳动力月均收入（元/人）	3002	9.8

资料来源：《2015—2020 年中国新型城镇化建设市场调查及前景预测报告》，中国产业信息网。

5.3.2 财产性收入来源变化状况

城镇居民财产性收入的构成有较大变化。我国城镇居民财产性收入的增加，主要体现在金融资产收入和房屋租金收入两大方面的显著增加上。

（1）金融资产收入迅速增长

我国证券市场是1990年建立的，从1978年改革开放到证券市场建立以前，城镇居民的人均财产不多，大多数名义收入都用于个人或消费和储蓄。同时由于缺乏有效投融资渠道，居民无法购买股票和基金。也不存在商业保险市场，居民无法投资保险。更谈不上房地产市场，因为城镇居民的房屋多数是国家福利分房，房屋租金收入没有或很少。因此，城镇居民的财产结构单一，主要是银行储蓄和少量由国家要求强制购买的国库券获取的利息。

1990年到21世纪初，我国的金融证券市场发展刚刚起步，投融资产品比较缺乏，人民的思想尚比较保守，缺乏投资意识，稍有余钱更多的是将其存入银行，能够涉足股市、楼市的居民仍为少数，获取利息仍是财产的主要渠道，如表5－2所示。

表5－2　1992—2013年中国居民财产构成表　单位：亿元

年份	财产	构成		
		利息	红利	其他
1992	4876.27	4868.39	4.22	3.66
1993	6984.68	6956.91	22.78	4.99
1994	10583.33	10513.82	65.40	4.11
1995	11387.04	10512.32	869.77	4.95
1996	13762.77	12712.50	1061.60	33.63
1997	12371.80	10422.03	1899.70	50.06
1998	15055.69	13584.46	1441.00	30.32
1999	13868.99	11842.74	1506.90	49.00
2000	13179.54	11315.62	1825.50	38.46
2001	12988.25	10872.20	2065.60	50.46
2002	14172.20	10666.14	3464.20	41.82
2003	16311.50	12426.58	3817.50	67.36
2013	104327.40	79478.10	24413.96	435.34

资料来源：《2015—2020年中国新型城镇化建设市场调查及前景预测报告》，中国产业信息网。

进入21世纪后，中国的资本市场获得迅猛发展，股市不断扩容，多层次金融市场发展带来的投融资产品不断涌现的投资理念不断增强，同时伴随着我国房地产市场的迅速发展、城镇居民住房体制改革和居民收入水平的不断提高，拥有两套及以上住房的居民越来越多，出租房屋获得的租金收入逐渐成为众多城镇居民获得财产的一大途径。同时，如保险等新的理财方式也进入了人们的视野。由此，以往的居民财产以利息、红利收入为主的状况发生了改变，扩展至利息收入、股息与红利收入、保险收益、出租房屋收入、知识产权收入和其他财产等，财产性收入来源趋于多元化。与房屋财产占居民财产比重最大相对应，出租房屋收入在城镇居民的财产性收入比重中亦占首位，是城镇居民的财产性收入的最主要来源。2013 年城镇居民人均可支配财产性收入 810 元，比上年增长 14.57%，扣除价格因素，实际增长 12.81%。2000—2014 年，城镇居民人均房屋出租收入的比重都达到 40% 以上，2005 年更是一度达到 58.2%。2000—2014 年年人均金融财产性收入比重一般在 30%—40%，是城镇居民的财产收入的第二大来源。其中存款利息一直是我国城镇居民传统的财产性收入来源，但近年由于股票、基金市场活跃，人均存款利息收入比重已经从 2002 年的 17.63% 下降到 2013 年的 10.93%。而股息与红利收入近几年则逐渐提高，尤其 2013 年的人均股息红利收入占财产性收入的比重达 27.6%，创近年来新高。

（2）居民住房财产的显著增加

住房制度改革使我国城镇居民的住房财产发生了巨大变化，城镇居民的居住水平和居住质量明显提高。在目前我国市场经济逐步完善的条件下，住房资产已经在居民资产构成中扮演越来越重要的角色，并发挥着其独特的作用。1978 年城镇居民人均居住面积仅为 3.6 平方米，到 1989 年上升为 6.6 平方米，2013 年则达到 21.5 平方米。以建筑面积计算，1979 年城镇人均住房建筑面积 7 平方米；1990 年上升为 13.17 平方米；2001 年年底提高到了 22.36 平方米，2006 年年底达到 27 平方米。2001 年我国城镇居民人均住房面积已达到世界中等收入国家人均住房建筑面积的水平。从 1998 年到 2008 年，在城镇人口增长的情况下，实现了每年人均增加 1 平方米的发展速度。与美国相比，我国人均住房面积提高 3 倍只用了 20 年的时间，而美国却用了 60 年时间。据统计数据显示，1999 年城市居民拥有自己住房的比例达到一半，2002 年我国城市居民的 82% 拥有自己的住房。国家统计局城调总队 2002 年对全国城市居民家庭的抽样调查结果显示，城市居民资产户均总值为 22.83 万元。住宅财产为 10.94 万元，占财产的 47.9%；2014 年，房产占的比重高达 68.39%。住房资产在城市居民总资产中占有绝对优势地位。根据经济学理论，房价是未来房租的贴现值，城镇居民私有房增多，购房价上涨，必然使房租上涨，带给居民更多的房租收入。随着城镇居民住房财产的迅速增加，住房租金收入也迅速增加，所占比重位居各项财产之首。

近年来，出租房屋收入在城镇居民的财产比重中跃居首位，构成了城镇居民的财产的最主要来源。2002—2013 年，我国城镇居民人均房屋出租收入的比重都超过 40%，2005 年更是一度达到了 58.2%。2002—2013 年人均金融财产比重一般在 30%—40%，是城镇居民财产性收入的第二大来源。其中存款利息一直是我国城镇居民传统的财产来源，但近年由于股票、基金市场活跃，投资多渠道和银行负利率，驱使利息收入比重持续走低。人均存款利息收入比重已经从 2002 年的 17.63% 下降到 2013 年的 10.92%。而股息与红利收入近几年则逐渐提高，尤其 2007 年的人均股息红利收入占财产的比重达 27.70%，创近年来新高。

从总体构成来看，至 2013 年 6 月末，全国城镇居民金融资产总额为 27110 亿元。其中，银行存款 22718 亿元，比 1990 年增长 4.6 倍，占金融资产总额的 83.8%，比 1990 年上升了 8.3 个百分点；有价证券 2467 亿元，比 1990 年增长 1.3 倍，占金融资产总额的 9.1%，比 1990 年下降了 10.4 个百分点；手存现金 1085 亿元，比 1990 年增长近 3 倍，占 4%，比 1990 年下降了 1 个百分点。另有其他金融资产 840 亿元，比重为 3.1%①。

其次，我国居民金融资产结构存量总体上在向多元化格局发展（如表 5－3 所示）。

表 5－3　　我国城市居民金融资产构成及变化

	1990 年年末			2013 年年末		
	总额（亿元）	户平均（元）	构成（%）	总额（亿元）	户平均（元）	构成（%）
居民金融资产	5404	7869	100	27110	30982	100
其中：						
银行资产	4080	5941	75.5	22718	25961	83.8
有价证券	1052	1532	19.5	2467	2818	9.1
手存现金	272	396	5	1085	1233	4.0
其他	—	—	—	840	970	3.1

资料来源：《1990—2013 年中国城镇化建设市场调查报告》，中国产业信息网。

与其他发展中国家和转型经济体相比，中国财富多体现为金融资产的形式。“金融资产仅占中国财富的一半，而股票只占金融资产小部分，故中国财富受股市走势的影响较预期小。”相较于其他转型经济体来说，中国财富分配不均的状况并不严重。

① 国家统计局城调队．中国城市居民的金融资产［J］．中国统计，1997（2）．

5.3.3　不同收入分组城镇居民的财产性收入变化状况

2002—2013 年不同收入分组城镇居民的人均财产性收入占人均总收入的比重变化程度并不一致。低收入户和中低收入户的比重变化比较缓慢，但高收入户和最高收入户的比重变化比较大。

不同收入群体的财产性收入构成也各有特点，以 2013 年为例，一是低收入户的人均出租房屋收入占财产性收入比重较高，尤其最低收入户的出租房屋收入达到 76.9%，而最高收入户的人均出租房屋收入比重只有 35.0%。二是中等收入户的人均利息收入占财产性收入比重最高，达到 15.0%，然后分别往高、低收入户方向逐渐降低。表明高收入人群不满足把钱存在银行，更倾向用来投资股市、楼市等，而低收入人群在满足日常温饱后剩下的现金并不多，因此利息收入十分有限。三是高收入人群的人均股息红利收入和其他投资收入的比重都比较高，表明该群体拥有的私人财产要比其他收入群体多，可以通过多种渠道进行理财。

中国富豪数量近年来在迅速增长。百万富翁人数已经超过 100 万，个人资产超过 5000 万美元的超高净值人士多达 12 万名，人数上仅次于美国。报告预测，中国的财富总值 2020 年前将增至 36 万亿美元，在全球财富 345 万亿美元中占比 10.4%，仍居第二位。届时中国的百万富翁人数将达 232 万名，全球排名第六。报告显示，全球中产阶级成年人已由 2000 年的 5.24 亿人增至 2015 年的 6.64 亿人，相当于成年人口的 14%。中国中产阶级虽然只占全国成年人口的 11%，但按绝对值计算却是全球最多，达 1.09 亿人，超过美国的 9200 万人。

5.4　提升城镇居民财产性收入的理论与现实依据

5.4.1　财产性收入比重过低

居民财产性收入比重，是衡量一个国家市场化和国民富裕程度的重要标志。虽然近年我国城镇居民财产性收入增速较快，但比重还非常低。按照统计部门的《中国统计年鉴》（2015）“人民生活”口径下，以收入为单位的“居民收入”分成四类，平均每人全部年收入为 20167 元，其中工薪收入 11421 元，占比

56.6%；经营净收入3732元，占比18.5%；财产性收入包括利息收入、股息与红利收入、保险收益、出租房屋收入和知识产权收入等1588元，占比7.9%，比例最低，收入结构不合理；转移性收入3427元，占比17%。在发达国家中，财产性收入是居民收入的重要组成部分。以美国为例，财产性收入所占比重达到40%，仅次于薪资收入，有90%以上的美国人拥有股票、基金等有价证券，2013年美国人均获得的财产性收入在总收入中约占10.34%。

5.4.2 财产性收入更多流向高收入群体

我国城镇居民的财产性收入近几年一直保持20%以上的增长速度，但增长的不均衡也日益突出，少数高收入者获得了绝大多数的财产性收入。2013年，最高收入户人均财产性收入为2106.61元，而最低收入户的人均财产性收入只有152.66元。近年来，高收入户的财产性收入增长幅度明显快于低收入户，2014年最高收入户的人均财产性收入是2000年的6.5倍，而最低收入户的人均财产性收入只是2000年的3.3倍。

5.4.3 财产性收入来源主要集中于金融市场和房地产市场

金融财产性收入和出租房屋收入占了居民财产性收入来源的80%以上。目前，国内城镇居民投资渠道少，容易导致财产性收入受到股票、基金和房地产市场剧烈波动的影响。以广东东莞和深圳为例，深圳证券市场交易十分活跃，但2015年下半年由于股市和房地产市场的大幅下滑，居民的人均股息红利收入比2014年同期减少286.4元，同比下降75.2%。而东莞是制造业中心，外来人口集中，但随着城市产业的逐步升级，部分劳动密集型产业转移，导致外来人口减少，出租房屋空置比较严重，影响了城镇居民的出租房屋收入，2014年下半年东莞的人均出租房屋收入同比下降40.2%。

5.4.4 财产对财产性收入的增长作用仍然有限

以城镇居民财产比例最大的房产和金融财产及其相对应的财产性收入进行比较，2007年城镇居民中每1万元的金融财产只能带来56.5元的金融财产性收入，按照2015年定期年利率2%计算，1万元在银行的一年定期利息也远比这个数字高。而房屋财产在不断提高其自身价值时，相应产生的房屋出租收入亦不高，

2013 年每万元房屋财产仅产生 22.12 元房屋出租收入，当然这与大部分房屋是自住有关，但即便是用于出租的房产，每万元房屋财产也只产生 160.1 元的房屋出租收入，投资收益率非常低。

据国家统计局城市司和广东调查总队课题组对我国城镇居民财产存量进行的估算，我国城镇居民经过三十多年的积累，中国财富总额 2015 年已达 22.8 万亿美元，较上年增加了 1.5 万亿美元，超过日本跃居世界第二位，仅次于美国。报告指出，自 2000 年以来的 15 年间，中国的财富总量已增至之前的 5 倍，人均财富占有量也从 2000 年的 5672 美元增长到现在的 22513 美元。城市居民财产中最主要的两项是房产和金融资产，占总财产的 90.31%。其中房产占的比重高达 64.39%，在所有资产中比重最大，金融资产占 25.92%。

财产增长较快主要是得益于金融资产和房产的大幅增加。其中，2013 年与 2002 年相比，金融资产和房产价值分别增加了 1.2 和 1.4 倍。从各类财产构成看，房产占了财产的最主要部分，2002 年的比重约为 64%，2013 年这一比重略升至 66%。[①] 我国城镇居民财产的变动情况呈现如下特点：

（1）城镇居民财产绝对数和增长比率持续增长。统计资料显示，我国城镇居民名义年人均可支配收入从 2002 年至 2006 年分别是 7702.8 元、8472.2 元、9421.61 元、10493 元和 11759 元人民币，与前一年相比递增了 9.9%，11%，11% 和 11.8%。收入的快速增加，加快了居民财富的积累，为获取财产提供了前提条件。同时，伴随着我国分配制度改革步伐的加快，以按劳分配为主体，多种分配方式并存的分配制度逐渐建立起来，按劳分配和和按生产要素分配结合起来的收入分配制度也逐渐成形，城镇居民的收入来源多样化，随之财产迅速增长。

从表 5－4 可以看出，1985 年至 2013 年，我国城镇居民财产绝对数是一直在增长的，只是增长速度的快慢和占名义人均收入的比重有所不同。

表 5－4　1985—2013 年我国城镇居民的财产的绝对额和占名义人均收入的比重对比表

单位：元

年份	绝对额	比重（%）	年份	绝对额	比重（%）	年份	绝对额	比重（%）
1985	3.74	0.50	1993	45.59	1.77	2001	134.48	1.96
1986	4.54	0.51	1994	68.84	1.97	2002	102.12	1.25
1987	5.51	0.55	1995	90.43	2.11	2003	134.38	1.49

① 国家统计局城市司，广东调查总队课题组．城镇居民财产性收入研究［J］．统计研究，2009（1）．

续表

年份	绝对额	比重（%）	年份	绝对额	比重（%）	年份	绝对额	比重（%）
1988	7.36	0.62	1996	111.98	2.31	2004	161.15	1.59
1989	12.25	0.87	1997	123.78	2.40	2005	192.91	1.70
1990	15.60	1.03	1998	131.81	2.43	2006	244.01	1.92
1991	19.53	1.15	1999	127.64	2.18	2007	348.53	2.34
1992	30.42	1.50	2000	128.16	2.04	2013	810	2.74

资料来源：《中国统计年鉴》（1985—2013 年）。

5.5 保障城镇居民财产性收入增加的途径

城镇居民财产性收入增加是一项复杂的系统工程，不仅仅是一个分配问题抑或是一个经济问题，也是一个严肃的政治问题，具有牵一发而动全身的作用。因此，需要作为一个系统性的解决途径予以全盘考虑。

5.5.1 完善法律制度

我国改革开放已经 40 余年，经济的发展和人民群众生活水平的普遍改善，伴随着人民的民主与法律意识日渐高涨，落实到法律和政治层面，迫切要求相应的法律和制度切实保护人民群众通过辛勤劳动积累的合法财产、保护依法享有的经营资产等合法权益。要保障居民获得财产，前提是稳定的公民财产与明确的私人财产权。通过制定法律明确并保护私人合法财产所有权以维护人民群众的切身利益，能激发人民群众拥护社会主义制度的热情，能唤起人们创造财富的活力，解放和发展社会生产力，促进社会和谐。中共十六大报告中指出：保护公民“合法的非劳动收入”，要“完善保护私人财产的法律制度”，在政治层面上走出了第一步。2004 年 3 月，全国人民代表大通会过了将宪法第十三条修改为“公民的合法的私有财产不受侵犯”的宪法修正案；2007 年 10 月，《物权法》正式施行，对于所有与物权相关的法律关系进行了明确界定。《物权法》的重要意义在于，其是一部社会主义市场经济中界定、确认和保护产权的基础性法律，从而奠定产权保障的法律基础，它连接了财产关系、经济关系，维护公民的基本经济权利，维护市场主体的经济权利，协调利益主体之间的关系。与其他相关法律相比，《物权法》涉及了财产初始界定，也涉及财产的确认、保护原则。同时，它也是《宪法》中有关保障公民和国家财产权利条款的延伸，进一步解决了《宪法》中没有解决的问题，对社会转型、经济发展中出现的新的财产关系都有所反映。《物权法》的价值在于为社会各个主体提供一个平等保护产权的基础。有了这样平等而明确的产权意识和产权保护基础，民众才会有生产投资、发展经济的微观激励基础。财产所有权界限清楚并受到切实的法律保护，可以促进所有权人利用其财产，发挥物的效用。公民合法取得的财产得到了与国家财产和集体财产同等的法律保护。①

但是，《物权法》在财产的界定、财产的取得和财产的保护等三个方面还存在一些不足，需要在涉及财产的整个法律体系方面做出协调和努力：

第一，《物权法》对财产的初始界定有待多样化、清晰化和效率化。主要体现在原始取得财产的方式有限，初始界定不清晰以及初始界定不符合效率原则。此外，物权再界定（即继受取得）的成本有待降低。

第二，《物权法》条文体现出物权可转让性不足，欠缺流通的自由灵活性不能满足经济社会发展的需要，主要体现在用益物权制度方面。其次，我国《物权法》确立了物权法定原则，物权的种类和内容只能由法律规定，超越法定范围之外的“物权”不发生物权效力。但严格的物权法定主义对新物权的保守态度，会成为金融创新的桎梏，不利于居民投融资渠道的拓展。

第三，《物权法》对网络虚拟财产的保护仍有不足，对物权保护的不确定性仍有欠缺，对物权保护的平等性还不到位。

5.5.2　提高劳动报酬在初次分配中的比重

增加城镇居民的财产，最根本的还是来自于城镇居民的货币化收入，在目前的条件下，即是城镇居民的劳动收入。只有着力提高居民劳动收入，才能让更多群众拥有财产。

首先，要尽快完善企业职工工资正常增长机制。可考虑由国家颁布有关法律制定政策，规定年度工资增长率，在区域内实施由政府主导下的工资市场定价机制。较为可行的方法是由政府确定地区工资增长指导线，工资增长指导线应当确立工资增长机制，这一机制至少应反映三种情况：（1）工资增长与国民收入的增长率相联系；（2）工资增长与企业利润增长率相联系；（3）工资增长与物价

① 陈宇峰．《物权法》的制度意义．中国经济时报，2007－4－19.

上涨的指数相联系[①]。这样可以使得工资增长率不低于国民收入增长率和企业利润增长率，有效抵御通货膨胀带来的实际工资水平的下降，从而改变劳动报酬比重偏低的状况。

其次，可在企业特别是在私营企业中培养工会力量，代表劳方与资方开展工资集体协商。工资集体协商又称工资共决，是指通过工会代表职工与企业经营者依法就企业工资分配制度、分配形式、收入水平等事项进行平等协商，实现劳动关系双方共同参与、共同决定劳动者工资的一种收入分配方式，是工资正常增长机制和支付保障机制中的重要部分。工资集体协商制是市场经济条件下通行的符合市场经济规律的一种工资决定形式，实行集体谈判，有助于协调劳资关系，缓解工人与雇主之间的矛盾，保护双方权益。在企业雇主处于强势的劳动力市场上，要充分发挥工会的作用，强化工会代表和维护工人利益的职能，使工人和雇员形成有组织的力量，通过集体谈判与企业管理者、雇主、承包人进行对话和交涉，就工资、工时、劳保等相关问题进行协商。一些地方的调查表明，70%以上的职工对工资集体协商表示欢迎和拥护，并希望能够发挥更大作用。一些企业经营管理者也感到解决与职工的利益关系矛盾离不开协商，因而在处理涉及职工切身利益的重大问题时，都会主动要求与工会展开协商。在一些城市，实行工资集体协商的企业，职工工资普遍比同行业未实行工资集体协商的企业高10%至15%。如广东省，由于当前劳资矛盾突出，使得他们率先制定了工资集体协商制，重启了《广东省企业民主管理条例》的征求意见，而此前该条例因触动利益面太广而搁置审议了两年。

最后，从微观层面上来说，教育能够使个人收入得到提高。接受的文化教育程度越高则收入越高，接受的文化教育程度越低则收入也越低。需要组织职业培训提高劳动者的人力资本存量，使劳动者通过素质和技能的提高增加劳动报酬。从目前中国劳动力市场状况来看，在总体供大于求的前提下，职业技能素质高的劳动力却严重供不应求。每年有大量的大学毕业生进入劳动力市场，但真正能马上加入生产一线的却寥寥无几。因此我国劳动力市场上出现了一边是大量新生劳动力找不到工作，另一边却是大量的企业感叹熟练工一年比一年难找的现象。政府需要加大对成熟劳动力技能素质的培养，让作为市场主体的劳动者，在提高自身素质的基础上，遵循市场经济的规律来提高自己的劳动报酬，进而提高劳动报酬在初次分配中的比重。

---

① 孙秋红．对提高劳动者报酬的思考——初次分配也要注重公平［J］．辽宁师范大学学报（社会科学版），2008（5）．

5.5.3　大力发展资本市场

大力发展资本市场，是推进财产“大众化”的主要途径。可供考虑的途径有：

(1) 推行职工持股计划 (ESOP)。现代 ESOP 是在保留私有制和自由市场的条件下，调整资本与经营、雇主与员工生产关系所进行的一种企业制度改良。在实施之前，企业员工与股东之间存在着权益上的对立。少数大资本家持股拥有企业的产权，企业员工不拥有企业的股票、无权参与企业的管理，股东收益的大小更是与员工报酬的多少之间存在着此消彼长的对立关系。即从财产关系上看，企业股东与员工的权益是对立的，员工工作积极性不高。但从另一角度看，如果企业经营不善，不仅股东的投资得不到收益，员工们也面临着失业的危险，股东和员工又存在着利益的一致性。鼓励企业推行 ESOP，职工除了工资之外，还可享有股份红利收入和股价上涨收入。这项计划对职工来讲，增加了一笔工资外的资本收入；对企业来讲，可通过该计划使企业职工与企业利害紧密融为一体，把职工从劳资关系的对立方变成企业的利益相关者。我国目前实施 ESOP，最大的问题在于员工持股的资金来源不足。可考虑如下三种方式：①信贷支持。公司通过建立职工持股计划信托基金会，并依靠银行的信贷支持来实现职工持股，员工可用今后的红利偿还贷款本息。②储蓄购买。英国 1980 年的财政法规定，凡工作满 5 年的全日制职工，同国家储蓄部门或住宅互助协会签订一份“发工资时扣存储蓄款”的契约，同意 5 年内逐月储蓄一笔固定的金额之后，就被授予一种认购公司普通股票的权利。我们也可实行这一做法，由公司职工与银行签订一份合同，每月从其工资中代扣一定比例的工资作为信誉担保，银行以此担保借款给职工用以购买公司股份。③无偿配送。在企业改制中，将企业福利基金和奖励基金形成的资产和部分企业积累形成的资产划为内部员工股，以配送和低价出售的方式转让给在本企业工作一定年限（如三年）以上的职工或提取一定的比例奖励给优秀员工，作为内部持股的红股。①

(2) 开发投资联结型养老保险产品，使投保人享有财产。我国的养老保障制度正处于从单一的现收现支的社会统筹向基金积累的个人账户相结合的社会基本保障体制转变的过程中。由于养老金保险产品不同于一般保险产品，具有很强的投资特性。理论上，养老保障金是投保人在退休后才提取使用的，年轻时并不

① 王玉英．通过 ESOP 增加群众的财产性收入 [J]．才智，2008 (1)：75 - 76.

需用这笔资金而且承受金融风险的能力也较强。这就便于基金利用其中一部分来投资于中长期、收益率较高的投资产品，另一部分则可采取保护性的投资策略，投资于安全系数高、收益率较低的投资产品。但在实际工作中理论界认为，我国国有企业长期实行低工资制度，职工在得到工资之前已经扣除了隐性的社会保障资金，然而他们过去对社会积累所作的贡献并未折算成社会保障供款，国家把本应用于职工养老和医疗保障的资金先用作投资，形成国有资产的一部分（周小川，1995；邹东涛等，2003）。但这部分职工的养老保险资金来源一直没能得到很好地解决，导致我国养老保险制度从现收现付制向社会统筹和个人账户相结合的部分积累制转轨过程中，出现严重的个人账户空账问题，据不完全统计，个人账户空账以每年 1000 多亿元的规模增加，目前估计已有超过 10000 亿元的规模①。焦瑾璞等（2008）建议，划拨一定比例的国有股权，补充社保基金，并通过基金收益和部分股权分红收入逐步做实养老金个人账户，提高居民社会保障水平，让国民分享经济增长成果。他们指出其中几个关键：一是对国有股权是划拨转给养老基金长期持有股权，提高城乡居民参与资本分配的程度，切实提高其财产性收入，扭转当前国民收入分配中存在的不合理现象；二是划拨的国有股权逐步做实养老金个人联户，记入个人名下，属于居民的私有产权，受法律保护，不能被随意挪用；三是个人不能直接处置这些财富，但享有这些股权的剩余索取权；四是退休或达到法定年龄可享受现金支付，目的是防止寅吃卯粮，有利于健全社会养老保障体系。

这样，随着社会保障制度覆盖面日益推广，个人账户越来越多地得到做实，则越来越多的劳动群众便可通过养老保险制度进入资本市场，获取投资收益——财产。

（3）鼓励企业发行小额股票。黄范章（2008）建议，无论是国有企业或私人企业，最好能多发行小额股票。就企业所有者讲，发行股票是融资；就广大持股者来讲，他们进入股市是投资。股票面额越小，进入股市的门槛越低，则持股者越多。股权越分散，越便于企业所有者维护其控股权，控制企业产权；而广大小额股份持有者期望的是股权的红利收益和股份升值收益。这些都属于财产。

5.5.4 促进房地产市场健康发展

1998 年，在我国住房体制市场化改革的直接推动下，房地产业发展迅猛，

① 焦瑾璞，袁鹰．提高我国居民资本参与分配程度的设想 [J]．金融研究，2008 (9)：116－127.

同时房产价值在城镇居民财产中所占比重也直线上升。由于历史的原因，越来越多的城镇居民拥有不止一套房产。对于普通城镇居民来说，投资于房地产获取财产风险相对较低：一是可以抵御通货膨胀的冲击，在货币大规模贬值的情况下，房地产在抗通货膨胀方面有很强的抵御力；二是现金流非常好。将房地产出租，可以每月稳定获取租金；三是稳定性强，房地产价格不像股票那样大幅度上涨、下跌，可以有效抗击通胀压力。李实等（2005）的研究结论认为，城镇公有住房的私有化过程是改变城镇内部财产分布和全国财产分布差距扩大的最大的影响因素，它既解释了 1995 年城镇内部财产分布的巨大差距，又解释了随后而来的城镇财产差距的缩小过程；它既是城乡之间财产差距急剧扩大的部分原因，又是全国财产差距明显扩大的不容忽视的影响因素①。根据自由市场国家的经验数据，一般而言住房消费占可支配收入的 30% 以内为正常；如果超过 30%，说明购房压力较大，支付能力不足；如果超过 50%，说明购房压力巨大，居民购房支付能力严重不足。苏多永等（2009）在研究了上海的经验数据后认为，上海的房价收入比已经偏离了国际警戒水平，并提出了降低购房税费和贷款利率的政策建议。

从长期看，房地产市场的价格取决于租金收益资本化所确定的内在价格。现实表明，作为国民经济的重要行业，房地产业的改革和发展也与我国目前的收入分配状况密切相关。由于 1998 年开始的我国住房制度改革的制度缺陷，福利分房时代的权利在住房的市场化过程中转化并增加了所有者的收入和资产，让拥有更多初始资源的人更加富有。加上改革中住房分配货币实际上不到位，这就产生了明显的“马太效应”：拥有更多初始资源资产者收入地不断增长以及没获得初始房产资源者实际购房能力地不断下降。富者或占有资源的人愈富，新进入城市的人或穷人愈穷，城市内部不同群体间的收入差距不断扩大，社会财富分配不公加剧。

因此，为增加城镇居民的财产权收入，同时维护房地产市场的健康有序发展，总的思路应该是：住房制度设计由过度关注市场化转向完善社会保障，保障性住房要成为完善住房制度、缩小财产收入差距、维护社会公平的重要方面。周达（2008）提出需要在制度设计的技术性和艺术性前提下寻找平衡各方利益的切入点②：

（1）完善住房制度必须重视价格影响因素。制度设计要重点防止商品房市

① 李实，魏众，丁赛．中国居民财产分布不均等及其原因的经验分析［J］．经济研究，2005（6）．

② 周达．让更多群众拥有财产性收入：以完善住房制度为突破口［J］．兰州商学院学报，2008（5）．

场的大起大落，尤其是价格的剧烈波动。目前我国商品房的价格形成并不完全由市场决定，上游的土地等要素价格受行政等方面影响很大，不完全竞争要素市场条件下仅仅放开末端产品价格有悖公平竞争原则，会加大住房这一重要财产收入分配环节的不平等程度。防止房价的“大起”，有效抑制由投机造成的价格上涨，从而减小一部分人在房价高涨中攫取超额利润的机会，缩小经济社会发展中的不公平程度。控制房价的“大落”，防范其剧烈下降带来的连锁反应，尤其是防止其对金融行业与金融资产的影响，以免造成经济低迷、居民财产贬值。

（2）扩大保障性住房的建设力度。现阶段我国大中城市房价普遍居高不下，相当一部分中、低收入者在购房过程中面临较大压力。保障性住房实际上是财产分配领域中转移支付的一种具体实现形式，是社会保障体系的有机构成，实施保障性住房制度体现了社会公平原则。健全保障性住房制度，可以有效防止高收入者与中低收入者财产占有差距的进一步拉大，起到“社会稳定器”的作用。保障性住房的建设要有针对性的实施差别化策略，尤其是在城镇化进程快、人口众多、房价高涨的大中城市其比重应该提高。

（3）健全有关制度，规范房地产企业行为。加大对投机性购房、扰乱市场秩序行为的打击力度。不可否认，由于自身固有缺陷市场存在失灵，加之要素市场不完善，制度体系不健全，很容易造成追求利润最大化的企业将其目标无限扩大，企业钻了“空子”并造成市场“泡沫”越吹越大，在影响上游金融业资金链的同时占有下游消费者剩余中的一大部分。投机性购房主要利用的是政策漏洞“游资”进入同商品住房价格上涨之势交相呼应，严重扰乱了市场秩序。因此，必须健全有关制度，严堵市场缝隙，稳定市场秩序，加强对普通消费者的有效保护，防止投机性因素造成消费者福利受损的情况出现。

5.5.5 加强宏观经济政策政策调控力度

自改革开放以来，中国城镇居民的收入水平有了很大的提高，从“无产者”变成了“有产者”，但随着财产分布差距的扩大，也越来越成为一个经济、社会和政治问题。而且可以预见，随着城镇居民财产性收入的增加，既可能缩小居民收入差距，更可能会加大城镇居民收入差距。这种情况对国家宏观调控政策中的再分配政策提出了更高的要求：使税收政策和转移支付政策向更有利于缩小收入差距和财产差距的方向发展，从而有利于社会的稳定。①

(1) 改变历史上遗留下来的"逆向再分配"问题，即农村补贴城市的现状。20 世纪 90 年代以后，这种状况虽然有所改变，但仍然存在。我国城乡之间存在的巨大的收入差距和财产差距，是同上述"逆向再分配"状况有密切关系的。近年来实行的农村税费改革无疑是改变这种状况的有力举措，但要从根本上改变这种状况仍然需要一个比较长的过程。在初次分配领域，政府应大力营造机会平等即起点公平的社会环境。加快落后地区的经济发展和资本积累，形成经济发展—财富丰厚—财产增多—居民增收的良性循环。②

(2) 在再分配领域，国家要运用各种经济和政治手段调节收入分配。通过合理征收个人所得税、遗产税和各种财产税调节高收入者收入，如适时提高个人所得税的起征点，实现工薪阶层为"个税"课税对象的主力群体向高收入群体为主要课税对象的转变；实行差别税收制等措施来增加居民财产。对那种有可能使低收入居民获得数量有限的财产的途径如银行存款，建议政府考虑免收税费。而对那些更有可能成为富人获得数量庞大的财产的渠道，政府则宜根据暴利程度的不同采取累进税率。但这要以收入和财产都有较高透明度为前提。

(3) 完善社会保障制度，增加非基础设施类的公共支出。通过社会保障制度的创新与完善，通过增加非基础设施类公共支出和转移支付，弥补这类公共部门长期以来的支出不足。建立覆盖城乡居民的社会保障体系，扩大社会保障的覆盖面，提高保障程度，大幅度增加教育医疗卫生、社会保障、政策性住房及就业保障等民生方面的支出，置换出城镇居民新的购买力，一方面使得低收入阶层能积累财产，另一方面也可以为低收入阶层参与资本市场获取财产提高风险承受能力，从而获取更多的财产。

(4) 建立鼓励劳动力合理流动的制度。消除劳动力流动的种种障碍，能够为人们在参与收入和财产的分配过程中有一个比较公平的机会。改革开放以来的事实已经证明，劳动力流动，特别是农村人口向城镇人口的转化，对于缩小收入和财产的差距上有显著的作用。但是计划经济时代对劳动力流动严格限制所造成的原有格局，并不是短期内就能改变的。阻碍劳动力流动的制度性障碍，如户籍制度、福利制度、住房制度、用工制度等，虽然在迄今为止的改革中已经部分得到了破除，但离真正的市场经济的要求还相差甚远。学术界目前普遍的看法是，

---

① 赵人伟．我国居民收入分配和财产分布问题分析［J］．当代财经，2007（7）．

② 王歧红．城乡居民财产性收入的比较分析［J］．粤港澳市场与价格，2008（8）．

最近几年中国城市化进程明显加快，但统计数据并不支持这一观点。城市化速度主要看城市人口增长率速度（而不是城市化率），20 世纪 80 年代我国城市人口年均增长 5%，90 年代为 4%，进入新世纪后的前 10 年为 3%，明显递减[①]。因此，培育和健全劳动力市场，特别是城乡之间可以自由流动的劳动力市场，仍然是今后宏观经济政策的一个重要方面。

① 王小广．别落入中等收入国家陷阱［N］．经济观察报，2010－12－6，41．

第6章

农村居民财产性收入增加与保障研究

内容提要：增加农村居民收入一直是我国“三农”政策不懈努力追求的目标。农村居民收入水平持续低下导致城乡收入差距扩大、基尼系数不断攀升以及我国二元化经济结构越来越明显。缩小城乡收入差距、改善城乡二元化结构、逐步解决“三农”问题成为国内学者不断研究的课题。因此，本章研究我国农村居民的收入水平和结构，利用30个省（市、自治区）11年的数据建立面板数据模型分析得出农村居民财产性收入的影响因素主要有农村土地流转、财产性收入积累、公共基础投资、城镇化水平、人力资本、金融市场建设和农村制度性因素。探究农村居民财产性收入的增长点，有针对性地提出提高农村居民财产性收入的政策措施，为农村居民增收、提升农村经济水平、缩小城乡差距和促进经济平衡发展开辟道路。

6.1　农村居民财产性收入的内涵与构成

6.1.1　农村居民财产性收入的相关统计指标定义与分类

农村居民收入是反映“三农”情况和衡量农村居民生活水平的重要指标，它包含两个既有联系又有区别的概念，即总收入和纯收入。

一是总收入。总收入是指一定时期内农村居民从各种渠道得到的收入总和，未扣除为获得收入所发生的成本和费用性支出。

二是纯收入。纯收入是指农村居民从各种来源得到的总收入相应地扣除生产经营成本支出、缴纳税款和上交乡村提留，统筹任务以后剩余的可直接用于进行生产性、非生产性建设投资，生活消费和积蓄的那一部分收入。按照农村常住人口和纯收入数据计算出来的年度农村居民人均纯收入指标，是一个时期反映一定地区农村居民收入平均水平的代表性指标，它较好地体现了该区域内农户在一年当中生产经营活动的实际效益和农村居民可自行支配的最终成果。

本章所探讨的农村居民收入是指农村居民的总收入，农村居民的财产性收入亦指总收入中的财产性收入，这和人们平时习惯上的说法是一致的。

农村居民总收入按收入类别可分为四类，即家庭经营收入、工资性收入、财产性收入和转移性收入。这四类收入的定义见表 6－1。

表 6－1　　农村居民总收入来源构成

家庭经营收入	指农村居民以家庭为生产经营单位组织生产所得到的收入。家庭经营含第一产业、第二产业和第三产业。第一产业中主要有农业，这是传统意义上农村居民最重要的产业，还有牧业、渔业、林业；第二产业中主要有纺织业、建筑业等；第三产业即服务业，主要有餐饮、零售贸易、批发、交通运输及其他社会服务
工资性收入	指农村居民靠出卖劳动力而获得的收入，包括农村居民在本地各类经济组织（以乡镇企业为主体的本地企业）劳动得到的报酬收入，外出打工得到的劳务收入；按来源可划分为在本地企业劳动得到的收入，离开本乡镇外出打工收入和从其他单位劳动得到的收入
转移性收入	指农村居民无须付出任何对应物而获得的收入，其中有家庭非常住人口带回、寄回及亲友赠送的钱款、救济金、救灾款、养老金、赡养费，退休、扶贫救灾和领取抚恤救济金等收入等
财产性收入	农村居民对自己所拥有的财产，通过行使对财产的占有权、使用权、收益权、处置权等权能，而获得的相应收益，即农村居民对所拥有的财产通过出租、分红和金融资产增值等方式所取得的收入

6.1.2　农村居民的财产性收入的构成

“财产性收入”，按照国家统计局的统计指标解释，是指金融资产或有形非生产性资产的所有者向其他机构单位提供资金或将有形非生产性资产供其支配，作为回报而从中获得的收入。它一般是指经营家庭拥有的动产（如银行存款、有价证券等）、不动产（如房屋、车辆、土地、收藏品等）所获得的收入。财产性收入内部的差异主要体现在土地征用补偿、转让土地承包经营权收入和金融资产及其他之间，如图 6－1 所示。

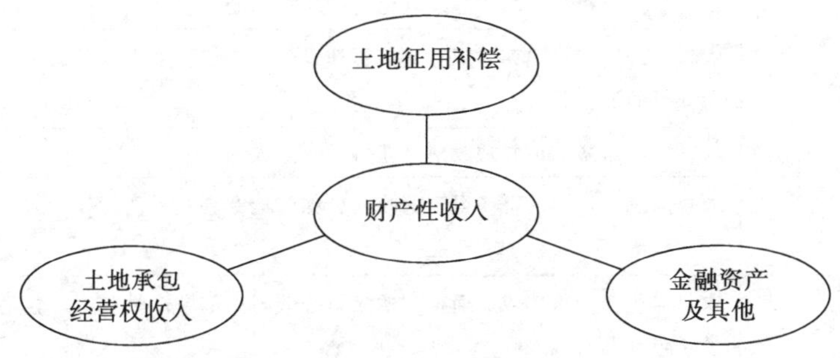

图 6－1　财产性收入

在农村，绝大多数农村居民的土地、金融资产和房产等财产性收入难以形成财产性收入。财产性收入是以产权契约、金融票据、证券契约形式将财产性收入资本化的所得。对于农村居民来说，土地作为最重要的财产性收入，不仅是“养家糊口”的生产要素，也是提供社会保障的重要载体。在 2008 年农村居民人均纯收入中，家庭经营纯收入和工资性收入人均 5865 元，占农村居民人均纯收入总额的 93. 99%。土地征用补偿和转让承包土地经营权收入人均 26 元，占农村居民人均纯收入总额的 0. 42%。但是，土地作为一个重要的生产资料，其在财产性收入上的潜力将极其巨大。将农村居民与土地问题解决好，对于解决“三农”问题，切实提高农村居民收入具有重大战略意义。

农村居民的财产性收入，指农村居民对自己所拥有的财产，通过行使对财产的占有权、使用权、收益权、处置权等权能，而获得的相应收益，即农村居民对所拥有的财产通过出租、分红和金融资产增值等方式所取得的收入。财产性收入是和工资性收入是有区别的，后者更多的来自劳动报酬所得，而财产性收入更多来自非劳动报酬所得，对于农村居民的财产性收入从收入来源看主要来自两个方面：一是动产，二是不动产所获得的收入。动产即农村居民家庭拥有的如银行存款、有价证券等得到的利息、股息和红利收入；不动产即农村居民家庭拥有的如房屋、车辆、土地等所获得的买卖金、租金、补偿等收入。农村居民财产性收入主要来源方式见表 6－2。

农村居民的财产性收入是由农村居民的财产带来的。农村居民的财产，即属于农村居民自己所有的物质财富。农村居民的财产额度，在一定程度上直接影响着财产性收入的多少。具体到我们国家来说，能为农村居民带来财产性收入的财产类别，主要就是土地、房屋、资金，这三类也就构成农村居民财产性收入的最

表 6－2　农村居民财产性收入主要来源方式

土地补偿收入	农村居民所拥有的土地因被国家征用而按有关规定给予相应补偿的收入
租金收入	农村居民出租自己的住房及其他财产所得到的租金收入
利息收入	农村居民家庭将钱存入银行、信用社或借给单位和个人以及购买国库券、债券所获得的资金收入
股息收入	农村居民家庭购买各种股票所获得的资金收入
出让特许权收入	农村居民转让无形资产得到的收入，如转让专利权、商标权、著作权、出版权和商誉等
集体财产收入	农村居民作为集体成员而得到的集体公共财产的财产性收入，包括从集体得到的承包补贴费收入等
其他财产收入	上述之外的农村居民其他合法性财产性收入

主要来源。本章将围绕这三个类别，对农村居民的财产性收入进行研究和探讨。

6.2　农村居民财产性收入的现状与特点

6.2.1　我国农村居民财产性收入占总收入的比重

为了更清楚地认识农村居民的财产性收入，有必要对农村居民的包括财产性收入在内的各项收入及其在总收入中所占的位置以及发展变化进行探讨。

农村居民收入中的各部分在总收入中所占的份额并不是固定不变的，而是会变化的，尤其是近年来出现有规律性的变化发展。自古以来，农村居民的家庭经营收入一直是农村居民收入的最主要的组成部分，工资性收入、转移性收入和财产性收入微乎其微，甚至可以略去不计。改革开放后，随着人民生活水平的不断提高，农村居民除了家庭经营收入外，才逐渐开始有了其他三项收入。特别是近年来，农村居民收入的四项收入之间出现了一些显著的变化和发展，这是自古以来所未曾有过的。

近年来，随着国家综合国力财力的提升，不管是城镇居民还是农村居民的收入都有大幅度提高，且呈现逐年递增的特点。根据历年《中国统计年鉴》的数据，我们利用 2005 年至 2012 年连续 8 年的统计数据反映城乡居民的收入变化。首先从农村与城镇居民纯收入增长比较看，不管是城镇还是农村居民财产性收入都有大幅度提高，2005 年农村居民纯收入为 3254.9 元，城镇居民纯收入为

11320.8 元，到 2012 年农村居民纯收入增加到 7916.6 元，城镇居民收入增加到 26959 元。另一方面，我们也发现，城镇居民收入与农村居民财产性收入之间的差距越来越大，由 2005 年的 8066 元扩大到 2012 年的 19043 元。其次，从收入的构成上看，财产性收入和转移性收入两项合在一起占农村居民收入的比例由 2005 年的 7.2% 上升到 2012 年的 11.8%，这一比重与城镇居民相比还有很大差距，2005 年财产性收入和转移性收入两项合在一起占城镇收入的比例由 25% 上升到 26.2%。农村居民的家庭经营收入和工资性收入仍然是农村居民收入的主要构成部分，2005 年两者相加在农村居民收入中的比重为 92.8%，到 2012 年这一比例仍然高达 88.2%，几乎没有发生什么变化。但是，家庭经营性收入和工资性收入在农村居民收入中的相对份额则发生了较大变化，工资性收入在收入中的比重不断增加，家庭经营性收入在农村居民收入中的重要性逐渐降低，到 2012 年两者占农村居民财产性收入的比重大致相当。

6.2.2　我国农村居民财产性收入的特点

与农村居民收入构成所发生的变化相比，农村居民收入来源对增长贡献的变化则是明显且本质的。在农村居民收入的四项来源中，财产性收入和转移性收入对增长的贡献呈现较大波动，由于其基数较低，因而尽管数额相对较小，但对收入的贡献有时为正，有时为负，但工资性收入和家庭经营收入的贡献却发生了稳定的和质的变化。工资性收入在 2005 年时对农村居民收入的增长贡献还只有 36% 多一点，但这一数字呈现出迅速增加的趋势，到 2005 年时，工资性收入对农村居民收入增加的贡献开始超过 43.5%。而家庭经营性收入的贡献则发生了完全相反的变化，2005 年时，农村居民收入增长的一半以上仍然可以由家庭经营性收入的增长来担纲，但随后这一数字呈现迅速下降的趋势，到 2012 年，家庭经营性收入的增长仅占农村居民收入增长的 44.6%。综合农村居民收入结构和来源的变化，可以看出这样几个特点：一是家庭经营性收入仍然是当前农村居民收入的主要组成部分，截至 2012 年，仍占农村居民收入的一半，但其重要性呈现逐渐减弱趋势；二是工资性收入在农村居民收入中的重要性则呈现逐渐增加的趋势，到 2012 年，农村居民收入的近 1/2 来自工资性收入；三是转移性收入和财产性收入仍然无法成为农村居民收入的主要组成部分，它们只能是农村居民收入的重要补充；四是农村居民收入增长的源泉发生了本质的变化，农村居民收入增长由过去主要靠家庭经营性收入而转变为主要依赖工资性收入，同时，随着家庭经营性收入对收入增长贡献逐渐减少，农村居民收入增长的源泉变得单一化，即越来越依靠工资收入的增加。近年来四项收入在总收入中所占的份额及发展变化情况见表6－3。

表6－3　近年来四项收入在总收入中所占的份额及发展变化情况　单位：元

项目	类别	2005年	2007年	2008年	2009年	2010年	2011年	2012年	2016年
纯收入	农村	3255	4140	4761	5153	5919	6977	7917	12363
	城镇	11321	14909	17067	18858	21033	23979	26959	33616
工资性收入	农村	1175	1596	1854	2061	2431	2963	3448	5022
	城镇	7798	10235	11299	12382	13708	15412	17336	20665
家庭经营收入	农村	1845	2194	2436	2527	2833	3222	3533	4741
	城镇	6797	941	1454	1529	1714	2210	2548	3770
财产性收入	农村	89	128	148	167	202	229	249	272
	城镇	193	349	387.0	432	520	649	707	3271
转移性收入	农村	147	222	323	398	453	563	687	2328
	城镇	2651	3384	3928	4516	5092	5709	6368	5910

资料来源：《中国统计年鉴》（2017年）。

6.2.3　农村与城镇居民的财产性收入比较分析

党的十七大报告中首次明确提出"要创造条件让更多群众拥有财产性收入"，并明确政府的政策导向是让个人拥有财产性收入普遍化。随着社会的发展进步，人民的劳动收入逐步增长，财富不断积累。如何让财富成为资本和收入的重要来源，让多数群众拥有财产性收入成为当今社会发展过程中亟须解决的问题。我国城乡居民人均财产性收入自2000年至2013年取得较快增长，未来财产性收入将在居民收入中所占比重越来越大，但城乡居民的财产性收入差距非常显著并不断扩大。城镇居民拥有比农村居民高得多的房产价值、金融资产和耐用消费品价值，其相对差距分别为6.3倍、7.5倍、4.2倍。差距过大的根本原因在于最低收入群体的收入水平太低。我国20%的低收入群体高度集中于农村，低收入群体主要是由农村居民组成，显示出"三农"问题的严峻性，如表6－4所示。

财产性收入占城乡居民总收入的比重是衡量一个国家市场化和国民富裕程度的重要标志之一，是全面建设小康社会的一个重要条件。发达国家的发展经验表明，当人均GDP突破2000美元，居民积累一定财富后，财产性收入就会逐渐成

表 6－4　城乡居民财产性收入比较　单位：元

年份	城镇居民人均可支配收入				农村居民人均纯收入			
	实际收入	财产性收入	所占比例（%）	增长率（%）	实际收入	财产性收入	所占比例（%）	增长率（%）
2000	6280.0	128.4	2.04	—	2253.4	45.0	2.00	—
2001	6859.6	134.6	1.96	104.9	2366.4	47.0	1.99	104.4
2002	7702.8	102.1	1.33	76.8	2476.6	50.7	2.05	111.7
2003	8472.0	136.0	1.59	132.2	2622.2	66.8	2.51	126.3
2004	9421.6	161.2	1.71	119.4	2936.4	76.6	2.61	116.4
2005	10493.0	192.9	1.84	119.7	3254.9	88.5	2.72	116.5
2006	11759.5	244.0	2.07	126.5	3587.0	100.5	2.80	113.6
2007	13786.8	348.5	2.53	142.8	4140.4	128.2	3.10	127.6
2008	15780.8	387.0	2.45	111.1	4760.6	148.1	3.11	116.5
2013	26955	432.5	2.52	111.6	8896	167.2	3.20	112.9
2016	33616	1140.0	3.39	107.5	12363	272.0	2.20	107.9

资料来源：《中国统计年鉴》（2017 年）。

为居民新的重要收入来源之一，并对消费扩张有重要影响。从统计数据分析，我国农村居民的财产性收入虽然有增长的趋势，但无论从横向或纵向比较都非常薄弱。

（1）农村居民财产性收入的显著特性

第一，增长速度大于纯收入增长速度。2000 年至 2013 年间，我国农村居民人均财产性收入增长速度明显大于人均纯收入的增长速度。如 2003 年人均财产性收入增长率为 29.74%，而纯收入的增长率只有 6.92%；2013 年人均财产性收入增长率为 17.67%，而纯收入增长率只有 12.36%。这反映了农村居民人均财产性收入对农村居民人均纯收入增长的贡献变大，说明农村居民财产性收入正成为提高我国农村居民财产性收入水平的一个重要来源。财产性收入的显著增加，与我国改革开放后经济稳定、健康、持续发展密切相关，导致农村居民动产和非动产财富明显增加，为财产性收入的增加奠定较为坚实的物质基础。

第二，增长稳定，增幅呈倒“U”形。2000 年至 2013 年，我国农村居民人均财产性收入处于稳定增长状态，从 2000 年的 45 元增长到 2013 年的 293 元，14 年间增加 248 元，增长 6.51 倍。增长幅度呈倒“U”形，增长幅度最大的年份是 2007 年，增加额度为 27.7 元，如图 6－2 所示。

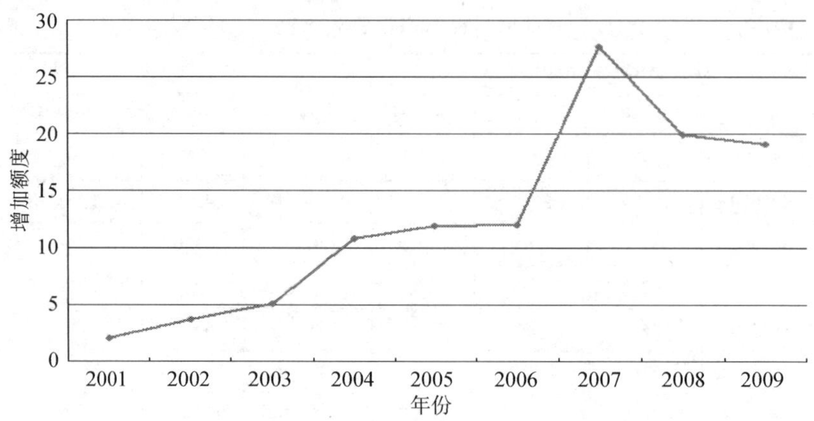

图 6－2　财产性收入年增长幅度（单位：元）

资料来源：《中国统计年鉴》（2000—2017 年）。

（2）与城镇居民比较，绝对数小

直到 1993 年，国家统计局才有了对农村居民财产性收入这一数据的统计，该年农村居民人均财产性收入为 7.02 元，至 2006 年该数据才突破三位数，仅为 100.50 元。表 6－4 显示，相对于城镇居民，农村居民居民财产性收入绝对数很小。从 2000 年至 2013 年 10 年的统计数据情况看，农村居民居民财产性收入不到城镇居民财产性收入的 50%，从平均值看，城镇居民 14 年平均值达到 453.80 元，而农村居民 10 年平均值仅为 168.60 元，仅为城镇居民的 37.15%。

据统计，2013 年广西桂林市农村居民人均纯收入 6240 元，比 2007 年增长了 12.76%。其中家庭经营和工资性纯收入人均 5865 元，比上年增加了 617 元，增收贡献率为 87.39%；转移性纯收入人均 293 元，比上年增加了 90 元，增收贡献率为 12.75%；而财产性收入性纯收入人均只有 82 元，比上年减少了 1 元，下降了 1.2%。在财产性收入性纯收入中，主要是农业机械租金收入、土地征用补偿收入和转让承包土地经营权收入，三项合计人均 54 元，占财产性收入性纯收入总额的 66.9%，其他项目的财产性收入性纯收入很少。政府已经逐渐认识到了财产性收入的重要性，但是其增长仍存在着许多制约因素，绝对数小是其发展过程中十分严峻的因素。

（3）与城镇居民比较，增长速度缓慢

农村居民的人均财产性收入与城镇居民的人均财产性收入相比，在绝对数上有很大差距。如 2000 年农村居民人均财产性收入为 45 元，城镇居民人均财产性收入则为 128.4 元；2013 年农村居民人均财产性收入为 167 元，城镇居民财产性收入则增至 432.5 元。从增长速度看，自 2003 年起我国农村居民人均财产性收入增长速度慢于城镇居民人均财产性收入增长速度。如 2003 年农村居民财产性收入增长率为 29.74%，而城镇居民财产性收入增长率为 32.18%；2006 年农村居民人均财产性收入增长率为 12.05%，而城镇居民人均财产性收入增长率则高达 26.49%。

与城镇居民相比，近十年农村居民财产性收入增长较为缓慢。由表 6－4 可知从 2000—2013 年农村居民财产性收入年增长速度仅有 2002 年、2008 年和 2013 年三年高于城镇居民，而其他年份都较城镇居民增长速度慢。可见农村居民财产性收入虽然有增长趋势，但增长速度远远低于城镇居民财产性收入的增长速度，城乡居民财产性收入差距不断扩大是整体上构成收入不均加剧的重要原因之一。

据统计，2007 年江苏江阴市农村居民人均纯收入首次突破万元大关，达 10641 元，同比增长 13.07%，增幅比上年高 3.52 个百分点。这与农村居民财产性收入呈现快速增长的趋势是密不可分的。2006 年全市农村居民财产性收入 430 元，比上年增长 12.86%，增幅比当年纯收入的增幅高 2.65 个百分点；2007 年全市农村居民财产性收入 517 元，比上年增长 20.23%，增幅比当年纯收入的增幅高 7.16 个百分点。由于农村居民财产性收入的增加，使农村居民收入的增幅超过了城镇居民人均可支配收入的增幅。超过的增幅虽然不多，只有 0.77 个百分点，但充分表明了财产性收入的增加在农村居民增加收入、缩小城乡居民收入差距中的重要作用。

（4）占总收入比例小，但有不断增加的趋势

农村居民人均财产性收入占当年纯收入的比重较小，比重最大的 2013 年也只有 3.2%。这表明农村居民财产性收入在纯收入中的地位没有改变，仍起补充作用。但这一比例由 2000 年 2.0% 稳步增长到 2013 年的 3.2% 的事实表明农村居民人均财产性收入占其纯收入的比例有不断增加的趋势，这反映了财产性收入在农村居民纯收入中有较大的发展潜力。

然而在发达国家中，财产性收入是居民家庭收入的重要组成部分。以美国为例，财产性收入所占比重达到 40%，仅次于薪资收入，有 90% 以上的美国人拥有股票、基金等有价证券。与发达国家相比，我国城镇居民财产性收入的比重相比仍有很大差距。中国居民财产性收入占 GDP 的比重比美国低 10 个百分点左右，而且 20 世纪 90 年代以来中国居民财产性收入比重下降幅度大，从 1992 年的 4.5% 降低到 2004 年的 2.6%。中国居民财产性收入主要来自利息收入，而利息收入比重逐渐降低，由 1992 年的 4.5% 下降到 2004 年的 2.4%，低于美国的利息收入比重。中国居民红利收入比重虽然持续上升，但比美国低 3 个百分点左右。美国证券市场发达，可供居民选择的投资工具多种多样，居民红利收入高。

可见中国的劳动者报酬和居民财产性收入比重较低，且均有所下降。

事实证明，进一步提升财产性收入在农村居民财产性收入中的地位和作用既是经济发展的必然趋势，也是科学发展和社会和谐的客观要求，不仅能增加居民收入、刺激消费和扩大内需，还有利于我国资本和房地产等市场的发展，可谓一举多得。因此探寻农村居民财产性收入的影响因素，有利于提出相对应的政策措施，使国家和地方政策有的放矢，提高农村居民财产性收入水平，进而提高农村居民整体收入水平，促进我国农村地区经济发展，减少城乡收入差距，保障我国整体经济平稳、平衡发展。

（5）构成城乡财产性收入的来源的比较

目前在城市，房租收入、证券投资收入等财产性收入已成为不少家庭的主要收入来源，而对于普通低收入群体特别是地处偏远地区的广大农村居民来说，财产性收入的来源几乎只有银行储蓄一种方式，甚至一部分农村居民根本就没有财产性收入。2006 年，我国农村居民人均收入实际增长 7.4%，增收的部分主要来源于工资性收入和生产经营收入，对农村居民人均纯收入增量的贡献率为 60.2%，财产性收入的贡献则微乎其微。在目前我国银行利率实际为负的情况下，广大农村居民群体要获取财产性收入更是变得十分困难。

而从权威的统计数据来看，当前农村居民的财产性收入主要表现为租金，如房租和地租等等。但当前的情况表明，能收取租金的基本上是靠近城市的很少一部分农村居民，在其他广大的农村，房屋出租市场和买卖市场几乎还未建立起来，农村居民即使有房产，也很难形成现实的收入。对于金融资产，一方面，农村居民的拥有量极为有限，与城镇居民相比可以忽略不计；另一方面，农村金融市场的建立也是困难重重，农村居民即使拥有一定的金融资产，想让其转化为收入，在当地也找不到市场。另外，对广大农村居民来说，由于资产规模小、专业知识不够、承受风险能力差，想获取丰厚的投资回报也不是件容易的事情。

从农村居民的收入构成看，无论从总量还是比重，财产性收入还远未成为农村居民收入的主要来源。2000—2016 年，农村居民财产性收入呈逐年上升的趋势，2016 年农村居民人均财产性收入比 2000 年增长了 6.04 倍，说明农村家庭财产性收入增长潜力巨大。但从绝对额看，2016 年农村居民家庭财产性收入仅为 272 元，占总收入的比重为 2.2%。农村居民家庭经营性收入和工资性收入仍是收入的主要来源，也就是说，农村居民的收入还主要来源于耕作和打工收入，财产性收入还远未发挥主要收入来源的作用。

事实证明，进一步提升财产性收入在农村居民财产性收入中的地位和作用既是经济发展的必然趋势，也是科学发展和社会和谐的客观要求，不仅能增加居民收入、刺激消费和扩大内需，还有利于我国资本和房地产等市场的发展，可谓一举多得。因此探寻农村居民财产性收入的影响因素，有利于提出相对应的政策措施，使国家和地方政策有的放矢，提高农村居民财产性收入水平，进而提高农村居民整体收入水平，促进我国农村地区经济发展，减少城乡收入差距，保障我国整体经济平稳、平衡发展。

6.3　农村居民财产性收入的影响因素的实证研究

6.3.1　变量选取及数据来源

（1）变量

农村居民人均耕地面积（RLC）：用以测度农村土地流转对农村居民财产性收入的影响。农村土地流转又称土地使用权流转，指拥有土地承包经营权的农户将土地经营权（使用权）转让给其他农户或经济组织，即保留承包权，转让使用权。土地承包、转让及出租等构成财产性收入的重要部分，因此农村土地流转对居民的财产性收入存在影响。高安峰（2013）认为，导致目前农村居民财产性收入水平低下的原因为农村现行的土地流转制度制约农村居民从土地、房产等财产性收入中获取收入。居民人均耕地面积越大，在满足自身生活所需的土地之外，就有更多的土地资源用于流转。

农村居民财产性收入水平（INC）：用以考量财产性收入积累对农村居民财产性收入的影响，此处以 1999 年的消费价格指数为基期对人均纯收入消除物价因素的影响。财产性收入建立在家庭财产性收入的积累上，农村居民财产性收入越高，农村居民能自由支配的财产性收入越多，越有可能获取财产性收入。广东课题调查组（2013）通过调查分析发现居民投资型财产性收入积累不高是财产性收入总量少、比重低的最根本原因，而投资型财产性收入积累建立在高收入水平上。因此，农村居民财产性收入水平越高，相应的财产性收入应越高。

公共基础投资（INF）：考察农村公共基础设施建设对农村居民财产性收入的影响。一般来说，公共基础投资力度越大，说明当地的公共基础设施建设越齐全，交通、信息等渠道越顺畅，有利于当地经济发展从而使农村居民获取更多的财产性收入。

城镇化水平（URB）：非农业劳动力占乡村劳动力的比重。城镇化水平对农村居民财产性收入的多少有深刻影响。彭必源、王凯（2013）认为农村居民财产性收入的获得与农村城镇化和市场化密不可分。城镇化水平越高，当地的土地和房屋租赁等市场、金融借贷市场和证券交易市场等越发达、社会保障制度和法律建设等更健全，更能保障居民获得财产性收入。

农村居民人均受教育年限（EDU）：考察人力资本对财产性收入的影响。理论上而言，受教育年限越长，农村居民的素质越高，因此所掌握的知识和信息越多，越有可能获得财产性收入。万广华、张藕香（2006）采用人均受教育年限作为人力资本指标来探讨人力资本对农村区域收入差距的影响。

农村居民存贷比（STD）：考察金融市场建设对农村居民财产性收入的影响。发达的金融市场提供给居民丰富的金融产品和工具、便利的融资理财通道以及完善的证券市场、保险市场等，以便于居民能利用自有资金进行投资等，从而能获取更高的财产性收入。牛晓奇（2013）认为发展农村金融市场建立健全农村投资体系有利于农村居民获取财产性收入。

农村转移收入水平（RTE）：用以衡量农村制度性因素对财产性收入的影响。制度性因素有很多，包括土地制度、社会保障制度和教育制度等。农村转移收入能在一定程度上代表国家和政府对保障居民生活的支出，因此由于数据的可得性和模型的可操作性，此处选取农村财政支出水平代替制度性因素对农村居民财产性收入的影响。

（2）数据来源

本书选取1999—2013年30个省（市、自治区）的数据。包括：北京、天津、河北、山西、内蒙古、辽宁、吉林、黑龙江、上海、江苏、浙江、安徽、福建、江西、山东、河南、湖北、湖南、广东、广西、海南、重庆、四川、贵州、云南、陕西、甘肃、青海、宁夏、新疆。农村居民财产性收入、农村居民人均耕地面积、农村居民财产性收入水平、公共基础投资、城镇化水平和农村转移收入水平六个变量的数据来源于《中国农村统计年鉴》和《新中国五十年统计资料汇编》；农村居民存贷比数据来源于《中国金融统计年鉴》，各变量缺失数据由指数平滑法计算得出。

6.3.2 变量的统计性描述

表6－5所示为1999—2013年30个省（市、自治区）的因变量（RPI）与7个自变量的样本估计值。如表中所示，各变量在时间上和地域上的差别很大，如RPI，最小值为2002年吉林的数据0.39，最大值为2013年北京的数据1142。

表 6-5　各年份因变量与自变量的样本估计

变量	平均值	标准差	中位数	最小值	最大值	观测值
RPI	96.605	134.151	52.560	0.390	1142.000	300
RLC	2.222	2.137	1.450	0.270	11.180	300
INC	3321.518	1736.157	2799.850	1537.280	11440.300	300
INF	43.109	44.692	30.100	1.500	337.200	300
URB	36.208	16.036	32.380	10.420	84.790	300
EDU	7.740	1.073	7.965	3.330	10.390	300
STD	1.528	0.727	1.450	0.120	13.400	300
RTE	166.246	187.057	110.185	6.800	1770.850	300

注：RPI 为农村居民财产性收入。

为比较各个变量样本数据的平稳性，需先对各个变量的标准差进行数据标准化，消除数据的不同量级和不同单位造成影响。数据标准化处理主要包括数据同趋化处理和无量纲化处理两个方面。数据无量纲化处理主要解决数据的可比性，因此此处选用指数化处理方法。指数化处理以指标的最大值和最小值的差距进行数学计算，其结果介于 0—1 之间。具体计算公式如下：

$$Z_i = \frac{X_i - \overline{X}}{X_{max} - X_{min}}$$

其中：Z_i 为指标的标准分数，X_i 为某指标的指标值（此处为各变量的标准差），X_{max}为各变量的最大值，X_{min}为各变量的最小值。

经过上述标准化处理，原始数据均转换为无量纲化指标测评值，即各指标值都处于同一个数量级别上，可以进行综合测评分析。通过计算得出的结果如表 6-6 所示。

表 6-6　标准化后的各变量的标准差

变量	标准差	变量	标准差
ZRPI	0.03376	ZURB	-0.27124
ZRLC	-0.00779	ZEDU	-0.39300
ZINC	-0.16009	ZSTD	-0.06032
ZINF	0.00458	ZRTE	0.01236

通过处理后，各个变量的标准差具有可比性。由于标准差的符号对平稳性没有影响，因此比较的为各个数据的绝对值大小。样本平稳性最好的为 INF（公共

基础投资，-0.00458)，其次为 RLC（农村土地流转，-0.00779)，说明 INF 和 RLC 的样本值在时间和省际的波动较小；样本平稳性最差的为 EDU（人力资本，-0.393)，其次为 URB（城镇化水平，-0.27124)，说明 EDU 和 URB 的样本值在时间和省际波动性大，数据之间的差距较大。

6.3.3 计量模型设计

在对面板数据进行估计时，使用的样本数据包含了 30 个省（市、自治区）、7 个指标和 10 个时间段 3 个方向上的信息，因此模型形式的设定具有重要意义。模型形式有联合回归模型、变截距模型和变系数模型，可通过协方差分析检验来决定选取何种模型形式。模型估计及检验所使用的软件为 EViews6.0。

(1) 协方差分析检验

两个假设：H_1：$\beta_1 = \beta_2 = \cdots = \beta_{30}$

H_2：$\alpha_1 = \alpha_2 = \cdots = \alpha_{30}$

$\beta_1 = \beta_2 = \cdots = \beta_{30}$

实施这两种假设的检验可运用 F 统计量。分别用最小二乘法对联合回归模型、变截距模型和变系数模型进行回归，得到三个模型的残差平方和，分别记为 S_1，S_2，S_3，则检验 H_2 的统计量 F_2 服从相应自由度下的 F 分布，即

$$F_2 = \frac{(S_3 - S_1)/[(N-1)(K+1)]}{S_1/[NT - N(K+1)]} \sim F[(N-1)(K+1), N(T-K-1)]$$

检验 H_1 的统计量 F_1 也服从相应自由度下的 F 分布，即

$$F_1 = \frac{(S_2 - S_1)/[(N-1)K]}{S_1/[NT - N(K+1)]} \sim F[(N-1)K, N(T-K-1)]$$

若不拒绝 H_2，则选联合回归模型；若拒绝 H_2 且不拒绝 H_1，则选变截距模型；若既拒绝 H_2 又拒绝 H_1，则选变系数模型。

用 EViews 分析得 $S_1 = 13.410$，$S_2 = 44.896$，$S_3 = 93.192$，算出两个 F 统计量分别为 $F_2 = 1.539$，$F_1 = 0.694$。查 F 分布表，在给定 5% 的显著性水平下，相应的临界值为

$F(232, 60) = 1.431$　　$F(203, 60) = 1.437$

由于 $F_2 > 1.431$，故拒绝 H_2，且 $F_1 < 1.437$，不拒绝 H_1，因此选择变截距模型。变截距模型分为固定影响变截距模型和随机影响变截距模型，由于本书仅就各省自身的资料进行研究，所以将模型选定为固定效应变截距模型，模型形式为：

$RPI_{it} = \alpha_{it} + \beta X_{it} + u_{it}$ 模型一

i 为地区下标，t 为时间下标，X 为 K×1 维向量，K 为解释变量的个数，0≤i≤30，0≤t≤10，0≤K≤7。由于采用的是面板数据，且经济变量之间存在多重共线性，为保证模型的平稳有效，此处采用对数模型。城镇化水平（URB）和农村居民存贷比（STD）为比值，不予取对数。

（2）计量模型设计

综上所述，得出展开后的模型为：

$$\ln RPI_{it} = \alpha_{it} + \beta_1 \ln RLC_{it} + \beta_2 \ln INC_{it} + \beta_3 \ln INF_{it} + \beta_{4t} URB_{it} + \beta_5 \ln EDU_{it} + \beta_6 STD_{it} + \beta_7 \ln RFE_{it} + u_{it}$$ 模型二

6.3.4　实证结果分析

（1）总体模型估计结果

使用面板数据的 LS（最小二乘估计）方法对模型二进行估计，得出如下结果：

$$\ln RPI = -5.038 - 0.952\ln RLC + 1.128\ln INC + 0.107\ln INF - 0.028URB - 0.666\ln EDU - 0.008STD + 0.635\ln RFE$$ 模型三

从结果中可以看出，通过普通最小二乘法对模型进行回归后得到 R^2 值为 0.852，$\overline{R}^2$ 为 0.832，可见此回归方程的拟合优度较好，各个变量对 RPI 有一定的解释程度；从 F 值为 42.137 及其对应的 P 值为 0.0000 来看，该模型的显著性很好。除 URB 和 STD 外（回归模型的系数分别为 -0.028 和 -0.008），其他自变量的系数都通过了显著性水平为 1% 的 t 检验，说明 RLC、INC、INF、EDU 和 RFE 对 RPI 的解释性强，回归模型的系数分别为 -0.952、1.128、0.107、-0.666 和 0.635。由上述的回归方程系数可知，对我国农村居民财产性收入（RPI）影响最为显著的是居民财产性收入积累（INC），表明在当前我国农村居民财产性收入在很大程度上依赖于居民的财产性收入积累水平，因此为农村居民增收是增加我国农村居民财产性收入的关键。农村土地流转（RLC）、人力资本（EDU）、农村制度性因素（RFE）和公共基础投资（INF）依次成为增加农村居民财产性收入的原动力。从影响的程度看，城镇化水平（URB）和金融市场建设（STD）对影响最小，但从理论上而言，城镇化水平和金融市场建设对农村居民财产性收入存在重要影响，造成 URB 和 STD 对模型的回归不显著的原因可能为：由于数据的可得性和可操作性，所选定的 URB 和 STD 没有很好的包括城镇化水平和金融市场建设这两个因素的信息。

（2）农村居民财产性收入主要影响因素的计量模型分析

通过上述总体模型的分析可以得知 7 个影响因素对我国农村居民财产性收入的不同影响程度。为进一步探讨农村居民财产性收入的主要影响因素，下文将选取居民财产性收入积累（INC）、农村土地流转（RLC）、人力资本（EDU）和农村制度性因素（RFE）这 4 个主要因素逐步分析其对农村居民财产性收入的影响。模型处理结果如表 6－7 所示。

表 6－7　　农村居民财产性收入主要影响因素计量结果

因变量	lnRPI			
自变量	模型Ⅰ	模型Ⅱ	模型Ⅲ	模型Ⅳ
lnINC	1.899* (0.099)	1.889* (0.099)	1.998* (0.107)	1.261* (0.176)
lnRLC		－0.980*** (0.512)	－0.920*** (0.508)	－0.761**** (0.486)
lnEDU			－0.734** (0.286)	－0.702** (0.274)
lnRFE				0.681* (0.133)
常数	－11.143* (0.794)	－10.841* (0.806)	－10.234* (0.832)	－6.825* (1.170)
R^2	0.829	0.832	0.836	0.851
$\overline{R}^2$	0.811	0.813	0.817	0.832
DW－statistic	1.824	1.830	1.811	1.960
S. E. of regression	0.438	0.436	0.432	0.412
F－statistic	43.755	42.894	42.622	46.054
Prob.	0.000000	0.000000	0.00000	0.00000
样本个数	300	300	300	300

注：①括号内的数据为标准差。

②*表示通过显著水平为1%的t检验，**表示通过显著性水平为5%的t检验，***表示通过显著性水平为10%的t检验，****表示通过显著性水平为20%的t检验。

综合四个模型的回归结果来看，四个模型的 $\overline{R}^2$ 值都超过了 0.8，说明模型的拟合优度好。其中拟合优度最高的为模型Ⅳ，相较于其余三个模型，模型Ⅳ包含了更多影响 lnRPI 的信息，对 lnRPI 的解释性更强。另外各个模型的 F 值和 Prob 值都能通过 1% 的显著性检验，说明四个模型的显著性水平高。模型中引入的变量除模型Ⅳ中的 lnRLC 通过 20% 的 t 检验外，至少都能通过 10% 的 t 检验，说明引入的变量与 lnRPI 的相关性强。

A. 模型 I 的分析模型：

$$\ln RPI = -11.143 + 1.899\ln INC$$
$$(0.794^{*}) \qquad (0.099^{*})$$

该模型考查农村居民财产性收入积累对农村居民财产性收入的影响。通过对 lnRPI 和 lnINC 的面板数据进行分析表明财产性收入积累（INC）对农村居民财产性收入（RPI）具有显著性影响：变量 lnINC 每增加一个单位，lnRPI 就会增加 1.899 个单位。模型 I 的实证结果表明农村居民的积累对其财产性收入有不可忽略的影响，这与现状是一致的。足够的财产性收入积累是农村居民获得财产性收入的前提。财产性收入积累水平越高，除掉交易性需求和预防性需求，剩余财产性收入用于投机性支出的可能性便越高。因此，政府制定政策为农村居民增收，加大农村居民的财产性收入积累成为增加农村居民财产性收入的首要措施。

B. 模型 Ⅱ 的分析模型：

$$\ln RPI = -10.841 + 1.889\ln INC - 0.980\ln RLC$$
$$(0.806^{*})\ (0.099^{**}) \qquad (0.512^{*})$$

在模型 I 上的基础上，模型 Ⅱ 引入 lnRLC，同时考查财产性收入积累和农村土地流转对农村居民财产性收入的影响。通过回归可以看出财产性收入积累和农村土地流转对农村居民财产性收入有重要影响。从回归系数和显著性水平来看，lnINC 与 lnRPI 的相关性比 lnRLC 与 lnRPI 的相关性更强，由此可知相较于农村土地流转，财产性收入积累对农村居民财产性收入的影响作用更明显。模型 Ⅱ 的实证结果反映出我国农村居民财产性收入主要依赖与农村居民的财产性收入积累水平。农村土地流转对我国农村居民财产性收入的影响作用十分显著。农村居民可以利用土地获取财产性收入，通过土地出租、转让、承包等形式来获取收益。因此，除了为农村居民增收，加强农村居民财产性收入积累等方式外，政府还可以通过改革和完善农村土地流转制度来增加农村居民的财产性收入。

C. 模型 Ⅲ 的分析模型：

$$\ln RPI = -10.234 + 1.9981\ln INC - 1.8111\ln RLC - 0.734\ln EDU$$
$$(0.832^{*}) \qquad (0.107^{*}) \qquad (0.508^{**}) \qquad (0.286^{*})$$

模型 Ⅲ 在模型 Ⅱ 的基础上引入 lnEDU，考察财产性收入积累、农村土地流转和农村人力资本对农村居民财产性收入的综合影响。模型回归的结果表明，lnINC、lnRLC 和 lnEDU 对 lnRPI 的影响作用是显著的，影响水平依次降低；引入 lnEDU 几乎没有影响 lnINC 与 lnRLC 对 lnRPI 的解释作用。这说明除开财产性收入积累及农村土地流转外，人力资本成为另外一个影响农村居民财产性收入的因素。在三个影响因素中，财产性收入积累和农村土地流转对农村居民财产性收入的影响仍占主要地位，影响程度远大于人力资本。人力资本是影响农村居民财产性收入的间接因素。人力资本包括受教育水平、工作年限等。本书衡量农村人力资本采用的是受教育水平。农村居民受教育水平越高，越能够较快地融入现代社会，对知识、信息等的获取和处理能力越强。在当今的信息时代、知识经济时代，受教育水平越高的人越能跟上时代发展的节奏，一方面有更多的机会获取收益，另一方面更有可能从投资理财等方面获取财产性收入。因此，加强农村教育制度及人才培养制度的建设和完善，提高农村居民的文化素质水平，开展各类型的培训活动成为增加农村居民财产性收入的另一措施。

D. 模型Ⅳ的分析模型：

$$\ln RPI = -5.825 + 1.261\ln INC - 0.761\ln RLC - 0.702\ln EDU + 0.681\ln RFE$$

$$(1.170)\ (0.176)\qquad (0.486)\qquad (0.274)\qquad (0.133)$$

模型Ⅳ在模型Ⅲ的基础上加入 lnFRE，考察农村制度性因素对农村居民财产性收入的影响。回归结果表明 lnINC、lnRLC、lnEDU、lnRFE 对 lnRPI 的影响作用是显著的，影响程度依次降低，说明财产性收入积累、农村土地流转、文化素质及农村制度性因素是影响农村居民财产性收入的因素。从系数的绝对值来看，由于引入 lnRFE，lnINC 和 lnRLC 对 lnRPI 的影响程度较模型Ⅲ明显降低。

从在模型Ⅳ中可以看出，财产性收入积累仍然是影响农村居民财产性收入的最主要因素，农村土地流转和文化素质次之。农村制度性因素对农村居民财产性收入的影响是显而易见的。正如前文所述，农村社会制度包括土地制度、社会保障制度和教育制度等。完善的土地制度能在农村土地流转时保障农村居民的合法权益和收益不受损害，产权更加明晰，便于农村土地流转。健全的社会保障制度，如医疗和保险制度，能有效减少农村居民用于医疗和养老等方面的支出，因而有更多的财产性收入进行有关财产性收入的生产。完善的教育制度能让农村居民获取知识，提升文化素质水平，对获取财产性收入有着间接影响。因此，政府应致力于健全和完善农村各项制度来提高农村居民的财产性收入。

6.4 提升农村居民财产性收入的理论与现实依据

6.4.1 土地规模经营问题

提高农民土地财产性收入就是要由企业经营替代家庭经营，实现土地的规模经营，所以，它面临的首要问题就是土地经营规模如何扩大的问题。而土地经营规模扩大的前提，就是农民土地承包经营权的充分流转或土地要素的自由流转。目前，我国法律规定允许农民土地承包经营权自由流转，明确了土地经营权流转的合法性，土地规模经营在一定程度上得到了实现。

以徐州市为例，2013 年全市以出租、入股、转包、互换等土地流转方式，共流转土地 40 万亩，占全市家庭承包经营总面积的 5.5%，比 2002 年多流转了 10 万亩。其中沛县土地流转规模达 25 万亩，贾汪区实施土地流转 6000 亩，其他区县共流转土地 14 万亩。一个劳动力平均 15 亩以上规模经营面积 200 万亩，500 亩以上统一经营的各类土地股份合作社已发展到 75 家、面积 22 万亩，总面积占全市家庭承包耕地面积的 35.69%。从调查情况看，徐州市土地经营权流转主要有以下三种形式：

（1）土地股份合作型。由农户自愿将土地按面积折股，成立土地股份合作社，由入股农户选举产生经营机构，实行民主决策、民主管理、盈利分红。这种类型能使农村生产力得到充分解放与发展，资源合理配置与利用，为农民带来更多的土地增值收益，也能较好地体现民主权利，但需要有群众威信高、经营管理能力强和有强烈事业心的村两委班子和带头人。沛县潘庄村土地股份合作社就属于这种类型，该村 2005 年由农民自愿将 370 亩家庭承包土地入股成立徐州市第一家土地股份合作社，入股农户民主选举产生经营管理机构进行土地统一经营，每股实行 600 元保底收入加效益分红，三年来每亩土地保底分红都在 800 元以上。到 2013 年 6 月底，全市土地股份合作社已发展到近百家，入股土地总面积 22 万多亩。这一模式，虽然目前总量不大，但带动农民增收明显，作为群众自愿选择的一种改革模式能有如此快的发展速度，充分显示了其生命力和农村深化改革的历史选择性。

（2）政府牵头出租型。政府统一与村签订土地流转协议，村委会再同土地承包户签订土地流转合同，然后再由政府与土地经营户签订土地使用合同，经营户承担土地流转费用，既增加了群众的可信度又形成了统一的经营模式。这种流转方式除需要有优秀的村两委班子和带头人之外，还需要集体经济组织有一定的实力，镇村要有主导产业等条件。江庄镇关口村的设施藕和食用菌种植基地的流转等属于这种流转类型。

（3）龙头企业、合作经济组织带动型。土地家庭经营地块不变，由龙头企业、合作组织联合，通过“统一供种供苗、统一技术指导、统一产品收购”等几个统一为“纽带”，确立一两个种养品种，分户组织生产。由于农户与企业之间的联合是松散的，当农产品市场行情不好时，企业一般压级压价或拒绝收购，造成农民增收波动很大，尤其是以外销为主的农产品，农户承担的风险更大，有的年份造成农民减收，如邳州市大蒜低谷时每公斤只能卖到0.3元左右。但由于这种类型具有便于操作、发展快等特点，已成为徐州市目前土地经营权流转的主要形式。

当前徐州市农村出现的土地承包经营权流转，多数反映了生产要素的合理流动和优化配置，总体上是健康的，但也存在一些问题。具体表现在：从流转规模上看，流转规模比较小；从流转期看，多数流转都是因全家外出打工，耕地无人耕种而临时性流转，所以流转期限较短，一般以一年为期限；从流转的集中程度看，土地的零碎及转出户与转入户多在亲戚和邻居之间进行，向大户流转的较少，难于形成规模经营；从流转操作情况看，存在一些不规范行为，比如，农户之间的土地流转多是口头约定，没有书面合同，即使有书面合同，其内容也不完整或不规范等。

这些问题的存在严重制约着土地的规模经营，而导致这些问题的原因也是多方面的，既有人为的因素，也有制度设计本身的问题，包括土地经营权与所有权的设计问题，例如，土地经营权的抵押问题、平均分配问题，集体所有权的虚置问题等。这些问题不解决，土地经营规模扩大面临的问题就很难解决。

6.4.2 农村经营组织融资规模扩大面临的问题

农村经营组织要扩大其经营规模，除了面临土地要素的自由流转问题，还面临资金问题。当然，任何企业发展都面临资金约束问题，但在我国农业领域情况比较特殊，一方面，由于农业生产率比较低，农民自身积累比较少，另一方面，农民在理念上一般不愿负债经营，加之一些农业组织建立时间不长、规模不大、经营也不稳定。

以徐州市农民专业合作组织为例，2013年徐州市共有农民专业合作组织2222家，其中专业合作社1462家，专业协会735家，专业联合社和联合会25家。合作组织筹集资金来源主要有以下四种途径①：

（1）来自于财政专项扶持。2013年全市共有62家合作组织获得财政专项资金扶持，其中获得农业部扶持的有18家，省市级以上扶持的有20家，县级扶持的有21家，获得财政扶持的合作组织数占全市合作组织总数的比重不及3%。其中，62家合作组织获得财政扶持资金总额为1175万元，平均每个合作组织大约

① 以下分析数据来源于徐州市2008年农民专业合作组织情况统计表，分析方法主要采用比率分析。

获得 18.96 万元，靠财政扶持来筹集资金可谓是杯水车薪。实际上，通过财政扶持来解决农业经营组织融资困境已不可能，从徐州市看，2005—2013 年全市财政支农结构相对数分别为6.3%、6.6%和8.8%，三年平均为7.23%，如表6－8所示。从全国看，1980—2013 年，中央财政支农资金结构相对数由 12.20% 下降到 8.71%，平均每十年下降 1 个百分点，由此可见，从全国到省市，财政支农力度在下降。

表 6－8　　2005—2013 年徐州市财政支农及构成　　单位：万元

年份	财政支出	农业支出	构成比重（%）
2005	1050786	55457	6.3
2006	1270099	70674	6.6
2013	1474369	130008	8.8

资料来源：《徐州市统计年鉴》（2013 年），徐州市统计局。

（2）依靠当地的金融机构融资。2013 年全市合作组织资产总额为 450242.11 万元，负债总额为 41996.6 万元，资产负债率仅为 9.3%，其中年末银行贷款总额为 7280.1 万元，仅占负债总额的 17.3%。这一方面说明目前合作组织偿债能力强，另一方面也反映了合作组织利用负债融资较困难，这里面有合作组织自身实力的问题，更多的还是由于当前的农村金融机构没有很好地发挥农业融资功能。从表 6－9 可以看出，尽管从 2000—2013 年徐州市农业贷款和乡镇企业贷款总额不断增多，但农业贷款和乡镇企业贷款比重却都有不同程度的下降，尤其是乡镇企业贷款，从 2000 年的 14.6% 下降到 2013 年的 9.6%，7 年间下降了 5 个百分点。

表 6－9　　2000—2013 年徐州市金融机构贷款及构成比例　　单位：万元

年份	金融机构贷款	农业贷款	构成比例（%）	乡镇企业	构成比例（%）
2000	3249902	172867	5.3	475396	14.6
2004	4751280	578119	12.2	530012	11.2
2005	4911786	687551	14.0	563468	11.5
2006	5650749	776523	13.7	540707	9.6
2013	6842230	927808	13.6	659534	9.6

资料来源：《徐州市统计年鉴》（2013 年），徐州市统计局。

（3）来自所有者出资，包括合作组织收取的股金、会费、个人投资等。2013 年全市合作组织所有者权益共计 408245.51 万元，占资产总额比重超过了 90%，其中货币出资额为84248.11万元，农民成员出资额为66533.5万元。

（4）来自于合作组织从年末盈余分配中提取的公积金和公益金。2013年全市合作组织盈余389163.11万元，提取公积金和公益金总额为43601.26万元，提取比例为11.2%。

以上四种融资方式中，前两种融资方式主要是合作组织通过外部融资，后两种融资方式主要来自于合作组织自身内部融资，据测算，徐州市2013年2222家合作组织外部融资额与内部融资额之比大约为7:90。

从以上分析我们可以看出，目前农民专业合作组织融资渠道主要依靠自身内部融资，这符合农民一般不愿负债经营的理念，但另一方面也反映了银行不愿将贷款贷到农业中。这些问题的存在，在一定程度上是由当前的金融体制不合理所导致的。目前，农村金融体系以国有商业银行、政策性银行、农信社为主体，近年来，包括农业银行在内的国有商业银行对发展战略进行了调整，推行集约化经营，大量撤并县域分支机构，农村网点全面萎缩。据统计，从1998年到2006年，徐州市农行县以下营业机构已经撤并了将近一半，个别县以下地区，农行的营业网点不复存在，而且这些国有银行将吸纳的资金大部分投向工业。其次，邮政储蓄吸储能力相对较强，庞大的农村金融市场，实际上要依靠资金实力不济和资产质量不佳的农信社支撑，并且农村信用社也可能在市场经济的利润驱使下，由“支农”变成“弃农”。

6.4.3 农村劳动力转移问题

即使土地要素流转问题、资金问题解决了，即经营规模扩大面临的问题解决了，提高农村居民财产性收入提高可实现了，它也会带来一个新的问题，即农村剩余劳动力的出路问题。实际上，提高农村居民财产性收入过程就是大量农村劳动力被转移出来的过程，尤其是改革开放以后，我国农村劳动力不管在转移规模还是在就业结构上都取得了很好的成绩。

以徐州市为例，近几年，徐州市各级政府和有关部门把农村劳动力转移作为现阶段农村最大的农民致富工程来抓，在健全劳动力市场信息网络，开展职业技能培训，转变农民就业观念等方面做了大量的工作，使农村劳动力转移规模不断扩大，外出务工人数也不断增加。2006年，全市农村户籍外出从业的劳动力138.87万人。其中，男劳动力93.99万人，占67.7%；女劳动力44.88万人，占32.3%。在全市农村户籍外出从业劳动力中，在第一产业从业的劳动力2.34万人，占1.7%；在第二产业从业的劳动力70.63万人，占50.9%；在第三产业从业的劳动力 65. 9 万人，占 47. 5%。据统计，2001—2006 年，徐州市外出务工的农村劳动力平均每年增加 12 万人。

在转移农村劳动力的过程中，徐州市的就业结构也有了很大的改观。1978 年，徐州从业人员在三次产业间的分布分别是 72. 10%、15. 30% 和 12. 50%，呈现典型的一二三格局，第二、第三产业从业人员总数尚不及第一产业从业人员的一半。到 2006 年，从业人员的配置结构发生了重大的变化，三次产业从业人员的比例分别变为 37. 80%、30. 90% 和 31. 30%，其中第一产业从业人员比重下降了 34. 3 个百分点，第二产业从业人员比重上升了 15. 6 个百分点，第三产业从业人员比重上升了 18. 8 个百分点。

尽管我们在农村劳动力转移方面取得了很大成绩，但由于我国农村劳动力占全社会劳动力比重大，农村劳动力转移仍面临着严峻问题：

（1）从转移的规模看，目前农村还存在大量的剩余劳动力。据测算，徐州市种植业实际需要 230 多万劳动力，加上有 20 多万专门从事林牧渔业生产的劳动力，徐州农业实际需要的劳动力为 250 多万，当前徐州农村还有 100 万（2013 年徐州市有乡村劳动力 354. 55 万）左右富余劳动力。

（2）从转移的行业看，以工业为主的第二产业仍是农村劳动力转移的主要行业。据统计，2006 年在全市农村户籍外出从业劳动力中，在第一产业从业的劳动力 2. 34 万人，占 1. 7%；在第二产业从业的劳动力 70. 63 万人，占 50. 9%；在第三产业从业的劳动力 65. 9 万人，占 47. 5%。

（3）从输出的就业地点看，省内仍是农村劳动力转移的主要地区。据统计，2006 年在徐州市农村户籍外出从业劳动力中，在乡外县内从业的劳动力 29. 68 万人，占 21. 4%；在县外市内从业的劳动力 22. 66 万人，占 16. 3%；在市外省内从业的劳动力 48 万人，占 34. 6%；去省外从业的劳动力 38. 28 万人，占 27. 6%。

（4）从劳动力文化程度和年龄结构看，转移的劳动力大都较年轻，文化程度也较高。据统计，2006 年在徐州市农村户籍外出从业劳动力中，20 岁及以下占 16. 0%；21—40 岁占 60. 8%；41 岁以上的占 23. 2%；文盲占 1. 3%；小学文化程度占 13. 5%；初中文化程度占 74. 3%；高中及以上文化程度占 10. 9%。

导致以上问题存在的原因有很多，比如农村城镇化进程缓慢、农村从业人员素质低、乡镇企业辐射力度不够等，但根本上还是由于目前二元结构下的户籍制度所造成的。我国现行的户籍制度是历史上少有的，在国外也是罕见的限制人口自由迁徙的一种不合理制度。它不仅限制农村人口向城市迁徙，而且与人事制度一起限制人口在城市间迁徙，从而严重阻碍劳动力的自由流动；它不仅与实现城乡经济社会一体化相悖，与社会主义初级阶段的基本经济制度也是格格不入的。

6.4.4 组织程度的提高问题

（1）规模小，经济实力薄弱，对农户的辐射带动力较弱

截至2013年年底，全国实有农民专业合作社11.09万户（含分支机构），合作社出资总额880.16亿元，其中货币出资额693.47亿元，非货币出资额186.69亿元。从出资规模上看，出资总额100万元以下的农民专业合作社最多，为8.98万户，占实有总户数的80.97%，100万—500万元的有1.84万户，500万—1000万元的有1986户，1000万—10000万元的有726户，10000万元以上的有11户，农民专业合作社普遍资产规模偏小，经济实力薄弱。以徐州、盐城两市为例，从资产规模看，2013年徐州市2222家农民专业合作组织总资产额为450242.11万元，平均每个合作社资产规模仅有202万元，其资产规模稍大于全国平均。从收益能力看，2013年盐城市2108家合作社年收入总额834029万元，其中年销售收入在100万元以上的合作组织有965家，超过亿元的合作社仅有8家。相比较于发达国家的农民专业合作社，我们还有很大差距，以德国为例，1970年各类农业合作社的销售收入总计为175亿欧元，到2005年上升到359亿欧元，而2006年又比2005年增收24亿欧元。

市场经济发达国家绝大多数农户是合作组织的成员，美国合作组织对农场主的覆盖率在80%以上，西欧的丹麦、荷兰、法国90%以上的农业经营者是合作组织的成员，日本农协几乎将所有农户都纳入了合作组织体系中，我国的台湾地区加入农会的农民也占到95%以上。相比之下，我国大陆农民合作组织带动农户的数量仍然很少。2013年年底，全国农民专业合作社实有成员总数141.71万个，其中农民成员133.94万个，这个总数占全国农业人口比重太小。2013年徐州市2222家农民专业合作组织带动成员农户数为433177户，带动非成员农户数为634654户，总共为1067831户，约占全市农业人口的17.3%（徐州市2013年农业人口617.49万），农民合作组织在带动农户数量上能力有限。

（2）组织发育还处于较低层次，缺乏品牌战略意识

目前农民专业合作组织行业发展不平衡，大多数局限在种植业和畜牧业，林业、渔业和服务业仍很少。从经营服务内容看，仍然局限在产中环节为会员提供技术、信息服务，能够开展系列的社会化服务的组织少，真正办实体，从事加工、销售等经济活动的合作组织更少。2013年徐州市从事种植业的合作社645家，畜牧业有475家，从事林业22家，渔业157家，服务业51家，从事林、渔、服务业合作社总数不及种植业或畜牧业总数的一半。从经营服务内容看，从

事以运销、加工为主的合作社仅有 262 家。由此可见，目前的合作组织生产的产品还停留在种植业、养殖业方面的初级产品生产上，加工转化水平、科技含量、附加值都较低。

品牌战略是在市场经济条件下，农民专业合作社通过全方位整合经济与文化资源，以提供优质服务为载体，以强化差异和特色为重点，努力确立社会对品牌的认知和肯定，以寻求竞争优势的经营战略。近年来，随着品牌战略的深化实施，发达国家的农业合作社取得了长足发展，涌现出一批如西班牙的蒙德拉贡合作社、以色列的基布兹合作社、日本的农协等国际知名合作社，崛起了一大批如新奇士橙产品、Sunsweet 梅脯、Sunmail 葡萄等享有国际盛誉的著名商标。品牌经济已经成为许多国家经济发展的骨干支撑，对优化农业产业结构、提高国家经济实力发挥了不可替代的重要作用。在品牌效应的拉动下，发达国家的农业合作社呈现出规模持续扩张的发展趋势，出现了跨行业、跨国界的合作社集团。相比之下，我国农民专业合作社在品牌建设上力度不够，优质品牌不多，市场竞争能力不高，持续发展能力不强。2013 年徐州市拥有注册商标的专业合作社仅有 210 家，执行农产品生产质量标准的合作社 499 家，建立农产品质量安全追溯制度的专业合作社 329 家，通过农产品质量认证的专业合作社只有 261 家。

（3）组织机构和管理制度不健全

农民专业合作社享有独立的法人地位，是其对外开展经营活动的前提，也是其合法权益得以保护的基础。对此，《农民专业合作社法》第四条明确规定，农民专业合作社依照《农民专业合作社法》向住所地工商部门申请登记，取得法人资格，未经依法登记，不得以农民专业合作社名义从事经营活动。据统计，目前很多农民专业合作社没有依法注册，或者注册比较混乱，它们的注册部门有民政局、工商局、农工部和科协等。以徐州和连云港[①]两市为例，2013 年在徐州的 1462 家农民专业合作社中有 1166 家在工商部门注册，还有 296 家没有依法注册。相比之下，连云港农民专业合作社依法注册程度更低，全市 757 家合作社仅有 453 家依法注册，有超过 300 家合作社没有依法注册。不依法注册，农民专业合作社不具备法人的权利能力和行为能力，就不能在日常运行中，以自己的名义依法登记财产（如申请自己的名号、商标或者专利）、从事经济活动（与其他市场主体订立合同）、参加诉讼和仲裁活动，并且也享受不到国家对合作社的财政、金融、税收等方面的扶持政策。

在内部管理上，目前相当一部分农民合作合作组织要么是大户控制，要么是

① 鉴于本书需要，这里增加了关于连云港市农民专业合作组织的有关资料。

公司控制，要么是其他各种外部力量控制，这些并不是“农民自己的组织”，尤其是农民合作经济组织的管理者阶层往往在乡镇村级干部中产生，造成了不良后果。《农民专业合作社法》规定，“执行与农民专业合作社业务有关公务的人员，不得担任农民专业合作社的理事长、理事、监事、经理或者财务会计人员”。其中，“有关公务的人员”包括国家公务员和各级政府为农业服务的相关机构中执行相应公务的人员。但目前仍有很多合作社的负责人由当地政府充当。在徐州的2222家合作社中，大约有1200家负责人是农民，这反映了农民专业合作社“农民自办”的性质，但还有73家农民合作社负责人是由当地政府充当，合作社管理行政色彩较浓。再加上目前合作组织多是在“能人效应”或龙头企业扶持下成长起来的，多数没有完善的、可操作的章程，主要靠共同经营的产品相联结，从而导致合作组织机构不健全，民主管理制度、财务管理制度与内部管理机制不完善，生产经营与内部管理随意性很大。组织负责人权力得不到社员的有效监督，农民很难行使自己的权利，也无法保障自己的利益。以徐州沛县为例，截至2013年年底，全县依法在工商部门注册的农民专业合作社有96家，合作社建立了理事会、监事会等相关机构，但这些机构或部门往往流于形式，作用不能在日常管理中得到体现，理监事会、社员（代表）大会正常举行的不到2/3。

（4）龙头企业缺乏核心竞争力

相对于农民专业合作组织，目前的龙头企业多为乡镇企业，一般起源于20世纪80年代，经过多年的变迁和发展，龙头企业无论在数量、规模、档次、水平上，都有了质的飞跃。

截至2013年年底，徐州市拥有市级以上农业龙头企业已达100家，其中国家级3家，省级20家，市级77家，此外，还有100个后备的县级农业龙头企业。1—9月市级以上农业龙头企业实现销售收入158.4亿元，利税13.2亿元，利润9.5亿元，出口供货值3.9亿美元；拥有种植基地280万亩，水产养殖基地3.5万亩，其中无公害、绿色食品、有机食品面积70万亩；年收购、加工农产品220万吨，收购额达到35亿元；直接带动农户达90万户，农户从龙头企业获得收入25亿元，有力地促进了农业增效、农村繁荣和农民增收。

但与国外发达国家农业龙头企业相比，缺乏核心竞争力是制约目前龙头企业可持续发展的瓶颈。

第一，科技创新能力有待提高。科技创新是企业生存和发展的源泉，农业经营企业化，龙头企业要更好发挥龙头作用，必须大力开展科技创新。国际上一般认为，企业技术研究与开发费用占销售额的比重为2%，企业方可维持生存；而占到5%的企业才具有市场竞争力，所以发达国家的企业一般维持4%—6%的研发投入水平。如表 6－10、表 6－11 所示，2013 年徐州市 765 家规模以上（销售收入 500 万元以上）农业龙头企业销售收入 5764769 万元，研发费用 33176 万元，研发支出占销售额比重仅 0.58%。一些龙头企业由于科技研发跟不上，缺少精深加工的技术和设备，只能维持在低层次的农产品初加工层面上，加工层次低，加工增值链较短，产品附加值和科技含量不高，很难取得较好的经济效益和社会效益。2013 年 765 家龙头企业工业中间投入值为 4603635 万元，工业增加值为 1492127 万元，工业增加值仅占工业投入值的 32.41%，产品增加值有限。2004 年至 2013 年全国国有及规模以上企业资产利润率平均为 6.5%，而相比之下，765 家龙头企业资产利润率仅为 1.5%，盈利能力不高。在全球性经济金融危机袭来时，有的企业由于缺乏核心竞争力而出现订单下降甚至零订单（2013 年徐州市饮料制造业和家具制造业的出口额为零），产品大量积压，生产线被迫停运现象，有的企业甚至面临倒闭的窘境。2013 年全市 765 家龙头企业工业出口值仅有 752432 万元，出口值占企业全部销售产值的比重仅为 13.04%，且出口过分依赖于原材料、低附加值等产品。

表 6－10　2013 年徐州市规模以上农业龙头企业发展状况（上）　单位：个，万元

行业划分	企业数	工业销售产值	出口值	工业投入值	工业增加值
农副食品加工业	117	940913	33788	764057	223401
食品制造业	37	193855	5630	152039	55407
饮料制造业	28	1326671		1068749	305662
纺织业	200	1244155	56854	1019360	305290
纺织服装、鞋帽制造业	29	84723	14203	65469	22967
皮革、羽毛及其制品业	11	131460	5985	106676	27600
木材加工、竹制品业	340	1825594	635972	1409966	543100
家具制造业	3	24408		17320	8700
合计	765	5771779	752432	4603636	1492127

资料来源：《徐州市统计年鉴》（2013 年），徐州市统计局。

表 6－11　2013 年徐州市规模以上农业龙头企业发展状况（下）　单位：万元

行业划分	无形资产	总资产	销售收入	研发费用	销售利润
农副食品加工业	4246	238221	959199	232	430
食品制造业	2041	131080	191922	42	986
饮料制造业	30469	692223	1329142	32202	7979
纺织业	11806	535382	1256046	539	22375

续表

行业划分	无形资产	总资产	销售收入	研发费用	销售利润
纺织服装、鞋帽制造业	3481	51262	82655	10	37
皮革、羽毛及其制品业		71750	126702		289
木材加工、竹制品业	1892	461087	1794558	151	346
家具制造业		6667	24545		
合计	53935	2187672	5764769	33176	32442

资料来源：《徐州市统计年鉴》（2013 年），徐州市统计局。

第二，无形资产比重有待加强。近年来，西方发达国家纷纷依靠科技增强产品竞争力，以求占领市场制高点，无形资产已成为企业的核心竞争力所在。无形资产在企业整体资产比重得以显著增长，有些企业的无形资产的比重甚至达到了70%—80%，无形资产的地位比以往任何时候都显得更为重要。根据伦敦 Brand Finance Institute 发布的一项针对 32 个国家、5000 余家企业进行的调查结果显示，2013 年印度企业无形资产总量（主要包括知识产权、品牌、人力资源、客户关系等）约占企业总价值的 74%，仅次于美国和瑞士位居全球第三，排名亚洲国家第一位。相比之下，徐州市一些农业龙头企业无形资产规模偏小，2013 年 765 家规模以上龙头企业无形资产为 53935 万元，资产总额为 2187672 万元，无形资产占总资产的比重仅为 2.5%，可以推断出目前农业经营企业化龙头企业仍然主要依靠固定资产的投资在国际市场竞争，专利权、专有技术这些技术含量高的无形资产只占极小的份额，有较高收益能力的商标所占份额也很小，反映出企业未能充分发挥无形资产在管理中的地位和作用，这很可能成为企业未来发展的桎梏。

6.4.5 利益联结机制存在的问题

(1) 农民专业合作组织利益联结机制中的问题

合作组织本身是一个“利益共享、风险共担”的利益共同体，组建的目的就是让成员能够降低交易成本，增加收入，分享合作利益，这也是广大社员最关心、最看重的问题，也是合作组织的生命力之所在。在农业经营企业化运行过程中，合作组织的利益主体主要是合作组织与农户两方，它们之间的经济利益通过组织章程及契约联结起来。经济利益的分配方式主要是：合作组织不以营利为目的，经营盈余实行“按交易量返还及按股金分红相结合”的方式进行分配，也就是说，合作组织的盈余在提取出一定的积累后，一部分按交易额返还给成员，另一部分按成员入社股金进行分红，并且以返还为主，以分红为辅。

目前，大多数农民专业合作组织与农户之间的利益联结，尤其是产销联结不紧密，还停留在社员自己购买生产资料，自己销售产品的层次。2013 年徐州市 2222 家合作组织中，统一销售成员产品在 80% 以上的合作组织有 1934 家，统一购买比例达 80% 以上的合作组织仅有 678 家。合作组织不能够对本社产品进行统一购买和统一销售，容易造成农户在面对千变万化的市场时产生机会主义，发生道德风险及违约现象。

从利益分配看，很多合作社存在盈余分配混乱的现象，主要表现在对盈余分配中的盈余返还、股金分红、股息比例制定的随意性，明显不够合理，甚至有的合作社成员对这三个概念从未听说过，有的不知道它们之间的区别，导致混淆不清。不少合作社把付给社员股息当成是股金分红，这种现象带有普遍性，更有一些合作社没有建立起相应的收益分配制度，对社员不进行盈余返还。社员参与合作社的交易，购买种子种苗、化肥、农药等生产资料，将农产品交给合作社出售等，合作社只付给成员较优惠的价格作为返利，除此之外成员一无所得。

以徐州市为例，从落实收益分配的合作组织数量看，2013 年 2222 家合作组织有 1048 家合作组织提取了盈余公积金，有 782 家合作组织实行了利润返还，有 638 家返还可分配盈余在 60% 以上。从收益分配的质量看，2222 家合作组织实现盈余 389163.11 万元，其中提取盈余公积金 43601.26 万元，占全部盈余的 11.2%，红利总额 109593.05 万元，占盈余总额的 28.2%，盈余返还 219468.3 万元，占盈余总额的 56.4%，盈余返还比例低于《农民专业合作社法》规定的 60%。

（2）龙头企业带动型利益联结机制中的问题

目前龙头企业与农户之间的利益联结方式多是以合同契约为主，利益分配方式主要是保护价让利、纯收益分成等，而实行股份制，采取利润返还，按股分红的分配方式很少。

以盐城市为例，2013 年全市共有 910 家龙头企业，其中与农户以合同关系联结的有 500 家（订单关系的有 474 家），占联结方式总数的 55%，以合作方式按利润返还的龙头企业数有 30 家，以股份方式按股分红的龙头企业数有 11 家，实行按利润返还和按股分红的龙头企业仅占 4.5%。

虽然我国企业与农户间的利益联结在目前主要采用契约的制度安排，但这并不代表将来。这里首要的问题是商品契约虽然能在一定程度上保障农民的利益，但不能提高农业经营的组织化程度，不能提高农业的经营效率，从而不能实现农民长期利益的最大化。如果我国农业始终由农户分散的小规模经营，那么我国农业就永远不能实现现代化，二元结构就无法从根本上实现变迁。

其次是难以降低交易费用。由于农户太分散及数量太庞大，谈判成本及签约履约的成本都很高，同时，还由于农业自身的特点，受自然因素影响比较大，导致产量与价格的波动也比较大，这就使企业与农户很难签订长期合约，双方的博弈是经常的反复的过程，其结果必然是增大谈判、签约履约的成本。

再次是无法避免违约问题，违约率相对较高。就我国实际情况看，订单合同的早期违约率较高，高的时候曾达到80%，这几年呈现逐步下降的趋势，到2004、2005年，降到20%左右，2013年已下降到11.5%。

最后是会导致"企业+农户"型组织的不稳定。一方面违约率较高的事实存在，使组织难以稳定，对企业来说，如果农户违约，企业会重新选择农户；对农户来说，如果企业违约或合约价格低于市场价格，农户会重新选择企业。另一方面，商品契约多是短期的，这也使组织很难维持稳定（如以下两个案例）。

【案例6-1】农户违约。江苏射阳县HH公司所在的T镇是蚕茧大镇，由于当地政府行政管理部门疏于管理，每年到收茧季节，上百个无收烘许可证的茧贩子到茧农家上门收茧，由于茧贩子偷逃税款，所以他们收购价略高于HH公司，茧农看有利可图，便不顾与HH公司签订的收购协议，而将茧子卖给茧贩子，茧贩子又卖给了浙江等外地丝厂。而HH公司必须依法纳税，规范经营，所以只能收购到一半的蚕茧原料，严重影响企业正常生产。

从【案例6-1】可以看出"企业+农户"型组织的不稳定。如果企业合约价格低于市场价格，农户会重新选择企业。另一方面，商品契约多是短期的，这也使组织很难维持稳定的生产经营。

【案例6-2】企业违约。2013年徐州丰县发生了影响深远的"合同鸭"事件。所谓"合同鸭"，即肉鸭龙头企业与农民养殖户签订合同约定，由企业提供肉鸭鸭苗，农户向企业交纳一定的合同押金，肉鸭养成后，再由企业按保护价收购，农民每只鸭可获利1.5元左右。然而，潮起潮落的市场很快使"合同鸭"这条利益链出现了裂痕。2013年，市场上商品肉鸭的收购价每斤最高为5.2元，最低1.8元。当市场价低于3.6元每斤的保护价时，养殖户按合同卖给企业是合算的；当市场价高于保护价时，或者饲养成本升高时，农民无法从上涨的行情中获得更多利润，就会单方面撕毁合同，把自己的鸭子直接卖到市场。如丰县凤城镇D村养鸭户龚某和JH公司签了1000只"合同鸭"，开始时饲料只有0.5元一斤，可后来涨到1.04元一斤，成本高了，可鸭子价钱还是3.6元每斤，结果是好多人家和他一样都亏本了。

在【案例6-2】中，商品契约虽然能在一定程度上保障农民的利益，但不能提高农业经营的组织化程度，不能提高农业的经营效率，从而不能实现农民长期利益的最大化。其次，是难以降低交易费用。由于农户太分散及数量太庞大，谈判成本及签约履约的成本都很高，同时，还由于农业自身的特点，受自然因素影响和市场因素影响比较大，导致农业生产成本的波动也比较大，这就使企业与农户很难签订长期合约，双方的博弈是经常的反复的过程，其结果必然是增大谈判、签约履约的成本。

6.5　保障农村居民财产性收入增长的途径

本章首先运用描述统计分析对农村居民收入与城镇居民收入水平和结构进行比较，分析两者之间的特点和差距，并在此基础上对农村与城镇居民的财产性收入进行比较。然后利用30个省（市、自治区）11年的数据建立面板数据模型分析得出农村居民财产性收入的影响因素主要有农村土地流转、财产性收入积累、公共基础投资、城镇化水平、人力资本、金融市场建设和农村制度性因素。其中财产性收入积累对农村居民财产性收入的影响最大，农村土地流转次之。

如前所述，我国农业经营制度已经开始从分散的零星碎块的家庭经营向集中的规模的企业经营转变；从组织制度来讲，已经从无组织向有组织、从组织程度低向组织程度高的方向转变；就企业与农户间的利益联结的制度安排而言，其变迁路径已经开始从契约联结向合作与股权联结转变。提高农村居民财产性收入的路径选择及制度安排可依下文所示：

6.5.1　提高农村居民财产性收入的路径选择

采用股权联结在目前虽然没有广泛铺开，但已经大量出现，主要有两种模式，一种是农业龙头企业之间兼并、控股模式，另一种是农户之间股份合作的模式。在这两种模式中，前一种模式对提高农业产业的集中度及企业组织化程度都有重要作用，但对解决大量的分散的农户经营帮助并不大，至少企业与农户的股权联结不是直接的。后一种模式虽然把千千万万个农户通过股权形式联结起来了，从无组织变为有组织了，但这是一种农民组织，缺少现代化企业的经营理念，很难做大做强，这在国外农业发展史上也有前车之鉴。所以，前景更好的是公司型龙头企业与农民股份合作组织之间的股权模式，虽然这种模式在实践中还比较少见，但可以从合作组织的发展中看到这种模式发展的希望。为设计这一模式，应先对企业与农户间不同的股权联结方式作一下比较。

（1）两种类型的股权联结方式比较

用股权方式把农民与企业联结起来，可采用两种类型的联结：一种是单个农户以资金、土地、设备、技术等要素入股，在龙头企业中拥有股份，通过产权建立紧密型利益联结。这种经营模式实行按股分红的分配方式，反映了企业与农户之间结成了新的资产关系，两者之间在产权层面上结成了“风险共担、利益共享”的利益共同体，缓解了两者的利益冲突，但由于入股农户的力量弱小，占的股份也不会很多，往往会造成大股东侵吞小股东利益的问题。而且，企业与农户在产权确立过程中的一对一谈判，谈判费用比较高，从而大大增加交易成本。

另一种是先由农户以土地或其他要素入股，组建成农民股份合作组织，然后农民股份合作组织以总体股份入股龙头企业，与龙头企业建立起紧密型利益联结关系。这里的龙头企业指公司型企业，从而使“企业 + 农户”模式演化为“公司型龙头企业 + 农民股份合作组织”这种模式。

首先，股份合作制与合作制相比，有了很大的进步。合作制一直是农业发展中的理想制度选择，但在现实中也面临着严峻的挑战。瑞典学者尼尔森认为，传统的合作社原则中有些内容已成为限制合作社本身发展的因素，导致合作社制度的低效和无效。例如，有关资本报酬有限的原则，使得大多数农民不愿意向合作社投资，使得合作社资金来源困难；一人一票和目标一致性原则，使得少数有效率的大农场主服从多数无效率的小农场主的意见，导致决策不合理等。而股份合作制是在中国农业制度供给不足的前提下创新的，兼具了合作与股份特征，在明确出资者财产所有权的基础上，通过合作机制将资本与劳动联合，改变了农民在国际化、市场化竞争条件下的弱势地位，实行按股分红与按劳分配相结合，通过产业链条的前后延伸使得农民获得更多的利益。

股份合作经济组织以其灵活的组织制度优势，在有条件的一些农村地区取得了前所未有的发展，如广东以天河社区型股份合作积极而闻名，深圳以宝安、横岗的三级股份合作制而著称，江苏集体经济的股份合作制改造和浙江温州的挂户联营也曾同样引人注目，这些都从不同侧面反映出股份合作组织的广泛适应性。

其次，“公司型龙头企业 + 农民股份合作组织”模式与“企业 + 农户”模式相比，有了很大的进步：第一，反映在农产品的品质和农民的收入更加稳定了。通过合作组织进行集中收购和简单的初加工以后，产品质量更加稳定，产品价格也更加稳定；第二，“公司型龙头企业 + 农民股份合作组织”这种形式提高了农业经营的企业化程度，通过产权关系，合作组织与农民的利益变得一致，节约了谈判费用及签订、执行和监督合同的成本。同时，龙头企业以前要监督很多农户，现在只需要监督合作组织，监督成本也大大降低，减少、节约了资源的浪费，提高了资源利用的效率；第三，龙头企业与农民股份合作组织不仅有严格的经济约束，而且作为共同的出资者组合成新的企业主体，形成了“资金共筹、利益均沾、风险共担”的经济利益共同体，充分调动了双方积极性，真正建立起紧密型的利益联结机制。

（2）建立“公司型龙头企业+农民股份合作组织”模式

从以上两种股权联结的比较中，可以看出，“公司型龙头企业+农民股份合作组织”模式应该是我国未来农业经营企业化的发展方向。要朝这一方向迈进，大体的路径应分以下几步：

第一步，确立农民股权。根据现行法律规定，农民可以用土地经营权入股，如浙江省绍兴县柯桥镇新风村在股权上，设置了三种股权，即农户承包经营权股、村集体所有权股和现金股三种。农户承包经营权根据农户入股申请和土地承包权证的承包面积（每人0.4亩）折算，每0.4亩为一股，全村土地共折合成882股；村集体所有权股参照当地土地征用办法，为农户承包权的两倍，共1764股；现金股以现金投入计股，按照农田基础设施现有水平和追加投资预测尚需投入的资金，每100元为一股，共7354股，这部分由村集体和欲投资的工商企业提供现金入股，三种股份相加刚好是10000股。

但确定农民股份仍有很多工作要做，比如，承包土地年限过去讲15年，30年不变，现在讲长期不变，这里的“长期”有多长不确定，土地股权价值就很难确定。

第二步，农民根据自愿原则，将土地经营权入股，成立股份合作组织，同时进行组织结构建设，选出股东代表，召开股东大会，选取董事会和监事会，落实分配制度等。如新风村在进行组织结构的建设中，根据规定选取20名股东代表，其中农户代表5名，由全体村民自由推荐；在召开的股东大会上，选举产生由5人组成的董事会。在收益分配上，农户的承包权实行固定分红和效益分红相结合的原则，2001年，固定分红定位每股90元。与此相配套，村集体经济对农户实行政策性补农，每股110元。

目前农村合作组织的形式数目很多，但真正以农民承包经营权入股成立的农民股份合作组织并不多，主要集中在沿海发达地区，缺乏国家有关政策、方针的指导，而且各地做法差异很大，导致这一制度安排无论在理论上还是在实践上都存在很多问题，比如集体资产产权主体不明、土地产权残缺以及股权不流动产生的负面影响等。

第三步，农民股份合作组织根据自身发展的需要，可主动与公司型农业龙头企业以股权形式进行联结，反之亦然，从而建立起“公司型龙头企业+农民股份合作组织”模式。这里所说的公司型龙头企业是指已经上市的农业公司制企业及通过股份制改造未来将要上市的公司制企业。国家农业部等8家单位从2000年开始认定国家重点农业龙头企业，截止到2013年6月，公布的四批农业龙头企业共计924家，现在上市的农业公司制企业只占1/20，占全部上市公司总数也只有1/30。为此，要推进农业经营企业化，必须鼓励更多的国家级农业龙头企业上市，但据目前的形式看，农业企业上市依然任重道远。

6.5.2 实现农业经营企业化的制度安排

从上述路径描述中可以看出，要建立“公司型龙头企业+农民股份合作组织”模式还需要做大量工作，从政府层面看，主要应做好以下几方面工作：

（1）大力发展农村经济，提高农民收入。为农增收一直是农村政策的重中之重。国家和地方政府应双管齐下，因地制宜，发展地区经济，完善农村市场建设，为农民创造有效、便利的增收渠道。此外，政府可推行一系列惠农政策，真正为农民减负增收。政府还可以加大对农业基础设施的投资和农业科学技术的研究与推广的投资，不断提高农业劳动生产率。

（2）规范农村土地流转，明晰土地产权。土地产权在我国农村一直是一个模糊的概念。由于土地的所有权和经营权主体不一致，使拥有经营权的农民在进行土地流转时受到诸多限制，从而这条最有可能获取财产性收入的渠道受阻。因此，应规范农村土地流转，明晰土地产权，建立一系列关于土地出租、转让以及承包等方面的规范和政策，使农民在进行土地流转时有规则可依，同时其合法权益能受到法律保护。

（3）大力发展农民股份合作组织

大力发展农民股份合作组织，尤其要引导农民发展用土地、劳动等要素联合的股份合作组织，提高农业经营的组织化程度，实现土地由分散经营向规模经营转变，同时也可为将来与公司型龙头企业实现股权联结做准备。

首先，要坚持农民自愿原则。农业股份合作制作为农业经营企业化紧密型经济实体，必须坚持入股自愿的原则，农民通过土地、劳动、资金、技术等生产要素入股，自愿组成不同类型的股份合作制。在推行股份合作制建设中，政府不应搞“拉郎配”，也不应无所作为，而是应采取积极引导的办法，做好各项服务工作，完善相关的法律法规，使其健康发展。如徐州市按照江苏省“四有”标准（有组织制度、有合作手段、有较大规模、有明确效益），每年都制定辅导培训计划，逐级开展辅导培训活动，2008 年全市各级共举办“四有”农民专业合作经济组织培训班 230 多期，先后培训业务骨干 9000 多人次。市委农工办连续举办了六期专题培训班，邀请大专院校的教授、市场营销方面的专家分别对县（市）区农工办和乡镇分管领导、辅导员、参加市级“四有”创建的农民专业合作经济组织负责人进行培训，培训 780 人次。同时，对不同类型的合作组织进行分类指导。对已被评为市级以上的“四有”合作组织，重点指导他们加强内部管理，实行规范化运作，积极向专业合作社过渡，不断开拓大城市和国际市场，力求做大做强；对正在积极创建“四有”的合作组织，指导他们对照“四有”标准搞好辅导培训，边发展边规范，尽快进档达标；对处于兴办初期的，指导他们登记注册、制定章程、抓好经营，逐步发展、规范。

其次，组建股份合作组织要力求规范化。目前要抓好五个关键环节：

第一，组织结构规范化。股份经济合作社在组织机构上必须设立股东代表大会、董事会、监事会。股东代表大会是股份经济合作社的最高权力机构；董事会是股东代表大会闭会期间的执行机构和日常工作机构，对股东代表大会负责并报告工作；监事会是股东代表大会的日常监督机构，对股份经济合作社资产运行、财务管理、收益分配等实行有效监督。股东代表大会采取一人一票与一股一票相结合方式，股东代表大会、董事会、监事会每三年一届。

第二，资产评估规范化。结合股份经济合作社股东代表大会、董事会、监事会换届选举，对股份经济合作社的资产每三年评估一次。换届前，由董事会委托有资质的评估机构进行评估，并向股东代表大会报告评估结果，公布评估后的股值。

第三，入股期限规范化。农民入股于企业是一种投资行为，它不同于集资，因此入股应作长期规定，在股份合作制企业依法终止前，股金原则上不能退还。如遇职工脱离企业、退休、死亡等原因一般可予退还，但应在一个会计年度结束后进行。这一点在招股时就要向农民交代清楚，并与每位农民签订一份出资协议。

第四，股金来源规范化。股份合作制不同于股份制，主要特征是所有者和劳动者的统一，因此农民股占总股本的比例不能太少。如上海市嘉定区规定农民股占总股本的比例原则上不要低于 25%，一般越高越好。同时，合作社外的社会个人入股应从严掌握，确属业务协作关系对生产发展影响较大的，可适当考虑，一般应不超过农民股的 20%。

第五，净利分配要规范化。按股分红是股份合作制分配中的主要内容，要严格执行股份合作制章程中规定的分配办法和比例，不能任意改变。如农业部《农民股份合作企业暂行规定》把股金分红比例限制为税后利润的20%。

（4）大力发展公司型农业龙头企业

公司型龙头企业在当前农业经济发展中具有发展极的作用，而佩鲁根据发展极思想提出的政策建议是：如果一个经济空间缺少发展极，就应该创建发展极。据此，应当在农业经营企业化系统中突出公司型龙头企业作为发展极龙头企业的建设，“以点带面”打破最初的低效率均衡状态，形成农业经济增长点。

第一，确立主导产业，发展龙头企业集群。确立主导产业，就是要按照市场导向原则和不同的资源优势、区位优势、不同地区的生产习惯，选择那些市场容量大、辐射面广、带动能力强的农副产品加工、销售、科研开发等龙头企业。如徐州市，重点发展十大优势农产品，形成了有优势的企业群体。目前，全市已初步形成特色蔬菜、奶牛、林业、特色畜禽、特种水产、优质果品等具有一定规模的产业。截至2008年5月，徐州市食品成长型产业集群企业已达942家，集群资产总额达57亿元，集群从业人员2.6万人，其中1—5月销售收入达52亿元，超过5000万元的省级以上农业龙头企业11家。

第二，建立现代企业制度，提高企业技术创新能力。农业经营企业化龙头企业关键是要建立和完善适应社会化大生产和社会主义市场经济客观要求的现代企业制度，对企业进行规范的公司制改革，并进行规范的公司治理。龙头企业根据市场配置资源和企业生产力发展的要求，不断革新和完善以企业财产制度为核心的各项基本制度，包括组织制度、责任制度和治理结构等；不断完善科学决策、民主决策程序，提高决策水平，避免出现重大的决策失误，从而保证企业发展战略决策的科学性。其次，提高企业的技术创新能力。建立和完善企业技术创新体系，不断加强技术研发力量，加快开发具有自主知识产权的技术和主导产品；积极探索新的技术创新模式，通过开展多种形式的产学研结合，吸引科研机构和大专院校的科研力量进入企业，对一些重要领域的关键技术难题进行联合攻关，实现技术上的突破与跨越，促进科技成果向现实生产力转化；形成有效的技术创新机制，通过深化企业人事制度和分配制度改革，真正使资本、技术等生产要素参与权益分配，以吸引人才，留住人才；通过技术入股、岗位工资和建立重大奖励项目等多种分配形式，充分体现科技人员实现技术创新和技术进步的价值，最大限度地发挥他们的创新潜能和积极性。

6.5.3 建立和完善提高农民居民财产性收入的长效机制

（1）发展正规金融市场与非正规金融市场

主要通过金融市场获取财产性收入是未来农村的发展之道，因此建立完善的金融市场、提供便捷的投融资渠道，开发多样化的投资理财性收入产品和工具成为当前发展农村经济，为农民增加财产性收入的必要途径。此外，还应提高农村居民的投资理财意识，开展各项讲座和培训，使农民掌握投资理财方法，从而更有效地进行投资理财获取财产性收入。

前世界银行首席经济学家斯蒂格利茨早就指出，将正规金融市场与非正规金融市场，按照公平竞争的原则合理整合起来，可以更好地满足农村各个阶层和部门对金融服务的需求，同时，也有利于金融部门自身提高效率并积累可持续发展能力。实际上，美国、日本等都曾通过使民间金融“合法化”的方式来规范民间金融，并取得成效。

第一，各级财政资金，特别是支农周转金、农业发展基金，应有一定比例用于扶持发展农业经营组织；省和市、县用于扶持发展“一优两高”农业资金，要重点用于农业经营组织，发展粮食生产专项资金，用于扶持社会化服务体系建设的部分，也要与扶持农业经营组织结合起来；各级农业综合开发资金有偿周转部分，应向农业经营组织倾斜。

第二，各级金融部门，特别是农村金融部门，要将扶持发展农业经营组织作为信贷工作的重要内容，在安排贷款时给予照顾；对农业经营组织向农户收购农副产品所需的流动资金，要积极予以支持；国家安排支持粮食、棉花基地县和“一优两高”农业示范区的专项贷款，也应向农业经营组织倾斜；对农业经营组织的贷款，应视项目用途与实际需要，合理确定贷款利率和贷款期限。

第三，适度放松农村金融的市场准入条件允许农村民间金融组织合法化并加强管理，重点支持农民自主参与的各种形式的合作金融，以增加农村金融的服务供给。许多经济学家通过对发展中国家的大量经验研究发现，正规金融组织对农户金融服务覆盖面往往不足农户总数的 20%，大量的农村金融服务需要农村非正规或民间金融来满足。我国也不能例外。有条件地允许民间金融的合法化，可以为发展农民自主参与的各种农村合作金融提供良好的环境条件。农村民间金融的形式可以多种多样，如民营的小额借贷银行、合作银行、私人银行。政府在变革正规金融机构的同时，应“积极引导”而不是“抑制”非正规金融组织的市场进入。否则的话，农村地区就不可能建立起一种合理、有序的支撑农业产业发展长效金融体制。

（2）实行税收优惠

第一，完善增值税优惠政策制度。对农业龙头企业实际税负超过一定比例的部分实行即征即退政策。出台政策鼓励农业龙头企业形成种养、加工、销售一体政策，将税收减免政策从注重生产向加工、销售转变，刺激农业产业化企业向科技加工型渗透，提高产业附加值。如江苏省规定，增值税一般纳税人龙头企业购进农业生产者销售的免税农产品进项税额扣除率执行13%的标准。

第二，完善所得税优惠政策制度。对符合国家产业政策的农业龙头企业提供更好优惠政策，比照下岗职工政策鼓励龙头企业吸纳农民就业，减少农民工外流给社会带来的压力。出台对创业初期的中小企业实行所得税减半征收政策，吸引城市企业向农业经营企业投资。对农村信用社向农业龙头企业贷款收入的税收实行减免，增加龙头企业融资空间。如江苏省规定，国家级重点龙头企业从事种植业、养殖业和农林产品初加工取得的所得，暂免征收企业所得税。对国有农口企事业单位从事种植业、养殖业和农林产品初加工取得的所得暂免征收企业所得税；对龙头企业遇到严重自然灾害，经主管税务机关批准，可减征或免征所得税一年。鼓励外资、民间资本、工商资本多渠道投资兴办农业龙头企业，对新办的农产品加工、流通龙头企业，按税法规定享受所得税有关优惠政策。国家重点龙头企业研究开发新产品、新技术、新工艺所发生的各项费用，比上年实际发生额增长10%以上（含10%），其当年实际发生的费用除按规定据实扣除外，年终经县以上主管税务机关审核批准后，可再按实际发生额的50%直接抵扣当年应纳税所得额；龙头企业符合国家产业政策的技术改造项目购买国产设备的投资，按规定享受抵免企业所得税的政策。

第三，完善地方税优惠政策制度。农业龙头企业是地方经济新增长点和财源后续力量。因此，它的壮大与发展需要地方政府部门给予相应的扶持。从地方税收优惠角度，应当在房产税、土地使用税、印花税等方面给予必要的扶持。对向农业产业化企业转让房产、土地的单位可以给予免征营业税优惠。而对于改善农村和农业经营企业化的水、电、路、通信工程适当进行税收减免，改善农业企业发展环境。

（3）加强对农村劳动力的职业技能培训

当前，农村有很大一部分劳动力想转移出去，但是由于信息不灵，要么无奈地困守着土地，要么盲目流动。因此，当务之急是要大力发展劳务中介组织，及时为农村劳动力提供劳务信息，帮助他们实现有效转移。要在规范现有的各种信息、培训、咨询和职业介绍等服务机构的基础上，加快建立健全中介体系，提高服务质量，规范服务行为，提高农村劳动力转移的组织化程度。

其次，逐步建立健全统一的农业劳动力市场。农业劳动力是一种特殊商品，其流动和配置应逐步通过农业劳动力市场实现。通过市场，发挥农业劳动力价格机制，在实践中逐步建立以市场调节为主，以计划调控为辅的农业劳动力流转机制，为农业经营企业化配置合理的农业劳动力资源。

再次，加强对农村劳动力的职业技能培训。中央一号文件多次强调，各地和有关部门要把加强农村劳动力的职业技能培训作为一件大事抓紧抓好，各级财政都要安排专门用于农民职业技能培训的资金。职业培训是提高农村劳动力素质的重要途径，要通过增加投资，完善农村劳动力职业培训体系，逐步形成“市场引导培训，培训促进就业”的新机制，促进职业培训与劳动力转移相衔接，把技能培训、就业介绍、就业后服务管理融为一体。

（4）完善涉农法规建设，以法规范农业经营企业化

改革开放以来我国的立法工作有了一定的进展，制定了包括《农业法》《土地管理法》《户籍法》等在内的一大批法律法规，在一定程度上促进了我国农业经济的发展。但由于诸多方面的因素，我国农业法制建设还不健全，一些法规的具体条款可能已经不适应目前的农业发展。实行农业经营企业化，势必涉及农业生产、加工、流通、消费、金融、保险、外贸和科技等各个领域，因此，必须用法律法规的形式确立各类农业经营组织的性质、地位，规范各方的经济行为，制定相关的优惠政策，为农业经营企业化的有效运行提供相应的法律保障。首先政府要对目前限制农业经营企业化进一步发展的法规（如《土地管理法》和《户籍法》等）作进一步修改。其次对保障农业经营企业化顺利运行的法规（如《农产品批发市场管理法》《合同法》《反垄断法》《农村股份合作组织法》《证券法》等）作进一步的完善，在此基础上，要制定相关的、具体的、明确的、可行的准则和发展条例，由经验治农变为依法治农，是现代农业发展的内在需要，也是农业经营企业化发展的制度保障。

还要做好各项法律的落实工作。法律颁布之后，政府要广开宣传渠道。在一系列政策措施的调控下，农村制度性建设已经大有改观，特别是在农村教育制度和农村社会保障制度方面。这将大大减少农村居民关于教育、医疗、养老等方面的开支，但力度还是不够的，农村仍然缺乏相关的制度安排，如前面所述的农村土地流转制度。此外，农村的法律法规建设滞后，农民法律意识淡薄，导致一系列的纠纷产生。因此，完善农村各方面的制度建设，有利于农民减少支出和各项合法权益不受侵害。如徐州市认真宣传《农民专业合作社法》，采取多种形式进行宣传发动，举办法律知识培训班，积极开展辅导培训活动，下发了学习材料。2007 年 4 月，在全市开展宣传月活动，进一步提高广大基层干部和农民群众合作的意识，充分调动他们参与合作的积极性和创造性。法律实施后，徐州市农工办会同工商、财政等部门对合作社的依法登记、内部运行机制、扶持优惠政策等方面开展调研，做好了《农民专业合作社法》实施的各项衔接工作。

第 7 章

农村宅基地使用权市场化流转理论与实践案例研究

内容提要：本章以现代产权理论、城市化发展的理论为基础，从农村宅基地使用权市场化流转的两大实践模式：政府、市场与农户主体关系，宅基地权能的分割分析宅基地社会产权样态，指出当前农村宅基地运行中存在的三大问题：一是农村宅基地政策性、制度性障碍；二是宅基地福利性、保障性、无偿性的特性；三是宅基地隐性流转和地下交易大量存在。这三大问题限制了宅基地市场化发展，农村居民的财产利益遭到一定程度的侵害。因此，如果以提高农民收入、保护农民权益为农村建设的基本原则，无疑都要求建立宅基地市场化流转途径，而且应该放宽思路，不一定是宅基地的实体交易，也可以是宅基地上的建设用地发展权的交易，就像“增减挂钩”实现的建设区的空间位移，由此恰好可以解决偏远地区的宅基地退出问题。如果认同宅基地是农民的财产权利，就要给出它的实现途径，如果承认宅基地当前集约利用程度不高的现实，就应该放开思路去提高其效率。农村宅基地市场化改革无论从现代产权理论、城市化发展的基础理论，还是从现行农村集体建设用地的流转实践条件和基础来看，农村宅基地市场化改革是可行的。

7.1　农村宅基地使用权市场化流转理论基础

7.1.1　西方产权理论

在产权经济学中，由于不同的学者研究目的不同，研究方法也不同，所以对产权的解释不同，对产权的含义和侧重点也有所不同。比较有代表性的观点是：

（1）认为产权即为财产所有权，并把财产所有权解释为包含许多方面在内的权利集合。牛津字典对产权的解释为：产权，也称为财产所有权，是指任何对象的存在或全部权利，它包括使用权、出借权、转让权、用尽权、消费权和其他财产权。产权包括四个方面：第一是在一定条件下使用自身资产的权利，使用其他人的资产的权利，第二是从资产中获得收益的权利，包括从自己所有的资产上取得收益和从他人资产根据一定条件获取收益的权利，统称收益权；第三是变化资产的形式或本质的权利，统称处置权；第四是全部让渡或部分让渡资产的权利，统称交易权。

（2）认为产权是一个比所有权更为宽泛，包含一切关于财产权能在内的人的各类权利的综合，包括人与人之间的社会关系，包括人对人和对物的所有权利。早期西方学者费雪指出：产权是权利人享有的权利，享受财产或财产权利的利益不单是物质财产或物质活动，而是抽象的社会关系。财产权不是一种物品。P. 阿贝尔认为，财产所有权，其中包括控制权的占有权、权利的使用权，这是不同的管理和权利，以享有所有权和权利的回报；管理权，即权利决定如何和由谁拥有的使用或占有的收入和成本的权利；安全的权利，即免于被剥夺的权利，即免去被剥夺权利的权利；转让权，即所有物遗赠他人或下一代获得的权利；重新获得的权利，即重新获得业已失去的资产的可能和制度保障；其他权利，包括有其他权利和义务的制约权，禁止有害使用权的权利。显然，产权被定义为更广泛的所有权。当代学者菲吕博腾强调，产权的本质不是人与物的关系，而是人与人之间的关系。对产权的概念，菲吕博腾说：要注意的中心点是，产权不是人与物的关系，但存在于对象及其使用的关系行为的相互识别中的应用。它是一系列的经济和社会关系，以确定每个人的地位，关系到稀缺资源的使用。其特点是：第一，人与物之间的关系作为财产权的直接现象，人与人之间的关系作为财产权的本质；二是财产权作为一种经济性质，作为人们使用资产的经济和社会性质。

（3）认为产权是法律或国家强制性规定人对物的权利。许多法学家和法经济学家均是这样理解产权的，即产权是在国家法律认定或规范下形成的，产权即物权。法兰西民法中明确规定：财产权就是以法律所允许的最独断的方式处理物品的权利。它包括三个要点：一是产权必须是法律严格规定并允许的；二是产权是对物的权利；三是产权所有者的权利在满足前两条的前提下具有绝对性，产权不仅包括收益权，而且还包括一切与财产有关的权利，并且所有者可独断任意行使。

（4）认为产权定义应从其功能出发，而不能抽象地加以解释。西方经济学者德姆塞茨关于产权的定义为：产权是一种社会工具，其重要性在于事实上它能帮助一个人形成他与其他人进行交易的合理预期，这些预期通过社会的法律、习俗和道德得到表达，产权的所有者拥有它的同时同意它以特定的方式行使的权利；产权包括一个人或者其他人受益或受损的权利；产权的一个主要功能是引导人们实现外部性较大的内在化的激励。在此，他把产权首先理解为人与人之间的一种社会关系，进而把产权视为一种多方面权利集合的权利束，从功能上分解这一权利束，分别从受益受损、外在性内在化、交易的合理预期等方面定义产权的作用，从而将产权归结为一种协调人们关系的社会工具。

西方学者对产权的界定，虽然有许多不同之处，但得出结论具有以下三个共同特点：一是认为产权是一种权利，是一种专有权。这一权利是市场机制发挥作用的基础，是一种平等的交易权利，而不是不能进入市场的特权。二是产权是一种为人们提供行为的规则，是社会基础的规则。强调产权是规则，核心功能是使人的权利与责任对称，强调权利要严格服从于相应的约束，进而认识到财产权具有外部制度转化为内在性的可能性，具有对人行为的合理预期的功能。三是产权是一种权利束，它可以分解为各种权利和一个统一的呈现的结构状态。简而言之，产权是财产权，即广义财产权包括所有权、占有权、使用权和控制权。它是人与人之间的关系或通过财产而形成的经济权利关系；其直观形式是人对物的关系，实质上都是产权主体之间的关系。

7.1.2 中国产权理论

与西方学者关于产权概念的分歧一样，中国学术界关于产权概念的理解也存在不同。马克思关于所有权广义与狭义的理解，尤其是关于所有权权能结构的思想不仅被中国学术界的主流所继承，而且相当大程度上关于产权概念的分歧源于对马克思所有权内容理解上的分歧。

于光远认为：产权（财产权）也就是所有权，它是某个主体拥有作为其财产的某个客体（即拥有对某个客体的所有）所得到的法律上的承认和保护。

刘诗白认为：所谓产权，包括财产所有权、实际占有权、使用权和处置权，它是具有法律赋予的社会权力的所有、占有、使用、处置关系。产权作为经济所有制关系的法律形式，即法权含义的财产所有关系，它是特定的生产方式下人们用来硬化一定的所有制关系、约束人们的经济行为、维护和稳定一定的经济秩序的法权工具。

徐汉明认为：所谓产权，是指在社会经济运行中，市场主体通过一定的方式对原始财产权利依法承受、使用、收益和处分流转的结构性财产权利关系。

刘永湘认为：产权是人们对财产的占有、使用所引起的相互认可的行为关系，用来界定人们在经济活动中如何受益、受损及如何进行补偿的规则。

张五常指出定义产权不能从抽象的角度一般定义，要从其功能上定义。

还有其他一些观点：如认为产权是指财产的所有权、实际占有权、使用权、受益权和处置权这样一组权利组成，其中财产所有权是最本质意义上的产权关系，其他方面的财产权利都是由它派生出来的。产权是社会认同的经济权利，包括所有权以及在此基础上派生的一系列权利。它是界定各经济主体权、责、利的内容及边界的范畴，实质是人们之间的权、责、利关系。综上所述，关于产权的理解，虽然存在种种差异，但归纳起来，产权是指财产权利。一项产权，表现为主体对客体财产物的某种支配权利。一般而言，构成一项产权的要素有三：（1）主体，即权利的拥有者。它可以是自然人、企业法人，也可以是政府法人；（2）客体，即权利所指向的标的。它可以是有形的财产，也可以是无形的财产；（3）权利内容，即主体对客体具体所拥有的权利和承担的义务。它不仅指所有权，还包括占有权、使用权、收益权、处置权等与财产有关的权利。据此，我们认为，所谓产权是指对财产的各种权利的总称。而且产权是一种权利束，可以被分解为多种权利并呈现出一定的产权结构。

7.1.3　土地产权理论

现代产权理论用权利概念替代了传统产权中单一的所有权概念，而产权作为经济当事人的权利，并非是一项单一的权利，而是占有权、使用权、收益权、处置权的一种集合体。因而宅基地的产权同样可以进行产权权能的分解，即令它的所有权与使用权分离，为宅基地市场化改革打下理论基础。土地产权主要是指人们围绕或通过土地这一财产而形成的经济权利关系，是根据社会属性和资本功能按照土地经济学的理论和资本运转法则的、集各种土地权利为一体的权利束。包括土地所有权、使用权、收益权、处分权，以及这些权能的细分与组合等等。这些土地产权要素是可以界定和分离的，而这种权能的分离并不意味着所有者丧失了所有权，恰恰相反，这正是所有者充分行使手中所有权的方式。土地产权体系几项基本权能如下：

（1）土地所有权

土地所有权是土地产权中位于第一位的财产权，是最根本的权利，是土地所有者在法律规定的范围内自由地占有、使用、收益和处理其土地的权利。它包括三个方面的内容：其一，土地所有者拥有土地，可以自由地使用和处理其所有的土地，并有权获得收益；其二，土地所有权得到法律的确认和保护；其三，土地所有权必须在法律规定的范围内行使。

（2）土地使用权

土地使用权是依法对一定的土地加以利用并取得收益的权利，是一种直接行使于土地之上的权利，是一项独立的权能。土地使用权有狭义和广义之分。狭义的土地使用权是依法对土地的实际使用，与土地占有权、土地收益权和土地处分权是并列关系；广义的土地使用权是独立在土地所有权能之外的含有土地占有权、狭义的土地使用权、部分收益权和不完全处分权的集合。本书所指的农村宅基地使用权是广义上的土地使用权。

（3）土地收益权

土地收益权是由于拥有或使用土地而应取得经济收益的权利，是从土地上获得经济利益的权利。包括收获土地生长的农作物，收取地租和土地流转的收益等。这是拥有土地产权的最基本目的。土地收益权是一项独立权能，一般因使用土地而产生，与土地使用权紧密相连。土地所有者在将土地使用权分离出去后，仍可以享有土地收益权。土地所有权人可以将土地占有权、使用权、甚至部分处分权让渡于他人，以收取一定的地租。正如马克思所说：地租的占有是土地所有权借以实现的经济形式。

（4）土地处分权

土地处分权是指当事人在法律允许范围内对土地进行处置的权利，是所有权的核心，是所有权各项权能中最基本的权能。包括土地的买卖、出租、抵押、入股、赠与等次一级权能。土地处分权通常由土地所有权人行使，在某些情况下，也可由土地所有权人授权土地使用者行使部分处分权。

7.1.4　制度变迁理论

自从我国社会主义制度确立以来，在意识形态的刚性约束和新的获利机会的刺激下，在我国经济社会发展的各个阶段，土地的公有性质并未发生变化，但土地的其他权属却发生了剧烈变化，并形成不同时期的不同绩效。土地制度变迁往往是诱致性变迁和强制性变迁相互结合，在不同的时期和阶段中，主次地位不同。改革开放以来的联产承包制就是一场以诱致性制度变迁为主的典型案例。目前，我国市场经济体制改革中所进行的土地制度改革，正是一种制度变迁。因此，制度变迁理论也是这一研究的理论基础。

以科斯和诺斯为代表的现代产权经济学家们，从不同角度对制度下了定义。科斯认为：制度就是指一系列产权安排和调整的规则或组织形式。在科斯眼中，制度的外延非常广泛，包括定价机制、市场组织交易、法律制度调整权利等等。诺斯认为：制度是为人类设计的、构造着政治、经济和社会相互关系的一系列约束。制度是由非正式约束（道德约束、禁忌习惯、传统和行为准则）和正式的法规（宪法、法令、产权）组成。尽管他们的表述略有不同，但在基本含义上是一致的，即都认为制度是在不同层次和不同方面的一系列行为规则，它们规定人们选择空间和相互间的关系，制约人们的行为。随着生产力的发展，人们的社会经济活动内容必然发生变化，人和物的关系及人与人的关系都会发生相应的改变，为决定这些关系而人为设定的规则也就随着作出相应的变动。这种规则的变动就被认为是制度变迁。戴维斯与诺斯认为，制度变迁之所以发生，是因为人们对它的预期收益超过预期成本。只有当这一条件得到满足时，我们才有望发现在一个社会内改变现有制度和产权结构的企图。很多的外部事件都能够导致利润的形成，但是现有的经济制度的安排又可能使我们很难获得这些利润。只有通过制度创新形成规模经济、使外部性内部化、规避风险和降低交易费用，才能使人们的总收入增加，获取潜在收益。在诸多前人研究的基础上，林毅夫提出了诱致性制度变迁和强制性制度变迁理论。他认为：诱致性制度变迁指的是现行制度安排的变更或替代，或者是新制度安排的创造，它由一个人或一群人在响应获利机会时自发倡导、组织和实行。强制性制度变迁则是指政府明令和法律引入和实行。诱致性制度变迁是来自于地方政府和微观主体对潜在利润的追求，改革主体来自于基层，程序为自下而上，具有边际革命性和增量调整性质。在改革成本的分摊上向后推移，在改革的循序上，先易后难、先试点后推广、先经济体制改革后政治体制改革相结合和从外围向核心突破相结合，改革的路径应是渐进的。强制性制度变迁是国家在追求租金最大化和产出最大化目标下，通过政策法令实施的，是以中央政府为制度变迁的主体，程序是自上而下的激进性质的存量革命。与制度变迁必须由某种在原有制度安排下无法得到获利机会引起不同，强制性制度变迁可以纯粹在不同选民集团之间对现有收入进行再分配或者重新分配经济优势而发生。

实际上，两种制度变迁方式相互对应、相互补充。一般而言，如果起初是诱致性的制度变迁，最终也需要国家在法律上强制认可和支持；如果起初是强制性的制度变迁，在实施后也会不断引起一系列的来自市场的制度变迁需求，从而更进一步诱致制度的变迁。市场的力量和国家的力量在互相作用的过程中共同推进制度的变迁。

制度变迁理论表明，当现有的制度安排无法实现其潜在利益时，社会就产生了对新的制度的需求。反映到农村宅基地制度方面，就是当现有农村宅基地制度不能适应农村生产力发展的需要，不能满足其最大效益时，就应该对现有宅基地制度进行创新。当前，要实现我国农村经济持续健康发展，就必须寻找更有激励效应的产权制度，创新农村宅基地的流转机制，发挥其作为农民财产的资产效应。时下，我国正在进行的农村经济改革正是以农村集体土地产权制度改革为核心开展的，而农村宅基地产权制度改革正是促使农村宅基地市场化流转以发挥其资产效应的重要前提。

7.1.5 城市化发展的基础理论

（1）城市化的概念

城市化的概念有狭义、广义之分。狭义概念就是指人口城市化，即农村人口迁移到城市转变为城市人口或农村地区转变为城市地区使农村人口转变为城市人口，由此使城市人口规模增大、比重提高的过程。其中，农村人口迁移到城市转变为城市人口的人口城市化称为迁移城市化，农村地区转变为城市地区使农村人口转变为城市人口的人口城市化称为就地城市化。一般情况下，迁移城市化为人口城市化的主流，就地城市化通常是人口城市化发展到一定阶段因城区扩大或新设城市带来的人口城市化现象。

城市化的广义概念，除包括人口城市化以外，还包括人们通常所说的土地城市化、生活方式的城市化等。应该说，人口城市化是基础，城市化的这些丰富内涵都是从人口城市化衍生出来的。例如，人口城市化（主要是迁移城市化）使城市人口增多、城市规模增大，造成城市地区扩大或设置新的城市，这样就使农村用地转变为城市用地形成“土地城市化”，土地城市化再把原农村地区的农村人口就地城市化；农村人口通过城市化改变到城市工作生活，逐步适应并接受不同于农村的城市生活方式，由此带来其生活方式的城市化。李克强提出人的城镇化概念，并指出人的城镇化是城镇化的核心（熊争艳，2013）。李克强所提的人的城镇化可能含有极深奥的内涵，但在一定意义上也可视为等同于人口城市化，因为人口城市化作为城市化的基础，也可以理解为城市化的核心。

（2）城市化发生的前提

城市及城市化的产生，首先来自农业发展的推动。在生产力不够发达的农业社会，人们都在从事农业生产活动。由于生产力水平低下，即使人人种地生产粮食也难以满足人们的需求。随着生产力的发展，农业劳动生产率和生产水平的提高，一部分人种地生产的粮食可以供应更多的人消费，于是开始有了剩余劳动力和剩余粮食。这些农业剩余劳动力可以依赖种地农民生产而消费不了的剩余粮食，寻求集中到某些适宜的地方从事用具制作及市场交易等非农业生产活动，于是产生了以非农业人口为主、非农产业活动集中的城市。可以说，农业生产力发展产生的这两大“剩余”，是城市形成和城市化发展的两大前提（于洪俊、宁越敏，1983）。

（3）城市化的动力机制

如上所说，非农业人口及非农产业活动一旦集中形成城市，即逐步产生集聚经济和规模效益。本来，农村农业部门劳动力的过剩抑制了农业劳动生产率的提高，使农业劳动力长期以来只能获得仅等同于其最低生存水平的收入。在这种情况下，城市工业部门（或非农产业部门）长期以来也就相应以低工资雇佣农村迁入劳动力。低工资雇佣形成的资本积累、较高劳动生产率的产业属性、一定的集聚、规模效益，以及人口和非农产业活动集中所带来的城市扩大和公共基础设施的建设，就使城市创造出越来越多的就业机会。城市工业部门不断增加的就业机会，吸收农业部门劳动力源源不断地从农村迁入城市，推动城市化的发展。

在经济发展的不同阶段，推动城市化发展的主要动力因素不同。根据刘易斯经济增长理论，在经济发展初期及之后较长一段时间，农业劳动生产率低下，边际劳动生产率通常为零甚至为负值，存在大量过剩劳动力。城市工业部门的企业主一般都按照市场规律决策，这样城市工业部门的雇佣工资就被压低到农业部门劳动力的生存水平（或平均水平）。这时即使城乡收入差距不大，但由于农业部门存在大量剩余劳动力，所以只要城市工业部门创造出就业机会，农业劳动力仍然会从农村迁向城市工业部门就业。耕地等自然资源的相对不足，农业劳动生产率的逐步提高，使农村农业剩余劳动力不断增加，农业劳动力甚至被降低到“生存水平”以下的收入水平，形成了过剩劳动力从农村农业部门脱出的“推力”。显然，这时城市工业部门创造的“就业机会”和农村农业部门对过剩劳动力形成的“推力（排斥力）”，是影响农村人口向城市迁移、城市化发展的主要动力因素。这一状态将一直持续到经济增长的“刘易斯拐点”。

随着生产力的发展和经济增长，农村农业部门和城市工业部门劳动力的边际劳动生产率逐步接近。经济增长一旦到达“刘易斯拐点”，农村农业部门的剩余劳动力已基本转移完毕，城乡两部门劳动力的边际劳动生产率也将趋向一致。这时，农村农业部门劳动力是否向城市工业部门转移、迁移城市化能否发生，将主要取决于城市工业部门的工资水平以及两部门之间的收入差距。由于低工资雇佣形成的资本积累、较高劳动生产率的产业属性、一定的集聚经济和规模效益将使城市工业部门发展相对较快，生产效益及劳动力收入水平相对较高，由此形成对农村农业部门劳动力的“拉力（吸引力）”，吸引农业劳动力继续向城市迁移、到工业部门就业。显然，这时城市工业部门较高的收入水平和较大的城乡收入差距对农村农业部门劳动力形成的“拉力（吸引力）”，是影响农村人口向城市迁移、城市化发展的主要动力因素。

7.2 农村宅基地使用权的产权结构与产权关系

7.2.1 农村宅基地产权结构

始于十一届三中全会之后的改革开放进程，实质上就是我国社会主义市场经济不断建立和完善的过程。在这一进程中，我国集体土地产权制度逐步建立，先后由《宪法》《民法通则》《土地管理法》等予以规范调整。新颁布的《物权法》首次从保护物权的角度对集体土地产权作了规范。而《土地管理法》（修改稿）则是首次明确了土地权利种类和土地产权主体。基于此，下面将概括现有法律制度下我国农村宅基地产权结构。

（1）农村宅基地产权要素

由产权理论可知，产权要素主要有：主体、客体和权能。在我国现有法律制度下，农村宅基地所有权主体为乡（镇）农民集体、村农民集体和村内集体经济组织的农民集体。其经营管理权分别由乡（镇）集体经济组织，村集体经济组织或者村民委员会，以及村集体经济组织或村民小组相应的代表行使。农村宅基地使用权主体为使用农村宅基地的各类集体土地使用者，该使用者在我国现有法律制度下受到严格的身份限制，即只能是本集体经济组织内成员。在农村宅基地产权客体方面：宅基地所有权客体为农村和城市郊区的属于农民集体所有的土地，宅基地使用权客体为依法属于集体使用者使用的土地，即宅基地。

（2）农村宅基地产权关系

农村宅基地的产权关系主要是作为农村宅基地所有者的农村集体经济组织及其代理主体和包括农户、各类企业、事业法人及非法人组织、机关、社会团体等在内的各种农村宅基地使用者，因土地利用而产生的土地权益、责任和义务关系。因此，农村宅基地产权制度的核心，也就是农村宅基地产权要素在宅基地所有者与宅基地使用者这两大产权主体之间的界定和分享。

①占有权权能限制。占有权是指宅基地使用权人对集体所有的宅基地进行实际支配、控制的权利。占有权宅基地使用权人实现使用、收益等其他权能的基础。为实现其使用、收益等权能，宅基地使用权人必须对所有人的土地实行占有，才能在其上建造住宅基地。但是，宅基地使用权人拥有土地的，并不意味着必须一直对土地实施直接占有，如宅基地使用权人将房屋出租或抵押时，其宅基地由承租人、抵押权人直接占有，但宅基地使用权人作为原出租人、抵押人仍可间接占有其享有使用权的宅基地，只不过在现有制度下，宅基地使用权人无法将其宅基地使用权自由流转，从而实现其享有间接占有宅基地使用权的功能。

②使用权权能限制。使用权是指宅基地使用权人按照宅基地的自然特性、约定用途等使用所有人的土地的权利，如宅基地使用权人在宅基地上建造住宅，以及厕所、猪圈、鸡舍等配套设施，也包括在宅基地上种植树木和蔬菜等。在我国现有宅基地管理制度下，村民在取得宅基地使用权后，有权在宅基地上建造房屋及附着物，有权在宅基地范围内建设其他生活或生产需要的建筑和设施；对所建房屋和附着物享有所有权。但是在使用权权能方面，却受到严格限制。主要有三个方面：一是法律禁止宅基地使用权的自由流转，把宅基地使用权的流转和农民住宅的流转捆绑在一起，禁止宅基地使用权的单独流转；二是严格限制农民住宅的受让主体；三是严格限制宅基地使用权的使用方式。

③收益权权能限制。收益权是指农村宅基地使用权人利用宅基地获取新增经济价值的权利。在现有农村宅基地使用权制度体系当中，收益权受到严格限制，基本上被排除在农村宅基地使用权的权利内容之外，这与“物尽其用”的现代物权理念格格不入，因而在农村宅基地权能扩展中，确认并保护农村宅基地使用权人的收益权将具有积极的变革意义。农村宅基地使用权人的收益权有两部分内容：其一，农村居民在其宅基地上种植树木或养殖家禽家畜获取天然孳息；其

二，农村居民出租其宅基地收取租金等法定孳息。

④处分权权能限制。处分权是指宅基地使用权人对其占有的土地决定进行建房、兄弟分割、继承、遗赠、出租、抵押、转让、抛弃等的权能。宅基地使用权人毕竟不是所有权人，不能享有完整的处分权，在这一意义上，宅基地使用权人的处分权具有限制性。然而，权利人对宅基地使用权本身的处分权，如将宅基地使用权转让、出租、抵押等却不应受到过分限制。根据我国现行法律，国家允许宅基地使用权在村民之间进行内部流转，但是禁止宅基地使用权的单独流转和外部流转，这种严格限制宅基地使用权流转的政策导致我国宅基地存在诸多问题。

7.3 农村宅基地市场化流转的模式

7.3.1 农村宅基地使用权市场化流转的模式按主体关系的分类

（1）政府主导、主动征地模式。即地方政府基于工业园区、产业园区建设、交通设施建设和房地产项目开发对土地的需求，由政府主导、主动采取的征地换农民保障的方法，促使分散、单一的农民个体到住房集中区域居住，使农民转为城镇居民，享有各种城镇保障。其特点是：政府主导强制推动征地，农民被动征地集中居住的宅基地置换模式；其优点是：宅基地换保障，农民享有城镇居民一样的保障。

最具代表性的为重庆九龙模式。2007 年，重庆被国家批准为统筹城乡综合配套改革试验区后，九龙坡区作为重庆先行的试点区域，在土地改革领域率先进行大胆探索，创造了土地流转的重庆九龙模式。采取“宅基地换住房、承包地换社保”的办法，使农民“从土地上解放出来”。重庆九龙模式的基本做法有两点：①以宅基地换住房。政府拿出原农村宅基地的 20% 左右，集中兴建新型农村社区，腾出的 80% 左右复垦为耕地，其农村建设用地指标，则置换为本城镇建设用地指标。对流转的宅基地每个村民能免费置换 20 平方米住房，优惠 5 平方米住房，多余面积按 580 元/平方米计算，②以承包地换社保：一是九龙坡区颁布相应政策，即凡拥有非稳定收入来源，又自愿退出宅基地使用权和土地承包经营权的，就可以申报为九龙坡区城镇居民户口，并在子女入学、就业扶持、养老保险、医疗保险、生活保障等方面与城镇居民享有同等待遇。同时大力推广新农村合作医疗，解决农民的看病就医问题。二是以土地承包权出租，按稻谷每亩年平均产量折算约 1000 元的金额，收取租金。流转以自愿为原则，其目的是将农民从土地中解放出来，从农业园区或城镇企业获得务工收入，由务工企业来解决社保问题，并享有固定土地收益，实现持续增收。

浙江嘉兴的两分两换模式。浙江嘉兴的两分两换模式即把搬迁与土地流转分开，把宅基地与承包地分开，以宅基地换货币、换房产或换地方，以土地承包经营权换租金、换股份或换社会保障；通过“两分两换”，改革使农民离开了宅基地和承包地，完全成为城市居民，有效地促进了农村土地的规划、整理和流转，有效地改善了失地农民的社会保障程度和再就业水平，实现土地节约利用，提高了土地的集约水平，充分利用有限的土地资源，促进农业规模经营，提高农业生产效益，有效改善了农民的生活条件和生活环境质量。

（2）市场主导、出租土地模式。即根据市场经济发展需要，一些非农行业如厂房、仓储和住房的需求，通过拆村建厂房、公司、建居房，使分散土地连成一片，村集体组织统一对外出租。其特点是：发挥市场作用、根据市场需要，宅基地土地资源有效转向土地资本，充分发挥宅基地土地的最大效用；其优点是：农民既没有失去土地，又能通过市场导向作用，获得长期、固定、稳定租金和在非农行业就业的机会。实行这种模式使宅基地土地资源转为土地资本成为可能。上海市 2004 年下半年根据上海市《关于本市郊区宅基地置换试点若干政策意见》规定，通过某镇 A 村与某镇 B 村宅基地置换试点，进行了一项全新的宅基地置换试点尝试，创造了这种宅基地置换模式，对宅基地市场化改革运行提供了可行的实践基础。

（3）农民主导、农业产业化模式。即农民自愿通过土地承包经营权、宅基地使用权的流转，组建公司型的农业规模化经营和农业专业化经营，进行农村和城镇对接，农民自愿通过置换房屋和宅基地使用权集中居住，既能改善原有居住条件，又能获取更多的土地收益。这种模式主要是针对距城镇较远的农村，受城市化和工业化的辐射影响较小，比较适合农业规范化经营和产业化经营。其特点是：农民主导、农民自愿，主动参与的意识；其优点是：充分发挥偏远农村的土地资源作用，以获取更多土地收益。

（4）农户主导自由租赁与换购模式。是指农户将自己的余房自由租赁给求租者而不加以任何限制，出租房屋的农户直接与求租者就租期、租金达成书面或者口头协议。这种模式在各地普遍存在，但是租赁比例各地存在很大差别。经济活跃地区或者城市郊区、城中村，自由租赁比较频繁，农户出租房屋的比例普遍较高，不发达地区或者偏远地区农户出租房屋的比例较低。这种模式的求租者主要是城市中低收入群体，出租对象主要为城市农民工。

西安“兰家村宅基地置换楼房”新模式，为宅基地市场化改革带来新的动力。2010年2月，西安国际港务区针对村民为套取拆第四种：所谓“兰家村宅基地置换楼房”新模式，即农民自愿以其宅基地按照置换标准和置换条件，换取小城镇内的住宅、商业用房迁入小城镇居住；宅基地的空余土地置换货币变现。原村民宅基地进行复耕，而节约下来的土地整合后再招、拍、挂出让，用土地收益弥补小城镇建设资金缺口，使拆迁农民成为新市民，拥有租金、薪金、股金和保障金等“四金”。

这个模式最大的突破是把宅基地作为一种财产、作为一种资本来对待，即除了给予宅基地上的房屋补偿新住房外，对合法宅基地范围内的空地面积给予一定的货币化补偿，尽管其补偿标准和方法没达到市场化的要求，但毕竟打破了以前所固有的只给房屋补偿，不管宅基地大小一律不补偿的规定。兰家村新政的核心内容是最大限度保持原有宅基地房屋现状，最大限度合理赔付未来；不仅直接遏制了农民加盖房屋的发生，避免了村民对赔偿更为强烈的未来预期的产生，而且更避免了大量社会资源的严重浪费；同时，也使宅基地走向市场化成为一种现实可能。

7.3.2 宅基地社会产权权能样态分类

下文从“产权的社会视角”出发，基于社会产权理论来理解宅基地的地权实践，以提供一种异于权利产权命题的理解路径。村庄的经验显示，宅基地地权实践及其社会产权样态大体包括以下五个方面。

（1）宅基地占有权获取

【案例7-1】“搭地卖房”是20世纪90年代湖南省新化县农村的普遍情况。当时偏远山区的外来户通过购买廉价房屋来获取在村庄中的土地承包经营权。出于缴纳农业税费的需要，山村及乡政府不仅认可房屋买卖，而且给外来户办理户口转移手续。但有些将房屋卖出的本地农户，在举家外出打工多年进城定居失败后，又回村申请宅基地，村级组织出于社会保障及村庄社会关系的考虑，大多会再次给他们批准宅基地。

上述案例中村级组织的做法显然违反了《土地管理法》第62条第4款“农村农民出卖、出租住房之后，再申请宅基地的，不予批准”的规定。【案例7-1】中暗含着村庄成员权“失”而复得的社会可能性：尽管农民在法律或政策意义上脱离了村庄，但农民与村庄的社会关系却依然存在。在村庄生活中，只要农民与村庄社会依然保持着社会关系，便有可能再次实现或恢复失去的成员权并重新获得宅基地。

【案例 7－2】“按子分地”是 20 世纪 70 年代以来山西省霍州市 R 村的社会惯例。R 村的土地大体上可分为基本农田、机动地和需要开荒才可耕种的沟地。村庄的宅基地来源于村集体的机动地，其余的土地则用于耕种。村民小组按照村民家中儿子的数量无偿分配宅基地。凡是家中有儿子的村民，在儿子年满 18 周岁时便可向村级组织提出申请，无偿获得一块面积约 200 平方米的宅基地。于是，在 20 世纪 90 年代的建房高潮中，R 村使用了大量村集体的机动地。

根据儿子的数量来提前划分宅基地在北方农村比较普遍，村级组织大多通过对宅基地的预先配置来满足新增人口的建房用地需求。但采用这一方式划分宅基地的问题在于：R 村的集体机动地是重要的耕地资源，大量的集体机动地转变为村民的建房用地并没有得到县、乡两级政府的许可，为了满足新生子对宅基地的需求，R 村放开村集体的机动地作为增量建房用地资源。最终，除极少数农户因早年经济贫困而未向村级组织申请宅基地外，全村其余村民都获得了满足基本居住需求的宅基地。

（2）宅基地使用权的使用

宅基地地权实践的主要方面是村民对宅基地的使用，这种使用具体表现在农村经济、村庄社会生活和村级治理三个方面。

【案例 7－3】浙江省绍兴市诸暨市 Z 村胡某准备给儿子盖房，但需要得到四邻的认可。胡某原先的房子是平房，后来他想加盖第二层，但居住在其房屋四周的邻居均不同意。胡某是水库移民，他在村庄内修建房屋合理合法，但近年来，由于土地执法中的拆违指标压力，国土所在具体的土地执法工作中倾向于“一刀切”，于是，就在胡某翻修房屋时，在邻居的举报下，国土所最后将胡某已经快建好的楼房的第二层全部拆除。

在居住格局紧凑的村庄，房屋的修建会影响到周围邻居的生活利益。因此，即使是在自己的宅基地范围内进行房屋的翻修，也需要得到周围邻居的认可。为了避免和减少房屋修建纠纷的发生，村民之间便形成了建房需获得邻居同意的社会规范。在浙江农村，由于关于宅基地使用的国土法律法规及相关国土政策被执行得过于严厉，房屋的一切修建都必须得到乡镇国土所的许可。

【案例 7－4】湖南省长沙县黄兴镇 M 村宅基地最初的来源都是荒地、坡地和涝地，方便耕种的土地不会被作为宅基地使用。M 村的宅基地包括建房用地、晒场、菜园、屋后林地和堰塘，村民不仅在宅基地上建房居住，而且利用宅基地发展庭院经济，建构具有高度自主性的居住环境，其整体空间不仅可用于晒谷打谷、摆放农机具、养猪养鸡，还能够为农民提供休闲娱乐的场地。

村民需要宅基地的基本目的是修建房屋，因此，宅基地大多不会占用能够生产农作物的耕地。宅基地的社会功能在于为农业生产和农村生活提供便利和服务，宅基地的地块选择一般不会与耕地发生冲突，耕地地块的分布形态往往决定了宅基地的整体格局。宅基地最基本的功能在于满足村民的建房需求，其使用依附于村庄的社会生活。因而，农民生产的经济样态和生活形态决定了宅基地的从属位置。

【案例7－5】20世纪90年代以来，湖北省襄阳市襄州区Y村一直进行村庄自主规划，凡需要建房的村民只能在村庄规划的宅基地上盖房。由于村庄严格坚持对宅基地的整体利用，截至2014年1月，全村10个村民小组全部入住2个集中居住点。通过自主规划，Y村不仅节约出1000余亩耕地，而且利用村民逐年累积的200万元自筹资金对集中居住点进行了重新建设，目前村庄已形成住房风格统一、道路宽阔、配套基础设施建设良好的居住格局。

村集体如果能够较好地加强对村庄宅基地的管理，村庄分散而零碎的宅基地便能实现较好的整合。【案例7－5】显示：通过村集体的自主规划建设，全村的宅基地在整体上不仅能实现良好的规划、管理和利用，而且极大地降低了村庄基础设施建设的投入，村庄通过集资实现了社区的重新建造。

（3）宅基地收益权的取得

【案例7－6】陕西省延安市洛川县D村的宅基地或房屋交易全部发生在村庄内部，而且交易价格均极低。2013年，该村发生的3起宅基地交易均在兄弟之间展开，其中一起交易是老大进城后将窑洞卖给了自己的弟弟，转让价格仅2万元，而一孔窑洞的建造成本价格为4万元左右。正如D村村干部所言："卖宅基地就跟办红白喜事一样，要先在自己家族内问一遍，没有买的，才能卖给其他的人。不然的话，自己家族的人是不会同意的。"

从【案例7－6】可以看出，村庄的宅基地交易主要发生在近亲或熟人之间。在房屋买卖中，家族内的近亲具有社会产权意义上的"优先购买权"，这种优先购买秩序犹如费孝通所言的"差序格局"，从近亲开始，扩展至远亲和家族内其他成员。此外，在宅基地地权交易中，宅基地的经济价值并不明显，交易双方主要考虑的是相互的社会关系，而非直接的经济利益。

（4）宅基地处分权的处置

【案例7－7】陕西省安康市石泉县H村王某早年在高山上居住，2003年下山后搬迁至山脚较为平坦的荒地上居住。在办理山下宅基地使用权手续时，王某已经上交了山上房屋的宅基地使用权证书。不过，王某在废旧的宅基地上种了十余棵树。按照村里的规矩，其他村民也不能使用这块废旧的宅基地或砍伐王某在这块地上所种的林木。

在【案例 7-7】中，尽管王某向国家上交了宅基地使用权证，但他依旧认为土地是自己的；国家对山区农村所进行的宅基地确权行为，不过是一种对于农民而言没有权利体验的法律形式主义。在农民的真实生活里，宅基地的处置是自然而然的社会过程，村庄社会对退出的宅基地具有一种不同于国家法律制度的地方性社区产权共识和地权认知范式。

（5）宅基地地权补偿

【案例 7-8】湖北省荆门市掇刀区 X 村在 2012 年该村宅基地被征收用于县级道路建设的土地产权转移过程中，村庄的宅基地是作为农民的承包地来进行补偿的。为了获得更多的土地补偿，农民会给丈量土地的工作人员香烟或其他礼物。此外，X 村的村民还广泛利用自己在村庄内外的社会关系来提高自己能得到的征地补偿。

由于宅基地使用实践中土地构成的丰富性，宅基地的实际面积无法获得准确的法权认定，因此，宅基地的补偿面积在征地过程中享有充分的“运作空间”，加之工作人员在征地拆迁过程中的谋利化倾向，宅基地的产权在不同土地利益主体的互动与博弈中实现了重构。

7.4　当前农村宅基地运行中存在的问题

目前，我国农村宅基地主要存在以下三大方面的问题：

1. 农村宅基地政策性、制度性障碍限制了宅基地市场化发展。从宅基地管理的政策法规本身来看，现行的政策依然是宅基地走向市场化无法跨越的障碍。宅基地市场化发展，都受制于现行的法律法规。《物权法》《担保法》《土地管理法》均明确规定，宅基地不能流转和抵押；20 世纪 90 年代以后新颁布的土地管理等一系列重要法规和文件均规定，农村宅基地和住房不能向城镇居民出售；“土地管理法”等主要文件均多次强调，通过非征地方式流转出来的集体建设用地不能用于商品房开发。宅基地只有在被国家征用变为国有建设用地后才真正具备了符合国家政策法规的市场化的条件。《物权法》中将宅基地使用权界定为一种物权，“宅基地使用权人依法对集体所有的土地享有占有和使用的权利”，但对宅基地退出并没有规定。在其他政策中都只是提到“各地要制定激励措施，鼓励农民腾退多余宅基地”。在区位好、集体资金雄厚的村庄，农民通过出租房屋也能有好的收入；而偏远地区农民就算愿意退出，集体也没有实力提供激励措施。所以，关键在于缺乏一种让农民接受的宅基地退出方式，或者说，缺乏合理的经济补偿。

宅基地地权使用是其地权实践中最为主要的方面。中国《物权法》将宅基地使用权界定为用益物权。就法律制度而言，村民行使宅基地使用权理应具有相对独立性。但宅基地地权实践表明，由于要考虑到自身在村庄中的生产生活利益和人际关系，村民不可能严格按照《物权法》的规定来独立行使宅基地使用权。更重要的是，村级组织对村庄的宅基地具有实质意义上的管理权，从宅基地管理的角度来看，村级组织依托《土地管理法》对村民的宅基地使用具有巨大的规制权力。因此，宅基地地权使用具有非独立性。具体来说，可归纳为以下三个方面：

（1）经济上依附于农民的生产生活体系。宅基地与耕地的关系是理解宅基地社会产权的重点。在【案例 7 –3】中，宅基地嵌入农民的生产生活中，宅基地的首要意义在于为村民的生产生活提供便利。相比于耕地，宅基地在农民的生产生活中居于次要地位。宅基地地址的选择需要从生产、生活和村庄防卫等方面进行考虑。在宅基地使用实践中，宅基地使用权并没有表现出高度的财产权化特征。

（2）社会上镶嵌于邻里关系网络。【案例 7 –4】显示，宅基地的使用必须考虑到周围邻居的生活利益，这是村庄内的生活常识和硬性社会规范。在对宅基地使用权的限制中，这些社会产权规则往往发挥着比国家正式法律规定更大的规制作用。农民在宅基地使用中往往服膺于邻里关系的制约，否则便要承担巨大的社会生活成本。

（3）治理上规制于村级土地管理。在村庄治理中，村级组织是宅基地规划的管理者。宅基地使用权的行使、宅基地的地址选择和使用规划均规制于村级组织的土地管理。【案例 7 –5】表明，宅基地集体所有权是村级组织进行宅基地管理的产权基础，而村级组织在宅基地管理中对宅基地使用权发挥着权属制约的作用。

2. 宅基地福利性、保障性、无偿性的特性，刺激和助长了农村村民扩大和多占宅基地的强烈欲望和冲动。我国农村宅基地是一种使用权，宅基地在一定程度上具有福利性、无偿性、保障性的三重功能特性。正是由于宅基地的福利合理的集体福利性质、无偿使用的无偿取得方式、社会保障“一户一宅”这种本质上属于按需分配的集体公共产品，不仅很难有效制约和制止农村居民要求无限扩大宅基地占用的强烈冲动；而且相反却助长了宅基地占用的强烈冲动和攀比，我国当前对农村宅基地管理采取比较严格的方式，包括“一户一宅”，只允许在本集体内部转让宅基地，城镇居民不得购买宅基地等。但严格的管理制度并没有带来宅基地利用的高效率，从 1997 年到 2007 年的十年间，我国农村人口减少了 13%，相反，村庄用地却增长了约 4%，呈人减地增的逆向发展趋势，人均用地高达 229 平方米，其中最主要的原因是宅基地缺乏退出渠道。

在农村，虽然只能一户一宅，但由于管理不严格加上继承的原因，一户多宅现象并不少见。另外，大量住宅因农民进城而常年闲置，形成空心村和闲置宅基地，造成资源的极大浪费。这种趋势在近几年并没有得到有效遏制，而随着城镇化战略的实施，农民进入城市的各种政策限定不断放开，未来宅基地闲置可能会更加严重。鉴于这种现象在全国普遍存在，宅基地管理制度亟待通过改革来完善。

过去这个僵局无从打破，唯一的市场化流转仍限定在村庄内部，既然有可以无偿申请宅基地的权利，这种需求其实不大。而且从整个农村的人口变化来看，未来农村人口越来越少，腾出的宅基地很难在村庄内部解决，即使在全体农民内部来流转都缺乏需求。

近几年也有过以政府主导来突破此僵局的，比如“增减挂钩”。政策的本意是以政府力量来推动农村建设用地集约利用，包括多余宅基地的退出，但由于缺乏市场化的定价，加上一些地方政府不是着眼于土地集约利用而是注重用地指标的获得，引发了一系列问题。

集体内部流转和政府推动退出都难以从根本上解决宅基地退出问题，要想建立一套宅基地集约利用机制，就需要进行制度创新，广东省的新规恰恰就是通过市场化来实现宅基地退出的新方式。在政策形成的市场里，从潜在的供应总量上来看，是没有问题的，主要难点在于如何通过制度来设定市场的需求量。很明显，在村集体内部是无法形成与供应等量级的需求，所以建议放开市场需求者的身份限制，允许城镇居民进入。很多人说这可能会违反现行法规，其实法规中不合理的部分在执行上也会有问题。改革恰恰要在这样的制度上着手。

3. 宅基地不能进行正常市场交易，造成宅基地隐性流转和地下交易大量存在，导致农村居民和财产利益遭到一定程度的损失。城市郊区，由于地处城乡接合部，一部分农民在城里工作，但又拥有宅基地上原来的房屋；一部分农民利用城郊独特的地理区位优势发展自己的种菜、种花、种草、种树等产业，还可利用宅基地上的房屋出租挣钱，土地和房屋的增值空间巨大。这就给宅基地房屋隐性、地下交易流转提供了一定的基础和条件。

城市化发展引起城乡人口对向流动和多向流动，城乡居民大量混居和村民人口与非村民人口大量混居，已经成为一种发展趋势。这种越来越强劲的趋势现状直接或间接产生了巨大的住房需求，而在现行不允许农村宅基地及房屋向非农流转的制度规定下，必然导致形成一个日趋活跃的宅基地隐性流转市场，形成宅基地上的房屋日益火爆的一个买卖、出租和抵押等形式的私下流转和地下交易市场。有学者估计，这种现象全国达到10%—15%，有的地方则高达40%以上。

7.5 农村宅基地市场化改革的对策建议

7.5.1 拓展宅基地交易的产权权能

企业与农民间的利益联结要从松散型向紧密型转变，关键是要从契约联结向股权联结转变，而要建立股权联结机制，其核心就是要明晰土地产权。如果土地产权不清晰，农民股份合作组织就很难建立起来，当然，“公司型龙头企业+农民股份合作组织”模式也就难以形成。虽然，现行法律明确农业用地的所有权归集体，经营权归农民，但集体凭土地所有权能获得什么样的利益在法律中没有规定，在实践中也没有着落，就利益关系是产权关系体现的法则而言，集体所有权便是空的或不存在的。另外，集体所有权与农民承包经营权有何制衡关系等，这些都需要进一步给予明确界定。目前国内学者就关于土地产权的重新设计标准还没有达成一致，但更多学者倾向于强化土地经营权这一设计方案。

首先，家庭承包责任制的意义就是通过分割僵化土地所有权使其“名义化”，从而产生效率。为此，针对目前的土地所有权的“名义化”，政府可以强化土地经营权，所谓强化，就是赋予土地经营权为占有、使用、收益和处分四权统一的农户土地承包权利束。特别是处分权一定要赋予到农户的承包经营权中，这种处分权应包括对承包权的出租、入股及抵押等。实际上，土地承包经营权越稳定，土地公有就越接近名义化。就农民可以用土地承包经营权入股而言，政府至少要明确“长期”经营权的具体期限，否则，土地的股权价值就很难界定。本人认为农民土地经营权的期限可以参照城市房地产使用权的期限来确定，即可为70年。这样，土地的股权价值就可大致确定为：每亩土地当年的平均收益×（1+年收益增长率）×亩数×年限。

7.5.2 提高宅基地集约利用程度

如果认同宅基地是农民的财产权利，就要给出它的实现途径，如果承认宅基地当前集约利用程度不高的现实，就应该放开思路去提高其效率。拘泥于过往的政策规定，而不顾土地节约集约的最高原则，不是可取的改革方向。因此，应该建立土地经营权流转市场。这主要应从两个方面入手：一方面是动用社会力量，成立民间的或非官方的中介机构；另一方面可成立土地银行，根据我国的实际，土地银行应该是国家成立的政策性银行，可暂设在农业银行内。农民如果离开农村进入城市，无论是农民承包地还是宅基地，都可将其存入土地银行，然后由土地银行按照市场导向进行分类经营。

宅基地的盘活再利用并不涉及用途管制问题，是存量的建设用地，利用起来应该更方便。如果以土地集约利用作为土地利用的第一原则，如果以提高农民收入、保护农民权益为农村建设的基本原则，无疑都要求建立宅基地市场化流转途径，而且应该放宽思路，不一定非得是宅基地的实体交易，也可以是宅基地上的建设用地发展权的交易，就像“增减挂钩”实现的建设区的空间位移，由此恰好可以解决偏远地区的宅基地退出问题。

第8章

居民财产增加与保障的制度安排及方法改进

内容提要：本章从居民财权、产权、国家政权三者的关系剖析居民财权增加的内涵和必要性，分析影响居民财产增加的限制因素和现代市场经济的基本特征，认为居民财权提高的途径是政权与财权的相互融合：（1）政权与财权都受到基本法律保护；财产和财产继承权受到法律保护；（2）规范和维护居民的消费权益；（3）规范和保障居民的物权；（4）提高居民参政议政权；（5）扩展居民财权实现的形式。

党的十七大报告首次提出“创造条件让更多群众拥有财产”，其经济意义在于关注、提升并保护普通群众的财产权利和财产增值；同时，保护居民私有财产、增加其财产收入、扩大居民享有财产收入的覆盖面是改善民生、扩大中等收入阶层、构建社会主义和谐社会的重要举措。党中央在十七届三中全会中进一步做出了规范农村土地管理、完善农业支持保护制度等若干重大决定，亦是从保障农民财产权益角度对居民财产增加的理论诠释与实践深化。

8.1　居民财产增加的内涵

“让更多群众拥有财产”应至少包括以下三个方面的内容：第一，增加个体居民拥有的财产数额，表现为每项财产所获取收入的数量增加和获取收入的财产种类增多；第二，扩大财产享有的主体范围，表现为越来越多的居民享有财产；第三，缩小居民之间的财产差距，即并非以牺牲一部分人的利益为代价来换取另一部分人利益的增加。前两个方面是居民财产总量持续增长的坚实基础，而第三个方面是居民财产均衡增长的必要保障。只有满足了这些条件，才能在真正意义上实现居民财产增加。

8.1.1 增加居民财产是贯彻落实科学发展观的必然要求

增加居民的财产是深入贯彻落实科学发展观的必然要求，是学习实践科学发展观的重要体现，符合新形势下调整经济结构、扩大国内需求、缩小收入差距，保持经济平稳较快、科学发展为目标的客观要求。

科学发展观的要义是转变经济增长方式，促进经济增长主要依靠投资和出口拉动向依靠消费、投资、出口协调拉动转变。自金融危机爆发以来，国外对我国产品的需求下降，中国产品的出口额大幅下滑，经济增速有所放缓。面对危机，中央政府将扩大国内需求，特别是居民消费需求作为 2009 年的重要工作任务。同时，国务院果断决策，及时调整宏观经济政策取向，陆续制定了一系列扩大内需、刺激国内消费的政策措施。这些扩大内需的措施和政策，无一不是为了增加广大群众的收入，进而提高居民消费水平。从这个意义上来说，努力增加居民的收入，特别是加快提高居民财产数量与份额，对稳定和发展中国经济有着十分重要的意义。

科学发展观的核心是以人为本，不断维护和发展人民群众的经济、政治、文化利益，保障和改善民生，努力增加城乡居民的收入，让人民群众享受到改革发展的成果，最终实现全面建设社会主义小康社会的宏伟目标。由于我国的农村人口占总人口的比重依然较高，要全面建设小康社会，增加城乡居民的收入，关键在于搞活农村经济，切实增加农村居民的收入，提高农村居民的生活水平。而拓宽农村居民的财产占有的种类和数量，增加农村居民的财产既是直接促进农民收入水平增加的重要途径，也是推动农村各类要素市场发育，促使农村经济进入良性循环发展的必要条件。

深入贯彻落实科学发展观，是在坚持以马克思主义、毛泽东思想、邓小平理论和“三个代表”重要思想为指导下，坚定不移地走中国特色社会主义道路，积极构建中国特色社会主义和谐社会。收入分配领域的和谐是构建中国特色社会主义和谐社会的主要环节，是社会公平的重要表现。构建和谐社会必然要求在收入分配领域既讲求效率，又体现公平。中国经济在保持持续、快速的增长过程中，出现了城乡居民之间及其城乡内居民收入差距扩大的现象。要逐步扭转这些现象，就要努力创造促进收入分配公平的机会，走共同富裕的道路。增加居民的财产，既能在不阻碍地区经济发展的条件下，缩小城乡居民收入差距，又能在不削弱高收入群体正当利益的条件下，扩大中等收入水平居民群体的比重，实现收入分配领域的效率和公平的统一。

8.1.2 增加居民财产是深入供给侧改革的必然要求

2015年12月备受市场期待的中央经济工作会议召开。李克强再次指出，要从“供需两侧发力，推进结构性改革”。“供给侧改革”成为网络和报纸上的一个高频词。

供给侧改革是指从供给、生产端入手，通过解放生产力，提升竞争力促进经济发展。一般来说，需求侧有投资、消费、出口三驾马车，供给侧则有劳动力、土地、资本、创新四大要素；供给侧结构性改革旨在调整经济结构，使要素实现最优配置，提升经济增长的质量和数量。增加居民财产是优化配置土地、资本要素，对于普通居民来说，供给侧改革带来的减税将发挥重要调节功能。直接降低企业生产成本，更有效帮助企业渡过难关；工薪阶层、中产阶层对所得税税率更为敏感，减税有利于刺激消费，增加经济活力。

8.1.3 产权与财权融合下的财产

近年来，新制度经济学已成为一门显学，激励着很多学者投入到这一领域中去。因此对产权的理解产生了极为丰富的解释。一个对产权的简短定义是：“主体拥有的对物和对象的最高的、排他的占有权”。[①] 更简单地说，产权即财产权(property rights)，包括以所有权为主的物权、债权和知识产权等，其内涵可分为资本所有权、占有权、收益权和处置权等。巴泽尔认为“个人对资产的产权消费这些资产、从这些资产中获得收入和让渡这些资产的权利或权力构成”。[②] 从这里可以看出，产权不仅是一个财产归属问题，还是一个经济运用问题。[③]

而财权表现为某一主体对财力所拥有的支配权。通常包括收益权、投资权、筹资权和财务决策权等权能。这一支配权显然起初源于原始产权主体，与原始产

① 刘诗白．产权新论［M］．成都：西南财经大学出版社，1995：133.

② Y. 巴泽尔．产权的经济分析［M］．上海：上海三联书店，1992：2.

③ 伍中信．现代财务经济导论［M］．上海：立信会计出版社，1999：28.

权主体的权能相依附相伴随。而随着产权的分离，财权的部分权能也随之分离和让渡。同产权一样，财权同样应具有可分性、可明晰性和独立性等特征。[①]

从财权和产权的关系上来说，作为财产权的产权，从两个方面对财产实施管理，即实物形态的财产和价值形态的财产。占有、使用和处置等基本上是从实物形态实施管理，而财权侧重于从价值形态对资金进行配置或支配，也就是说，在财权归属于产权的部分内容中，主管价值形态的权能并构成产权的核心内容。从目前的研究现状来看，财权和产权更多地偏重于法人范畴内的研究。但我们认为，将财权和产权的概念体系引入家庭乃至个人财产配置或支配的研究不仅是适用的，也是一项迫切的要求。

目前学术界对财产的概念有不同的说法。常用“财产”的普遍定义是指家庭拥有的动产（如银行存款、有价证券等）、不动产（如房屋、车辆、土地、收藏品等）所获得的收入。它包括出让财产使用权所获得的利息、租金、专利收入等，财产营运所获得的红利收入、财产增值收益等。《新帕尔格雷夫经济学大辞典》上关于财产的解释是：“财产是指金融资产和有形非生产资产的所有者向其他机构单位提供资金，或将有形非生产资产供给他们支配，作为回报从中获得的收入。它的主要形式有：利息、红利、地租等。”易宪容（2007）认为，财产就是以产权契约、金融票据、证券契约形式将“财富”资本化的所得。[②] 周彦文（1998）认为，财产是指财产所有者通过对财产的直接经营或让渡财产的所有权、使用权而获得的经济利益，是财产所有权在经济上的实现。[③]

这些定义的共同点在于将“财产”界定为转让财产所有权或让渡财产使用权，由他人经营财产从而分享一部分经济利益，这部分收入来源于居民个人财产由他人经营从而获得的一部分要素报酬。

8.1.4　政权与财权融合下的财产

政权又称为“国家政权”，通常指国家权力，是统治阶级用国家机器保护自身权益的工具，具有阶级属性。财权是指财务主体对财力的配置，居民财权则是居民对财力所拥有的支配权。在市场经济条件下，国家政权与居民财权是社会经济体系的两大基本制度，其相互关系的制度重构属于制度变迁的核心内容。我国有关产权制度的改革从农村到城市虽然取得了很大的成绩，但至今尚没有建立起

---

① 伍中信．现代财务经济导论［M］．上海：立信会计出版社，1999：28.

② 易宪容．民众拥有财产性收入的背景与条件［N］．中国经济时报，2007-11-7.

③ 周彦文，陈莉霞．试论财产收入的概念、性质和功能［J］．中南财经大学学报，1998（1）.

一套规范、清晰的现代产权制度架构。现阶段国家政权主导经济权力依然过大，而居民财权过小，从而使居民财产极低。要提高居民财产，必须重塑这种权力结构，促使两权融合，实现民富国强的理想。

（1）居民财权的限制——依存于政权保护的居民财权

居民是指在本国长期从事生产和消费的人或法人，符合上述情况他国的公民也可能属于本国居民。这时，居民可分为自然人居民和法人居民。自然人居民是指那些在本国居住时间长达一年以上的个人，但官方外交使节、驻外军事人员等一律是所在国的非居民；法人居民是指在本国从事经济活动的各级政府机构、企业和非营利团体。本书所指的居民特指自然人居民。居民财权则是居民对财力所拥有的支配权，包括收益权、投资权、筹资权、财务预决策权等权能。这一支配权显然起初源于原始产权主体，与原始产权主体的权能相依附、相伴随。

从居民的概念看，居民是有地域性或国界的，居民的权利受到一国政权的限制和保护。因而，作为居民权利的一部分，居民财权自然受制于国家政权，完全脱离国家政权谈居民权利是不尊重历史与现实的。

（2）政权保护居民财权是历史发展的结果

从私有制经济确立以来，政府的职能是确立和保护居民财权。例如在奴隶社会，古希腊早在公元前630年就发明了铸币，并且由于承认公民的主权，人类历史上第一次出现居民财务公开的重要概念。古罗马政府和银行家的会计账簿是从完善家庭收支记录开始的。封建社会之所以能取代奴隶社会，就在于它能给予农民一定的土地耕种权，从而获得一定的财产收益权。在封建社会解体后，欧洲不同民族国家的居民财权结构发展在很大程度上取决于国家的财政状况和财政政策。而在现代市场机制的条件下，确立和保护居民财权成为政府的基本职能之一。在现代社会里，居民财权的排他性为什么需要靠政权保护来实现呢？这是因为由社会拥有一个大规模的武装而不是由许多小规模的私人武装来防御对资源的侵占将会实现规模经济。

大多数经济学家赞同，在200多年的时间内，美国从一个殖民地发展成为世界经济的帝国，先进的居民财权制度与政权制度是其两根支柱。其居民财权制度与政权制度的基本特点是：具有高度的相互支持性、历史稳定性和发展性。美国宪法高瞻远瞩地从根本上规定了美国居民财权制度与政权制度的基本原则，即相互兼容、保护的大方向，并使后代人能够根据发展的情况不断进行修正。

（3）政权保护是居民财权有效的基本前提

不论是公共的财产还是私有的财产，财产本身都是由政府创造的一种权威形式，居民财权的权威从法律上说来源于政府的授予，并且得到其他人和组织的认可：只有当最高政治权力机构（如国家）认可并强制实施某人的独占权时，才能产生真正法律意义上的居民财权。在居民财权依赖于最高行政权力保护的条件下，当最高行政权力衰弱乃至崩溃时，例如社会变革促成旧政权的垮台时，经常会造成侵蚀财产的强盗行径和不法行为。在居民财权需要政权保护的具体内涵方面，首先是要建立相应的社会制度，这包括保护人权、保护私有财产和保护契约制度；其次是保护币制，即货币制度。按照弗里德曼的说法，通货膨胀是未经适当补偿而把私有财产没收为公有财产："凡是其货币收入刚好赶上通货膨胀的步伐然而被推升到较高纳税等级的人，可以说未经正当手续而被剥夺了财产"。因此货币制度的稳定性是居民财权制度稳定性的重要基础。所有这些社会经济制度都依赖于政权强有力的保护。

8.2　居民财产增加的制度制约因素

改革开放以来，我国城乡居民的财产不断攀升成为改革开放和经济发展的成果亮点。从国家统计局发布的统计数据来看，城镇居民的财产性收入从1993年的45.8元增加到2013年的810元，增长了17.68倍，城镇居民的财产占其可支配收入的比重也从1.8%增加到2.74%；农村居民的财产性收入从1993年的7.02元增加到2013年的293元，增长了41.74倍，农村居民的财产占其纯收入的比重也从0.8%增加到3.29%。虽然，我国城乡居民的财产实现了持续性增长，但其增长幅度远远小于个人收入的增长幅度，且其占个人收入总量的比例仍在2%至3%的低位徘徊；同时，尽管农村居民的财产占纯收入的比重超过了城镇居民财产占个人可支配收入的比重，但农村居民财产的绝对数却一直低于城镇居民。由于居民获得财产来源于居民拥有和控制的财产，因此，居民财产的数量、结构及其分布成为制约居民财产增加的根本因素。

8.2.1　居民财产的数量

居民的财产直接取决于其所支配的财产数量，而财产数量的增加又依赖于整个国民财富的增长。从居民的财产数量来看，经过多年的积累，我国国民经济保持较快发展，极大地丰富了国民财富，居民可支配的财产数量不断增加，从而为居民财产的增加提供可靠保障。但现阶段我国社会生产力总体水平与发达国家相比仍存在差距，即使居民所支配的财产增长速度较快，财产基数却相对较小，使得居民财产的绝对量增加不显著，居民财产的增长速度也明显低于个人收入的增长速度。

8.2.2 居民财产结构

从居民的财产结构来看，居民拥有的财产可分为实物财产和金融财产。目前我国居民拥有的实物财产中以自有住房为主，金融资产财产则主要是储蓄存款。而在欧美等发达国家人均财产远远高于我国，其居民的财产大多却是以股票、基金等有价证券为主。受制于我国资本市场发育不成熟、教育医疗等社会保障制度不健全和理财文化、消费观念等非正式制度的影响，居民持有的财产结构不合理，财产的总收益率大大低于全社会平均资本收益率水平，从而导致我国居民财产普遍偏低且增速缓慢。特别是农村居民主要依靠存款获取财产，而从土地流转、农机服务等获得的财产依然较少。

8.2.3 居民财产分布

从财产的分布来看，改革开放以来，虽然国民财富总量在不断增加，但由于分配制度不尽合理，使得国民财富更多地流向了政府和企业，居民所支配财富的份额相对较少，制约了居民财产的积累，使之缺乏增收的基础。这种财富分配制度更进一步导致了居民之间的财产分布不均，少数人支配了较多的财产，主要表现为城镇居民比农村居民、高收入者比低收入者拥有更多的财产，从而获得了较高的财产，还有部分人因财产匮乏而无法获取任何财产。

另外，财产的获得必须以财产能顺畅地向资产转化为前提，但由于我国生产要素市场尚不发达，居民财产转化为资产的市场定价机制不完善，使得转化为资产的财产比例较小，进而降低了居民财产的可获得性。

8.2.4 政权的稳固性

（1）居民财权独立是政权稳固的社会基础

产权经济学家坚信，一个人只有成为特定产权的所有者，才能成为相应政权的拥护者；一个社会只有建立稳固的产权基础，才具有稳固的政权基础。作为产权核心权能的财权，只能独立从产权中分离，才能使管理财产的财务主体具备处分、收益财产的权力。居民作为一个国家或地区的一分子，必须拥有独立的财权，才能使他们自觉维护一国或地区的稳定。资本主义国家崩溃绝不会因为资产阶级造反，而会因为无产阶级革命。西方政治家和学者认为，土地占有者在本质上即是法律与秩序的保守者。他们的利益全在已建立的制度上。他的田宅、他的谷物、他的家畜，在每一次叛乱爆发时，都将遭到掠夺。他很少发动革命，并可认为是革命的反对者。为着财产的安全，他需要和平。至于没有财产的个人，相反地可能热衷于政治的纷乱或推翻现有制度。他在个人方面，没有任何物件可以损失。在革命时期，他或许可以获得一点什么。

在中国漫长的历史进程中，土地兼并一直使居民财产权的拥有不断发生更迭：在每一个王朝初期，大多数土地在国家所控制的自耕农手里，国家有较为稳定的收入，从而有较为安定的国势；尔后，随着朝代的更替和土地的兼并，人口和土地日益集中到新的地主豪绅集团手里，这正应了《袁氏世范·治家》载："贫富无定势，田宅无定主，有钱则买，无钱则卖"的描述，也突出刻画了中国封建社会财产权界定缺乏稳定性的历史状况。结果，居民财权与政权必然发生矛盾，农民不是忍气吞声而死亡，便是揭竿而起革新政权。

（2）居民财权独立是政权稳固的经济基础

在现代市场经济条件下，由于经济主体的多元性，决定了产权主体也是多元的。不仅有各级政府产权、各类企业产权、各种居民产权，还有介于这三元之间的各种社会团体产权、经济法人产权、自然人产权等等。产权构成的这种多元化，因此表现为各类产权分属不同的市场行为主体，因而使社会的财产权不是集中于某一类个人或组织的手中，而是分散在各个市场行为主体的手中，如果产权真正做到社会化、市场化、平民化，将有利于相应产权所决定的生产要素实行市场配置，也有利于人们找到可以相互促进和相互制约的现代市场经济的发展途径。

居民市场行为主体的核心是居民财权独立，对自己投资所形成的资产具有明确的财权要求，他们不仅常常以"股东"的身份作为财务主体，对资产的占有权、处置权、收益权作出决定，而且还以产权经营的最终决定者提出具体的产权目标，即居民承担风险后使资产盈利。

当然，居民产权主体的形成和产权行为的实现，并不否定国家政权和企业财权，而是试图在公司内部形成国家财权、企业财权、居民财权各有侧重又相互制衡的微观财权架构，从而更有利于实现建立现代企业制度所要求的产权形式方面的制度创新。

8.3 保障居民财产增加的制度创新

制度，是让更多群众拥有财产的保障，制度创新是居民财产增加的动力。如果没有健全的制度和缺乏制度创新的激励，人民的物质财产权利不能得到有效的保护，那么，让更多群众拥有财产就失去了基本的支撑。因此，保障居民财产增加迫切需要加强制度建设，因地制宜、因时制宜建立制度创新的长效机制，为居民财产增加提供可靠的制度保障。

8.3.1 理清现代市场经济基本表征：国家财权与居民财权的循环流动

财权侧重于对财力的配置，即从价值形态上对资金（本金）进行配置或支配。既然财权侧重的是价值形态，它就能够以资金的形式流动。

在计划经济国家，国家财政与财权是浑然一体的，国家政权主导经济，国家凭借政治权力统购统分，企业和居民按照国家指令性计划从事生产和劳动，他们没有独立的财产，也就没有独立的财权，由此形成的财权流是单向式流动，即由国家流向企业和居民。

在市场经济国家，国家财政与财权是有区别的。财政是国家凭借政治权力取得税收，主要进行公益性、基础性建设项目投资；国家财权则不仅限于国家财政分配权，还包括国家作为所有者拥有按资分配权，进行竞争性项目投资和一部分基础性项目投资。国家除了以国有产权入股作为股东直接参与企业管理之外，一般通过间接性的调控和管理，如财政、货币、金融、法律等杠杆来实现国家的经济目标。当然在少数情况下也可以运用行政手段对各个产权主体与经济运行直接管理，但一般不能以行政管制来代替对企业和居民的经济调控。

在市场经济体制下，居民有独立的经济要求和地位，有独立的财产（如房地产、股票）居民直接参与了各种渠道的融资活动，居民的独立经济权益初具较完整的雏形。在此之后，由于居民对自身权益的维护力度加大，居民要求财权独立，而并不是被动地按照国家和企业财权分配的结果行使投资权与收益权。由此形成的财权流向是双向循环的，即一方面由国家财权流向居民（以工资、津贴或补贴形式），或者通过企业流向居民；另一方面，由居民财权流向国家（以个税及各种房地产税等形式）。

8.3.2　基础政法制度要明确界定居民财产权

所谓的基础政法制度，是指决定人们基本思想和自由的权力的法律，规定生产资料和财产所有制的基本制度。它界定了人们的权利和义务，也影响着他们的生活前景，即他们能期望得到什么以及他们能希望做多好（肖特，2003）。对于一个国家来说，基础政法制度主要体现在宪法中，宪法包含着高层次制度，它们不可能像低层次制度那样被轻易改变，它们也因此为低层次制度中不可能避免的调整提供了连续性和可预见性方面的框架。宪法包含着对基本的、不可剥夺的个人权利的肯定。它决定着次级制度变迁的方向、空间及进程。

在诺斯看来，所谓制度的重要之处是指那些政治方面的，尤其是决定产权的政治制度（德勒巴克和奈，2003）。对公民财产权利的宪法保护是世界各国的通例。自法国的《人权宣言》宣告“财产是神圣不可侵犯的权利”以来，把保护公民财产权规定在宪法之中迄今已有 200 多年的历史了，很多国家宪法都对公民财产权进行了规定。例如，1791 年美国宪法第 4 条修正案规定：“人民有保护其身体、住所、文件与财产的权利。”1946 年联邦德国宪法第 14 条规定：“财产和财产继承权受到法律保护。”1947 年日本宪法第 29 条规定：“私有财产不得侵犯。”尽管这些国家在表述上各有差异，但是其实质是一样的，即私有财产受国家法律保护，私有财产神圣不可侵犯。这些事实说明公民财产及财产权利是各国宪法重要的中心内容，在各国宪法中处于首要地位，是国家权力不能干涉的一项基本人权。

我国宪法第十三条规定：“公民的合法的私有财产不受侵犯。”国家依照法律规定保护公民的私有财产权和继承权。与此同时规定，国家为了公共利益的需要，可以依照法律规定对公民的私有财产实行征收或者征用并给予补偿。

公民财产得到实体法的确认和保护确实重要，其保护的实际成效，最终有赖于公正的诉讼审判机制的运行。在社会经济交往和政府管理的过程中，纠纷的发生与公民利益受到损害显然是无法避免的。这就要求在后续的纠纷解决和损害赔偿中将受损利益恢复到初始状态，才能达到保护公民财产的目的。因而，建立健全严格、公正、高效的司法审判机制，从诉讼程序上对公民私有财产权进行有效救济十分必要。

针对我国司法制度的现状，我们认为应当通过以下途径完善公民财产的司法保障制度。一是建立财产侵害案件的刑事立案、侦破反馈制度。当公民财产被抢劫、抢夺、侵占、诈骗等案件发生后，公安机关应及时立案，经过侦查如果破案，应将破案情况告知当事人。若不能破案，更应将不能破案的原因书面告知当事人。二是严格依法实施对公民财产的冻结、查封、扣押和没收等措施，不得违法冻结、查封、扣押和没收。采取财产强制措施错误，司法机关应当赔偿当事人的损失。三是各级司法机关应以贯彻实施《物权法》为契机，以保护人民的财产权益不受损害为原则，增强对公民合法私有财产的物权保护意识，提高对公民合法财产保护的必要性的认识，努力探索构建中国特色财产的司法保障体系。

8.3.3 建立强化市场型政府

奥尔森创造了一个可以高度浓缩其长期增长理论的重要概念：强化市场型政府（market - augmenting government）。一个政府如果有足够的权力去创造和保护个人的财产权利并且能够强制执行各种契约，与此同时，它还受到约束而无法剥夺或侵犯私人权利，那么这个政府便是一个“强化市场型政府”。奥尔森认为，经济成功并且可持续发展的经济要有两个必要条件：（1）存在可靠且明确界定的财产权利和公正的契约执行权利；（2）不存在任何形式的巧取豪夺。如果一个社会的财富被少数人攫取，如果一个社会的创新被窒息，如果市场价格机制的运作被扭曲，那么这个社会的经济一定会没有活力而停滞。当然，这两个条件并不能完全保证出现完善的市场、社会创新的充分利用、资源的有效配置及社会财富的公正分配。但离开了这两个条件，社会经济繁荣绝不可能。只有在这两个条件充分满足的情况下，一个社会才能存在市场，才能让市场拓展到经济活动的各个方面。

强化市场型政府的产生条件，也就等价于如何使政府或执政者具有公共利益的条件。对此，奥尔森的回答是：民主政体，或至少是代议制政体。奥尔森谈论的民主，其核心或本质不在于它是否赋予普遍公民选举权，而在于它是否保证了政府产生于自由的政治竞争过程。通过制度安排约束社会中的“强势利益集团”，扶助社会中的“弱势利益集团”。不同的利益集团对政府决策的影响是不一样的，让“弱势利益集团”在政府的决策中也有自己的“话语权”，是国家协调不同利益集团利益关系的基本条件之一，从而确保拥有共容利益的精英掌握政治领导权。

8.3.4 实行市场组织缩小城乡和地区差距

如前所述，当代中国城乡和地区差距的重要原因是政府用科层组织制度使得城乡和地区差距扩大，从而造成农民劳动激励不足、农民财产受到侵害，地区经济差异也受到这种科层组织设计的进入壁垒阻碍。

与科层组织相对应，作为组织的市场，是便于多方进行反复交易的社会安排，它是个体之间或有组织的个体群落之间的一个关系合约网络。市场组织与科层组织的主要区别在于：第一，市场能产生有效的激励，比科层组织更有效地限制了官僚性的扭曲；第二，市场能够有力地集中需求，实现规模经济；第三，市场组织有机会利用明显不同的治理工具。

市场的优势在于通过价格体系，低成本地传递信息。“价格体系对于社会福利的关键贡献在于，这一体系具有将信息从市场的一个部分转移到另一个部分的能力。”而价格体系传递信息的特点在于，“它的运转所需依托的知识很经济；这就是说，涉入这个体系中的个人只需要知道很少的信息便能够采取正确的行动。”这就是说，市场的存在可以降低交易费用中的信息成本。

因此，要缩小城乡和地区差距，就要用市场组织替代科层组织，建立城乡统一的要素市场，打破城乡间和地区间要素流动壁垒，促进产品和要素在城乡和地区间自由流动。

首先，应改革传统的户籍制度，建立统一的劳动力市场。2007 年 3 月，我国已有 12 个省、自治区、直辖市相继取消了农业和非农业的二元户口性质划分，统一了城乡户口登记制度，统称为居民户口，实现了公民身份法律意义上的平等。今后，取消二元化的户籍制度是大势所趋。

其次，完善宪法中的土地法律制度。可将土地使用权纳入宪法财产权的保护范围，为政府的征收行为设定边界，使农民对自己的土地有充分的自主权。此外，应完善征地补偿的计量方法。不论是公益性用地，还是营业性用地，都应由市场来决定征用的补偿标准。

再次，为满足农民季节性的信贷需求，可借鉴孟加拉尤努斯举办乡村银行的做法，向农民发放小额信贷，使得农民有获取金融资本的机会。

最后，既然城乡之间是平等的交易关系，那么建立统一的要素市场，就需要建立统一的税制。因此，尽管目前不交农业税有其客观必要性，但从长远看，统一城乡税制是大势所趋。

我们认为，要缩小城乡差距，就应该保障农民的市场主体地位，营造良好的市场环境，使城乡之间的科层等级关系，转变为市场上的平等交易关系。这才是缩小城乡差距的长效机制。

8.3.5 改善宏观经济运行体系

第一，完善财产资本化的市场体系，保障居民财产的稳步增加。统一、开放、竞争、有序的市场体系，是相互联系的各类市场的有机统一体，也是建立社会主义市场经济体制的必要条件。对居民财产而言，市场体系的完善关键在于建立居民财产资本化的生产要素市场，拓宽居民财产向生产要素转变的途径，建立财产性生产性要素的供求信息统计与发布机制，降低居民财产向生产要素转化的交易费用，并形成居民财产非均衡分布下的均衡价格。同时，降低居民财产资本化过程中由于信息不对称导致的“道德风险”，并通过各种防范机制实现居民财产价值的保障和提升，充分发挥市场供求机制、价格机制、竞争机制和风险机制等在居民财产配置中的基础性作用，稳步增加居民财产。

第二，优化财政与金融体制，扩大居民财产增加的覆盖面。各级政府应将增加居民财产的目标纳入财政政策和金融政策的决策机制，实现越来越多的居民享有财产。一方面，应加快构建公共财政体制，加大对居民的公共产品投资，并在公共财政框架内优先满足群众关心的住房、教育、社会保障等方面的迫切需求，保证更多的居民主体能拥有转化为财产的财产基础，充分发挥财政对社会产品进行再分配的作用。另一方面，加快金融体制改革，加速和规范资本市场建设，积极引导储蓄分流，创新金融产品，设计出更多符合中国国情、品种多样的理财工具，降低投资门槛，使其向贫困阶层，特别是农村地区延伸，让包括广大农村居民在内的更多的低收入阶层也能通过财产转化享受到财产。同时强化对现有投资理财渠道的监管以及交易方式的规范，切实保障居民财产的权益。

第三，健全产权改革中的公平与效率机制，缩小居民财产差距。产权清晰界定与保护，是保障居民财产的前提。因此，在进一步推进我国产权制度改革过程中，应通过建立健全各种法律法规，以对居民合法财产进行清晰的界定和严格的保护。特别地，保障农民对集体财产的收益权，创造条件让更多农民获得财产。要创新土地流转方式，支持农民获得土地、住房等财产。同时，应明确“初次分配和再分配都要处理好效率和公平的关系，再分配更加注重公平”这样的公平与效率之间关系。因此，产权制度的改革必须系统推进、配套展开，分清轻重缓急，建立统一、公开竞争的产权市场和交易规则，防止国有财产流失，在追求效率最优化的同时达到最大公平性。

此外，对改革造成的居民财产两极分化应予高度重视，采取必要措施缩小贫富差别，强化对产生收入差异的不合理因素的有效调控，通过税赋调节（如财产税、遗产税等）和财政转移支付手段协调城乡、地区、行业和不同社会群体之间的分配关系，调节少数人的个人财富过度积累，实现收入在不同收入阶层共同增长，进而维护整个社会的长期稳定。

8.3.6　政权与财权的相互融合

（1）政权与财权都受到基本法律保护

财产权是公民首要的基本权利，与其他任何基本权利一样反映了公民与国家权力之间在宪法秩序中的关系。黑格尔曾指出："从自由的角度看，财产是自由最初的定义，它本身是本质的目的。"他认为，随着自由的发展，产生了每一个人的权利，而这个权利的集中表现就是财产所有权。侵犯了所有权，就是侵犯了自由，因为"人惟有在所有权中才是作为理性而存在的"。因此，对财产权的法律保护不是哪一个法律部门的任务，而是包括宪法、民法、刑法、行政法等基本法在内的整个法律体系的共同任务。而宪法是国家的根本大法，在整个法律体系中具有最高的法律地位和法律效力，所以笔者认为对财产权的宪法保护是最基础、最根本也是最必要的。

（2）规范和维护居民的消费权益

当前，中国居民在相对低工资的水平下维持了相对高的储蓄率，而且居民消费水平年年攀高，特别是在大中城市，据一项对世界城市消费水平所作的调查，中国香港、北京、上海居世界前 20 位，前已述及 2009 年麦肯锡公司全球研究所做的一项调查，列出中国居民储蓄三个重要原因：教育需求、疾病保障和赡养父母。但是该公司调查忽略了当今中国的最基本国情，中国社会刚刚迈入小康，恩格尔系数这几年维持在 37% 左右，并且有上涨趋势，中国居民总体富裕程度还远远不能与发达国家相比，这几年持续的 CPI 指数上涨，已经使得中国居民的幸福指数下降，考虑到中国的基尼系数 2009 年已经突破 0. 49，贫富差距跃居亚洲第一全球前 25 位，实际上中国城镇居民贫困群体扩大，富裕群体更加富裕。这是一种不正常的社会形态。所以，中央政府调结构扩内需的决策无疑是正确的。当前，政府一方面要控制农产品价格轮番上涨，颁布食品的最低限度的质量标准，使消费者享受符合标准的产品；另一方面，对居民提供基本的医疗养老保险，对提供消费者食品、药品的人员进行的资历和素质作出规定，保证消费者能得到合乎标准的服务。

（3）规范和保障居民的物权

居民财权的要旨是规范和保障居民的财产归属关系和合理秩序。现代市场经济是以确认居民作为要素的供给者为运行条件，居民可以按照自己的意志支配自己的财物，居民对于劳动、资本、土地、管理和技术分别享有不同程度的权能，这些权能具有显著的排他性、公平性，从而保证居民对动产、不动产的现实支配。

随着我国社会主义市场经济的发展、要素市场的交易规模不断扩大，居民的要素供给成为我国经济增长的重要动力。为了体现居民贡献的要素的价值，居民提供动产和不动产并不意味直接占有、使用和直接获得利益，而是将所有权的内容予以分化，将动产和不动产交由他人支配，即由他人占有、使用和直接获得权益，居民自己收取租金，这种所有权与使用权分离的方式保证了居民权益的价值化形态的实现，有利于居民通过动产抵押、信用担保、转让典当等形式满足自己的支配权益。

然而，作为居民财产的最大项目——房地产，就有个产权界限模糊的缺陷，大多数城镇居民往往都无法界定自己住房拥有多大的权益，他们租住的公有住房（通过福利分配的住房）只有使用权，没有所有权、处置权和收益权；他们以成本价买进的“房改”房，虽然具有全部的产权，也有使用权、所有权，但只能按照房改的有关规定在一定范围和时间内才有处置权和收益权，而以标准价购买的现住公房，购房人只拥有部分产权；购买解困房，具有使用权，但只有部分产权；购买集资房，具有使用权，按综合造价购买且单位补贴的，才有个人产权和处置收益权，若按非综合造价购买且单位补贴的，个人只有使用权，产权则归单位和个人共同所有。可见，依居民所购住房类型，具有不等程度的产权，因此引出“小产权房”这种颇具“中国特色”的现象。

（4）保障居民参政议政权

现代市场经济的基本特征是“小政府、大社会”，实质就是政权主体无论是在数量上、还是在其耗费的代价（即政府成本）上，都应尽可能地减少与降低；相应地，居民产权主体无论是在数量上、还是其在社会经济生活的主导性影响上，都应不断扩大与提高。从计划经济向市场经济的转型过程，本质上，就是经济主体从政权主体向产权主体转换的过程。居民产权主体的兴起，将构成一个社会有力的中产阶级。

有产阶级的企业家是国家的根本，特别是在中国这样一个传统深厚、经济不发达的国家，居民的实业经营及其进取精神更显可贵和值得肯定。正如中华书局创办人之一的陆费逵所说：“实业家努力进取，以充裕其生计。夫财为万事之母，无财则百事俱废。”在此基础上，居民参政议政是保证国家经济与社会发展政策具有实用性和先进性不可或缺的重要措施。但是，中国的有产阶级还没有真正进入参政议政的轨道上来，至今还是受政策施行影响的客体，还不是影响政策制定的主体；改革的部分演进也只是使企业家可以议政（如进入政协），但还不可以参政（在人大代表中的比例十分有限）。在此制度架构约束下，我国的制度变迁迄今没有明确规定企业家阶层的法律地位：法律上，有阶级的划分，如资产阶级、无产阶级，也有职业的划分，如工人、农民、知识分子和干部，但没有根据所有权和经济职能进行的阶层划分，如雇主和雇员的划分，董事、经理和雇员的明确划分，许多社会成分是相互重叠的，内涵也很模糊，也就谈不上赋予明确的权利和地位，以及其参与法律事务上的保障。

（5）扩展居民财权实现的形式

现代市场经济的发展使得个人享有单独的财产所有权降为次要规模，“总有”“共有”“合有”拥有财产成为经济生活的主流，居民提供生产要家逐渐以联合股权的形式取代以往单独所有权的形式，居民个人的财产意识、权利意识并没有因为股权联合而消弭，他们更乐意以股权债权的形式来分享权能、负担义务，保证自身权益的满足。

在东欧和俄罗斯，通过国有财产平均分配、证券私有化、货币私有化等手段，经济生活已相对独立于政治生活运作。在我国，既有产权制度改革的方向与策略不是以建立自然人产权主体为导向的，而是以国家控股下的法人股份化为主要方向。这种法人股份化为主体的产权制度改革以企业重组和职工下岗为主要措施，很容易导致城市工人大范围失业和贫困，尤其是企业职工对原有虚置性的国有财产产权的进一步失落，从而加剧了社会矛盾，甚至引起社会动荡。同时，由于自然人产权制度界定得不到位，财产化投资渠道狭窄，导致社会存在大规模的游资。大规模社会游资的流动必然会冲击正常的生产流通秩序，甚至引发金融风险。

综合上述的分析可以看出，稳定我国社会经济和政局形势，提高居民的财产，无论是在理论上，还是在实践中，都既是经济的，也是政治的；既是国家政权的修正，也是居民财权的配置，促使两者相互融通，就能顺利完成经济体制改革的历史任务，达到民富国强的理想状态。

第 9 章

湖南实现国内生产总值和城乡居民人均收入同步增长的现实条件、制约因素和路径研究

内容提要：本章以湖南省为例，为实现国内生产总值与城乡居民人均收入同步增长的现实条件、制约因素以及实现路径进行研究。通过与国内发达地区的对比，我们提出：优先发展省内特色区域经济，促进经济快速增长、完善收入分配体制机制，努力增加城乡居民收入分配比例。积极发展金融服务，提高居民财产性收入、保障和改善民生，促进低收入群体增收、加快小城镇建设，促进城乡一体化、引入PPP模式，加快基础设施建设。推进人口合理流动和人口素质的提高，推进特色现代农业体系、培养新型职业农民、大力发展特色旅游业，推进乡村旅游的全面开发和发展等政策建议。

党的十八大报告提出，到2020年，实现国内生产总值和城乡居民收入比2010年翻一番的目标。报告还为收入倍增计划设定了前提：以发展平衡性、协调性、可持续性明显增强为基础。中国人民银行调查统计司司长盛松成随后撰文指出，“实现城乡居民收入比2010年翻一番”的目标，2013—2020年城乡居民收入仅需年均实际增长6.38%，即可实现收入翻一番的目标。与此同时，按照湖南省统计信息网的统计，2010—2012年湖南省GDP增速为38.15%；全省城镇居民人均可支配收入实际增长20.08%；农村居民人均纯收入实际增长24.16%。可见，只要湖南省经济平稳增长运行，实现两个翻一番的目标会提前完成。因

此，在这一良好预期下探讨湖南省国内生产总值和城乡居民人均收入同步增长的现实条件、制约因素和实现路径，对促进湖南省居民收入水平、优化居民收入结构、缩小城乡居民收入和产业收入差距均具有十分重要的理论和实践指导意义。

9.1　国内生产总值增长与居民收入增长的内在机理

国内生产总值（GDP）的增长是国民收入增长的内在动因，而前者通过传动效应影响居民收入增长；同时，居民收入增长拉动国内投资倾向和消费需求，最终带动 GDP 可持续增长。两者之间是一个双向影响的关系，由此看来如何权衡 GDP 增速与居民收入增速是一个极具意义的问题。

9.1.1　GDP 增长对城乡居民收入增长的影响机制

（1）产业结构调整

产业结构调整是国民经济增长的内生动力。我国在近些年 GDP 急剧放大的前提下仍然能够保持每年 10% 左右的增速，产业结构调整步伐的加快是关键因素之一。目前，我国经济发展进入了一个国内消费需求偏好转变和国际贸易环境恶化的新时期，如何利用产业结构调整促进国民经济可持续发展从而促进城乡居民收入同步增长，成为各界学者关注的主要议题。

现阶段调整结构面临的主要是产业转型升级和由第一产业向发展第二、第三产业调整的问题。目前城乡居民收入偏低主要是由于产业结构失衡引起的，产业结构失衡造成农村居民收入增长缓慢，金融产业发展失调致使城镇居民收入中的财产性收入增长不稳定。而要想城乡居民收入随国民收入又好又快增长，调整产业结构势在必行。

产业结构决定了劳动生产率和就业率，这两点直接影响居民的收入状况。我国第二、第三产业所占比重由 1978 年的 47.88%、23.93% 发展到近期的 48.62%、40.07%，效率较低的第一产业比重逐年下降，收益率较高的第二、第三产业比重逐年上升。产业结构的优化带来了收入结构的重新组合，从而带动收入水平的上升。产业结构的优化升级促进了居民收入的多元化，从城镇居民角度来看，与以往工资性收入占主导地位不同，经营性收入占收入比重逐年上涨，带动城镇居民收入增长；从农村居民角度来看，随着工业化和城市化的推进，大量农村劳动力向城市工业部门转移，工资性收入逐渐在农村居民收入中占主导地位。“十二五”规划中提出的“通过产业结构升级、加快城镇化进程来拉动就业”这一要求也验证了产业结构升级的克拉克定理，即随着新型工业化进程的推进，经济体中第三产业对吸纳就业的作用会越来越大。

（2）稳定物价水平

目前我国同时面临经济增速下行与物价上行的双重压力，力促形成物价稳定的经济高增长格局对同步提高城乡居民收入具有深远的现实意义。居民收入主要分为工资性收入、财产性收入、转移性收入和经营性收入四部分，经济增长方式对物价水平的影响会直接左右居民长期固定收入。通货膨胀所造成的物价持续上涨对于居民收入增长存在个体不同的情况，正如 Jin（2009）在假定资本和技术异质性的前提下，发展了关于货币的内生增长模型，用以研究通货膨胀对经济增长和居民收入不平等之间的关系。他发现资本异质性起主导作用的通货膨胀使得收入不平等程度降低，而技术异质性起主导作用的通货膨胀使得收入的不平等程度升高。由此可以看出，经济增长在稳定的物价水平下可以大大提高居民的经营性收入与非经营性收入。稳定的物价水平也促进了居民工资性收入和财产性收入的保值。

在第十一届全国人民代表大会上，温家宝总理曾经在政府工作报告中强调，“今后五年，努力实现居民收入增长和经济发展同步。要把稳定物价总水平作为宏观调控的首要任务”，“要保持宏观经济政策的连续性、稳定性，提高针对性、灵活性、有效性，处理好保持经济平稳较快发展、调整经济结构、管理通胀预期的关系，更加注重稳定物价总水平，防止经济出现大的波动”。可见，稳定物价水平对提高城镇居民实际收入水平有非凡深远的意义。稳定物价水平可以提高居民的实际购买力和居民生活水平；改善居民消费结构；落实我国分配制度和分配原则，保证居民收入体现社会公平，使 GDP 增长带来的效益切实地落到百姓的口袋中去；稳定物价水平为企业发展和生活消费创造良好环境，构建公平经济秩序，稳定汇率，提升国际地位，促进外贸发展，进而促进城镇居民就业率的上升，稳定居民收入。

（3）税收手段增收

早在 20 世纪 50 年代，日本曾经提出过“国民收入倍增计划”，当时所理解的居民收入即国民经济核算中的国民生产净值的概念。从收入核算法角度来看，国民收入包含了劳动者报酬、营业余额和生产税净额三部分。但我国“十二五”规划所提出的“国内生产总值与城乡居民收入同步增长”中的城乡居民收入具体是指城乡居民劳动者报酬部分，即城乡居民可支配收入。我国现行的统计标准规定：城镇居民可支配收入 = 总收入 - 个人所得税 - 个人社会保障缴费 - 记账补贴；农村居民可支配收入=总收入－家庭经营性费用－税费支出－生产性固定资产折旧。由以上统计公式可以看出，税收对城、乡居民收入增长均起到重要的作用。

实际税负偏高，会对居民收入增长形成一定的挤压。由于增值税、营业税等间接税所占比重非常高，这导致了我国产品和服务中所含的税负实际并不低。因为增值税、营业税等间接税种作为流转税由企业缴纳，而企业往往可以转嫁到商品和服务当中，最终由消费者承担；而个税、房产税和遗产税等直接税只能由个人承担，无法向下游转嫁。

国民经济增长意味着国内生产总值的大幅度增长，国家税收也会随之增长。一方面，国家可以利用税收杠杆平衡居民收入分配的不均衡现象，增加大部分居民的可支配收入；另一方面，国家可以通过“劫富济贫”的税收方式，利用政府的转移支付功能，提高贫困人口转移性收入比重，从而达到促进城乡居民收入增长的目的；除此之外，国家还可以通过调低农业、乡镇企业、民营企业的税率，刺激相关领域企业发展，形成规模效应，从而促进居民就业和城乡居民工资性收入的提升。

从当前看，推动结构性减税，是增加居民收入、拉动内需和稳定物价水平的选项之一。从长远看，要实现宏观经济的平稳运行，推动我国发展方式的根本转变，结构性减税也是应有之义。

9.1.2　城乡居民收入增长对GDP增长的“反哺效应”

城乡居民收入对国内生产总值的影响机理主要从三大方面来分析：收入差距、收入结构、收入的区域及行业差异，如图9－1所示。

(1) 城乡收入差距

国内很多学者研究了农村居民和城镇居民收入增长对经济增长的影响，得出两者对经济增长的影响并不同步。例如，王军强等人（2013）通过实证分析得出农村居民收入增长对经济增长的促进作用强于城市居民收入增长带来的作用，农村居民收入与经济增长之间存在长期稳定的双向Granger因果关系，而城镇居民收入与经济增长之间只存在单向因果关系。杨冬梅（2006）运用计量的方法研究表明，经济增长与城镇居民收入之间存在着显著的长期动态均衡关系，经济增长对城镇居民和农村居民收入水平的影响不同步。

尽管很多学者的研究表明城乡收入差距的确会对经济增长产生影响，但这种影响是对经济增长产生促进作用，还是收入差距会抵消城乡居民收入的减贫成效，专家学者们仍是各执一词。不可否认的是，居民收入增长在某种程度上对刺

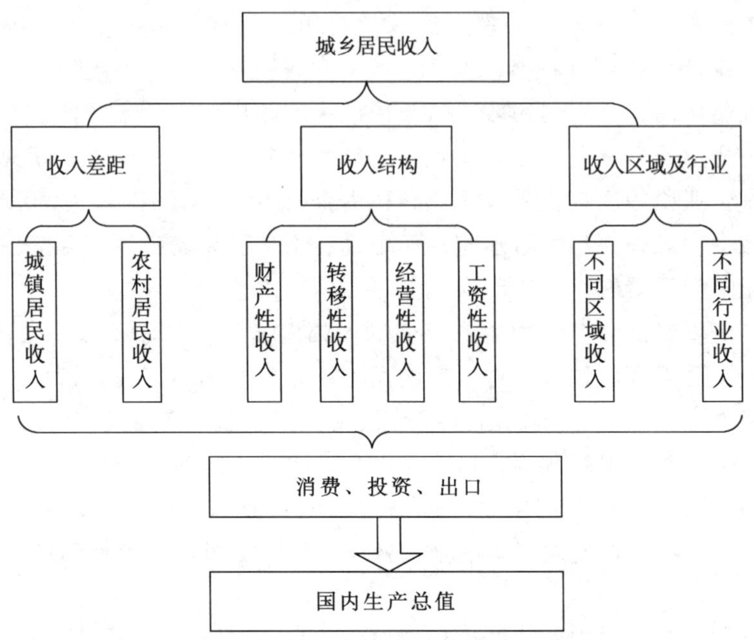

图 9－1　城乡居民收入对国内生产总值的影响

激居民消费、拉动国内消费需求能够起到很大的作用。而农村居民收入增长对发展国内经济、刺激居民消费的作用明显强于城镇居民收入。

中国城乡居民收入差距与国内生产总值的增长也存在因果关系，其中 GDP 增长是城乡居民收入扩大的原因，表明了经济增长扩大了社会不公平分配；然而后者却并不是前者的原因，表明城乡居民收入差距及其扩大趋势并不能促进经济增长。目前我国的状况是，城镇居民收入主要来源于工资性收入，农村居民主要收入来自家庭经营收入和工资性收入，财产性收入在城乡居民收入中所占的比例相对较小。这造成了城乡居民收入总体增速较慢，跑输 GDP 增长率。

我国城乡的二元结构造成了城市现代工业部门和农村传统农业部门的对立，这种对立所产生的收入差距黏滞性严重阻碍了居民收入随国内生产总值的增加而增加。从另一个方面而言，无论是城镇居民收入还是农村居民收入对经济的拉动力均不显著。我国亟须调整收入分配结构，改变居民消费偏好，优化财政转移方式从而使居民收入增长与国内生产总值增长互相促进，同步进行。

（2）行业收入差距

改革开放以前，我国不同行业和各部门之间收入差距非常小。1978 年全国几大行业中，电、煤气及水的生产和供应业平均工资最高为 850 元，社会服务业平均工资最低为 392 元，但是我国不同行业之间的收入差距明显扩大。1999 年全国 16 大行业中，金融保险业平均工资高达 12046 元，而农、林、牧、渔业平均工资仅为 4832 元，最高行业工资与最低行业工资的绝对值由 458 元扩大到 7214 元，比率由 2.16:1 扩大到 2.49:1。一些带有垄断性的行业如电力、金融、烟草等行业，依靠在国民经济中的垄断地位，获得高额垄断利润。调查数据显示，2008 年，20 个行业门类收入差距为 4.77 倍，有的高达 10 倍。垄断行业收入比全国平均水平高 10 倍。据人力资源和社会保障部统计，目前，电力、电信、金融、保险、烟草等行业职工的平均工资是其他行业职工平均工资的 2—3 倍，如果再加上工资外收入和职工福利待遇上的差异，实际收入差距可能在 5—10 倍之间。

目前，我国部分第二产业与大批第三产业的相关行业收入大幅度超越传统行业，随着我国产业结构的调整，行业间收入上的差距表现得更为明显。不同行业的城乡居民工资性收入对经济增长的拉动作用也有显著差异。例如，垄断行业、新兴行业、知识和资金密集型行业的就业人员工资水平远高于非垄断行业、传统行业和劳动密集型行业（曾瑞雪，2012），这些高工资行业的就业人员成为带动国家经济发展的重要力量，因此研究不同行业的工资水平，分析高工资就业人员对经济增长的作用具有十分重要的意义。

（3）区域收入差距

在行业收入差距扩大的同时，地区间居民收入差距也日益扩大，并且表现出明显的地域特点。为了研究方便，仍按传统的东、中、西三部分来看，从 1999—2011 的 10 年间，东、中、西部地区的居民收入都有了大幅度的增长，但收入差距也同时扩大。如表 9－1 所示，虽然 2011 年东、中、西部地区居民人均收入比 1999 年分别增长 14.9 倍、12.1 倍和 12 倍，但三个地区居民收入之比却由 1.22:1.01:1 扩大到了 1.52:1.01:1，可见地区收入差距在不断扩大。各地区之间经济发展呈现不平衡状态，东部地区居民收入增长迅猛，中西部地区居民收入处于明显的滞后状态。据统计资料，从居民人均可支配收入来看，东部与中部城镇居民人均可支配收入之比由 2001 年的 1.46:1 拉大到了 2006 年的 1.56:1。东部与西部城镇居民人均可支配收入之比也由 2001 年的 1.39:1 攀升到了 2006 年的 1.48:1。东、中、西部三大地区的农村人均纯收入，差距更悬殊。居民收入差距呈现出“西低东高”的趋势。

有研究表明，在中西部地区，第二产业比重提高能有效拉动就业，但是在东部这个关系并不显著。而且，最终消费率在中西部与就业呈反向变动，在东部，提高最终消费率具有很大的就业促进效果，最终消费率每提高 1%，平均可以带动就业增长 0.37%（王晓刚，2013）。因此，不同区域的城乡居民收入水平和消

表 9－1　　东中西部地区居民收入变化表　　单位：元/人·年

年份	东部	中部	西部	东部与中部差距		东部与西部差距	
				绝对值	百分比	绝对值	百分比
1999	10328.2	6895.44	6821.8	3486.73	50.57%	3560.37	52.19%
2011	12495.33	8790.86	7854.70	3704.47	70.35%	4640.63	62.86%

资料来源：《中国统计年鉴》（2017 年）。

费水平对经济增长的影响具有异质性。

（4）收入结构

居民收入的不合理结构影响消费总需求，导致消费需求不足。相比经营性收入和工资性收入，财产性收入和转移性收入的边际消费倾向更高，对经济的拉动作用更强。张秋惠（2010）从基本收入非基本收入视角研究了收入结构对消费水平的影响，并提出在短期内可以通过调整改变农村居民收入结构来提升边际消费倾向。居民消费水平的提高将带动经济增长。

城镇居民收入增速常年不及 GDP 增速主要是两方面的原因：一是因为工资性收入增长的速度在回落，经济下行期企业的效益有所下滑，所以工资性收入的增速持续下降。从城镇居民结构来看，经营性收入增长速度回落的幅度也较大，主要也是因为外部的经济环境趋紧，企业的利润有所下降造成的。农村居民收入增长发生结构性变化。其中，工资性收入比重大幅度增加，经营性收入和财政转移性收入比重有所下降，财产性收入比重未有太大变化。

通过上述分析可以看出，居民收入与经济增长之间存在着协调拉动的关系。尽管在短期内两者之间存在着波动效应，但从长期来看，居民收入和国内经济增长之间还是存在着一种长期稳定的均衡关系。居民收入增长对经济的发展就有重要的推动作用，GDP 增长对居民收入的增长也就有显著的促进作用。

9.2　湖南实现国内生产总值和城乡居民人均收入同步增长的现实条件

9.2.1　湖南省国内生产总值及其结构演变

为了探寻湖南省国内生产总值及其增长率的总体变动趋势，对湖南省 2003 年到 2012 年的实际 GDP 及其增长率进行了统计分析。

根据《湖南统计年鉴》的相关数据，为了消除价格因素影响，以1978年为基期，对数据进行调整和计算，得出2003年到2012年的实际GDP及其增长率，如图9-2所示。湖南省实际GDP从2003年的1221.63亿元逐年上升到2012年的3714.04亿元，保持着逐年增长的趋势；湖南省实际GDP的增长率从2003年的9.60%逐年上升到2007年的15.00%，从2007年的15.00%下降到2012年的11.30%；湖南省实际GDP增长率的最大值为2010年的15.00%，最小值为2003年的9.60%；湖南省实际GDP增长率从2003年到2007年呈现出逐年增长的趋势，从2007年到2012年呈现出波动下降的趋势。因此，从2003年到2012年，湖南省实际GDP保持着逐年增长的趋势，湖南省实际GDP的增长速度呈现出先逐年增长后波动下降的趋势。

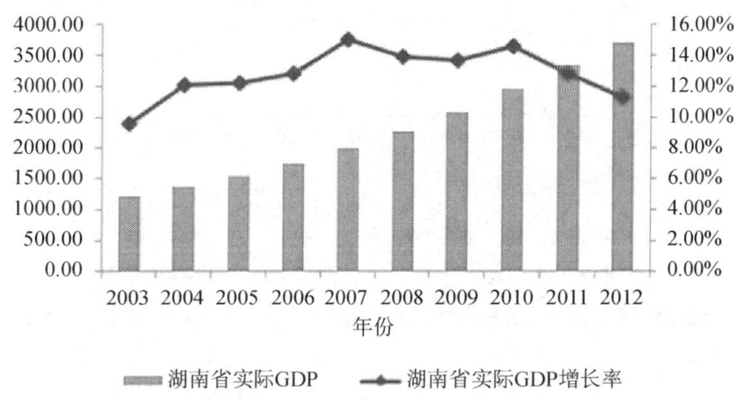

图9-2　湖南省实际GDP及其增长率（单位：亿元）

注：①2002—2011年的相关数据来源于《湖南统计年鉴2012》，2012年的相关数据来源于《湖南省2012年国民经济和社会发展统计公报》；②湖南省实际GDP的计算以1978年为基期，计算公式如下：实际GDP=GDP指数×1978年名义GDP/100；③所涉及的增长率均为以1978年为基期的实际增长率（下同）。

（1）支出法角度对湖南省国内生产总值结构演变分析

上文分析了湖南省2003年到2012年实际GDP及其增长率的变动规律，为了进一步探寻湖南省实际GDP的结构演变特征，从国内生产总值按支出法角度，根据《湖南统计年鉴》的分类标准，将国内生产总值的构成要素分为最终消费、资本形成总额、货物和服务净流出，其中，最终消费包括居民消费和政府消费，居民消费包括农村居民消费和城镇居民消费，资本形成总额包括固定资本和存货增加。

首先，按支出法角度，将国内生产总值的构成要素分为最终消费、资本形成总额、货物和服务净流出，分析国内生产总值的结构演变特征。根据《湖南统计年鉴》对湖南省 GDP 支出法的统计数据，为了消除价格因素影响，以 1978 年为基期，对数据进行调整和计算，得出 2003 年到 2012 年湖南省实际 GDP 支出法各构成要素的绝对额、比重变化、增长率。湖南省实际 GDP 及其构成要素的绝对额如图 9－3 所示，湖南省实际 GDP 构成要素比重变化如图 9－4 所示。

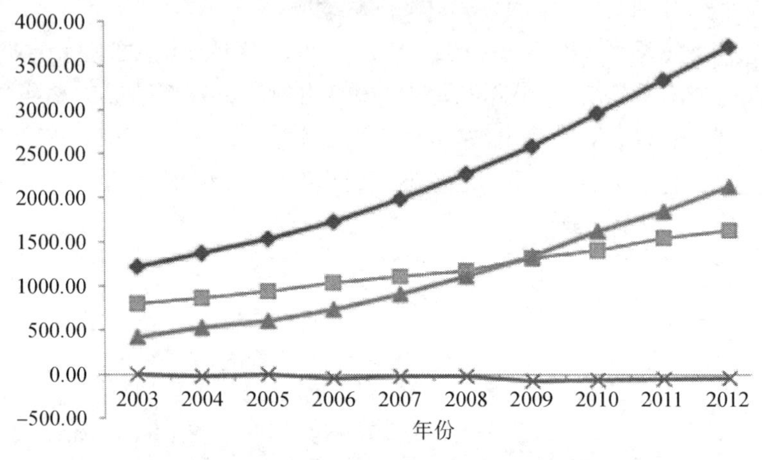

图 9－3 湖南省实际 GDP 及其支出法构成要素绝对额（单位：亿元）

注：湖南省实际 GDP 支出法构成要素的绝对额依据湖南省实际 GDP 按照各要素占名义 GDP 的比重进行分配和计算得出。

从图 9－3 可以看出，湖南省实际 GDP 支出法构成要素中最终消费从 2003 年的 789. 65 亿元逐年上升到 2012 年的 1630. 10 亿元，资本形成总额从 2003 年的 419. 20 亿元逐年上升到 2012 年的 2132. 45 亿元，最终消费和资本形成总额的绝对额呈现出逐年上升的趋势；而湖南省实际 GDP 支出法构成要素中货物和服务净流出从 2003 年的 3. 78 亿元下降到 2009 年的－70. 84 亿元，从 2009 年的－70. 84 亿元上升到 2012 年的－48. 50 亿元，从 2004 年到 2012 年，一直是负值，呈现出先波动下降、后上升的趋势。

从图 9－4 可以看出，从 2003 年到 2012 年湖南省实际货物和服务净流出占湖南省实际 GDP 的比重从 2003 年的 0. 31% 波动下降到 2006 年的－2. 22%，从 2006 年的－2. 22% 上升到 2012 年的－1. 31%，呈现先波动下降、后小幅上升的趋势，平均值为－1. 34%，总体表现较平稳。湖南省实际资本形成总额占实际 GDP 的比重从 2003 年的 34. 31% 逐年上升到 2012 年的 57. 42%，呈现出逐年上升的趋势，而湖南省实际最终消费占实际 GDP 的比重从 2003 年的 65. 38% 逐年下降到 2012 年的 43. 89%，呈现出逐年下降的趋势。2003 年到 2009 年，湖南省

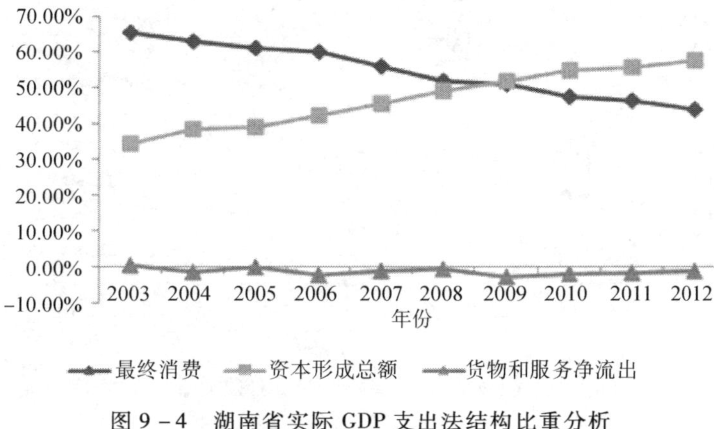

图 9－4 湖南省实际 GDP 支出法结构比重分析

注：各构成要素实际值占比是依据各构成要素名义值占名义 GDP 的比重得出。

实际最终消费占实际 GDP 的比重大于湖南省实际最终消费占实际 GDP 的比重；从 2009 年到 2012 年，湖南省实际资本形成总额占实际 GDP 的比重超过湖南省实际最终消费占实际 GDP 的比重，湖南省实际资本形成总额成为湖南省实际 GDP 支出法构成要素中比重最大的部分；从 2003 年到 2012 年，湖南省实际货物和服务净流出占湖南省实际 GDP 的比重最小。

（2）生产法角度对湖南省国内生产总值结构演变分析

前文分析了 2003 年到 2012 年湖南省国内生产总值支出法结构演变的规律，下面将按生产法构成角度分析湖南省国内生产总值的结构演变规律，将国内生产总值按产业划分为第一产业、第二产业和第三产业，其中，第二产业包括工业和建筑业，第三产业包括交通运输仓储和邮政业、批发和零售业、金融业、房地产业等。

首先，将国内生产总值按产业划分为第一产业、第二产业和第三产业，对湖南省实际国内生产总值的结构进行分析。根据《湖南统计年鉴》对湖南省 GDP 生产法的统计数据，为了消除价格因素影响，以 1978 年为基期，经过调整和计算，得出 2003 年到 2012 年湖南省实际 GDP 及其生产法构成产业的增加值及其比重变化、增长率。湖南省实际 GDP 及其生产法构成产业的实际增加值如图 9－5 所示，湖南省实际 GDP 生产法构成产业实际增加值的比重变化如图 9－6 所示，湖南省实际 GDP 及其生产法构成产业实际增加值的增长率如图 9－7 所示。

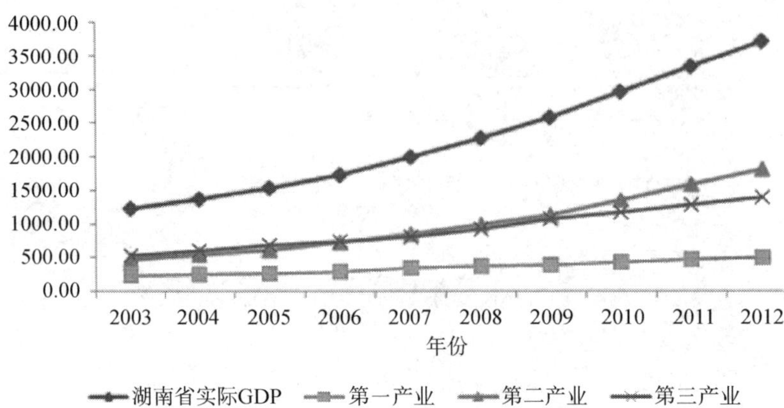

图 9－5　湖南省实际 GDP 及其生产法构成产业实际增加值的绝对额（单位：亿元）

注：湖南省实际 GDP 生产法构成产业的实际增加值是湖南省实际 GDP 根据各产业名义增加值占名义 GDP 的比重进行分配和计算得出。

从图 9－5 可以看出，湖南省实际 GDP 生产法构成产业中第一产业的实际增加值从 2003 年的 232.39 亿元上升到 2012 年的 495.79 亿元，第二产业的实际增加值从 2003 年的 466.04 亿元上升到 2012 年的 1819.26 亿元，第三产业的实际增加值从 2003 年的 523.20 亿元上升到 2012 年的 1399.00 亿元，三次产业的实际增加值均呈现出逐年上升的趋势。

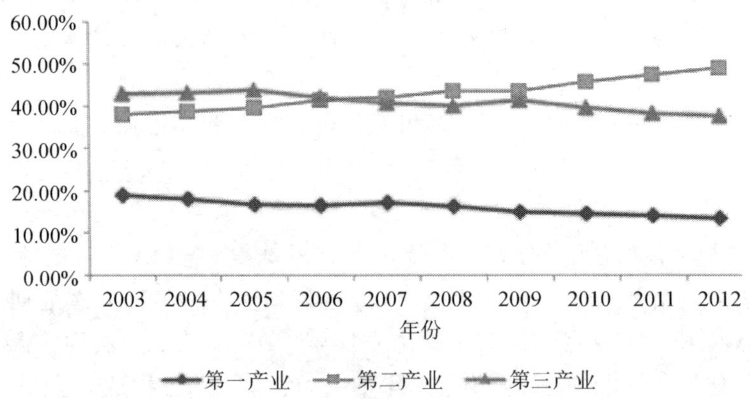

图 9－6　湖南省实际 GDP 生产法构成产业的比重

从图 9－6 可以看出，湖南省第一产业的实际增加值占实际 GDP 的比重从 2003 年的 19.02% 逐年下降到 2012 年的 13.05%，湖南省第二产业的实际增加值占实际 GDP 的比重从 2003 年的 38.15% 逐年上升到 2012 年的 48.98%，湖南省第三产业的实际增加值占实际 GDP 的比重从 2003 年的 42.83% 下降到 2012 年的

37.67%。对三次产业的实际增加值占实际 GDP 的比重进行比较，从 2003 年到 2012 年，湖南省第一产业的实际增加值占实际 GDP 的比重最小；从 2003 年到 2006 年，湖南省第三产业的实际增加值占实际 GDP 的比重最大，湖南省第二产业的实际增加值占实际 GDP 的比重次之；从 2006 年到 2012 年，湖南省第二产业的实际增加值占实际 GDP 的比重最大，湖南省第三产业的实际增加值占实际 GDP 的比重次之。

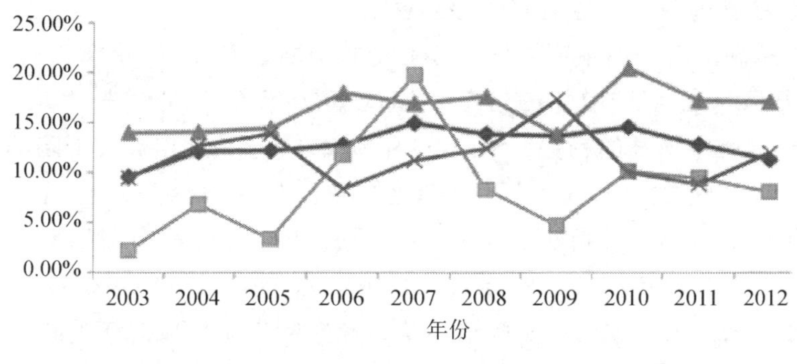

图 9－7　湖南省实际 GDP 及其生产法构成要素的增长率（单位：亿元）

从图 9－7 可以看出，湖南省第一产业实际增加值的增长率从 2003 年的 2.16% 波动上升到 2007 年的 19.76%，从 2007 年的 19.76% 波动下降到 2012 年的 8.12%，最大值为 2007 年的 19.76%，最小值为 2003 年的 2.16%，波动幅度较大，从 2003 年到 2012 年（2007 年除外）湖南省第一产业实际增加值的增长率低于实际 GDP 的增长率。湖南省第二产业实际增加值的增长率从 2003 年的 13.94% 波动上升到 2012 年的 17.17%，最大值为 2010 年的 20.49%，最小值为 2009 年的 13.77%，有一定的波动，从 2003 年到 2012 年湖南省第二产业实际增加值的增长率均大于实际 GDP 的增长率。湖南省第三产业实际增加值的增长率从 2003 年的 9.43% 波动上升到 2009 年的 17.30%，从 2009 年的 17.30% 波动下降到 2012 年的 12.06%，最大值为 2009 年的 17.30%，最小值为 2006 年的 8.40%，2003 年到 2012 年湖南省第三产业实际增加值的增长率比湖南省实际 GDP 的增长率波动更大。

因此，从湖南省实际 GDP 生产法构成角度来看，在 2003 年到 2012 年湖南省实际 GDP 的逐年增长过程中，湖南省三次产业的实际增加值均在逐年增长，第一产业实际增加值的增长率波动幅度最大且低于实际 GDP 的增长率（2007 年除外），第二产业实际增加值的增长率呈现出波动上升的趋势且高于实际 GDP 的增长率，第三产业实际增加值的增长率比实际 GDP 的增长率波动更大。从 2003 年到 2012 年，湖南省第一产业的实际增加值对实际 GDP 的贡献作用最小；从 2003 年到 2006 年，湖南省第三产业的实际增加值对实际 GDP 的贡献最大，湖南省第二产业的实际增加值的贡献次之；从 2006 年到 2012 年，湖南省第二产业的实际增加值对实际 GDP 的贡献最大，湖南省第三产业的实际增加值的贡献次之。根据以上分析可以看出，第二产业和第三产业的实际增加值是 GDP 增长的主要贡献因素。

（3）湖南省国内生产总值演变特征总结

首先，从湖南省国内生产总值总体变动趋势看，从 2003 年到 2012 年，湖南省实际 GDP 保持着逐年增长的趋势，湖南省实际 GDP 的增长率从 2003 年到 2007 年呈现出逐年增长的趋势，从 2007 年到 2012 年呈现出波动下降的趋势。

其次，从湖南省实际 GDP 支出法角度来看，在 2003 年到 2012 年湖南省实际 GDP 的逐年增长过程中，湖南省实际 GDP 支出法构成要素中实际最终消费和实际资本形成总额在逐年增长，实际资本形成总额和实际最终消费成为实际 GDP 增长的主要贡献因素；湖南省实际最终消费和实际资本形成总额的构成要素均呈现增长的趋势，其中，实际居民消费是实际最终消费增长的主要贡献因素，实际城镇居民消费是实际居民消费增长的主要贡献因素，湖南省实际固定资本对实际资本形成总额的贡献远远大于实际存货增加对实际资本总额的贡献。从 2004 年到 2012 年湖南省实际货物和服务净流出一直是负值，呈现出先波动下降、后上升的趋势，从 2004 年到 2012 年（2006 年和 2009 年除外）一直表现为负增长，成为拖累湖南省实际 GDP 增长的因素。

最后，从湖南省实际 GDP 生产法角度来看，在 2003 年到 2012 年湖南省实际 GDP 的逐年增长过程中，湖南省三次产业的实际增加值均在逐年增长。湖南省第一产业的实际增加值对实际 GDP 的贡献最小。从 2003 年到 2006 年，湖南省第三产业的实际增加值对实际 GDP 的贡献最大，湖南省第二产业的实际增加值的贡献次之；从 2006 年到 2012 年，湖南省第二产业的实际增加值对实际 GDP 的贡献最大，湖南省第三产业的实际增加值的贡献次之。从 2003 年到 2012 年，湖南省工业和建筑业的实际增加值均呈现出逐年增长的趋势，湖南省工业实际增加值是第二产业实际增加值的主要贡献因素，湖南省建筑业实际增加值对第二产业实际增加值的贡献较小。从 2003 年到 2012 年，湖南省第三产业主要构成行业的实际增加值均呈现出增长的趋势，湖南省交通运输仓储和邮政业、批发和零售业、金融业、房地产业实际增加值的增长率均呈现出波动的趋势，湖南省批发和零售业实际增加值对第三产业实际增加值的贡献最大，湖南省交通运输仓储和邮政业实际增加值对第三产业实际增加值的贡献较大，湖南省房地产业实际增加值对第三产业实际增加值的贡献相对较小，湖南省金融业实际增加值对第三产业实际增加值的贡献最小。

9.2.2　湖南省城镇和农村居民人均收入及其结构演变

从《湖南统计年鉴》（2003 年至 2012 年）和湖南省国民经济和社会发展统计公报（2002 年至 2012 年）中找到 2002 年至 2012 年间关于湖南省城乡居民人均收入的统计数据。为方便对各年间城乡居民人均收入进行比较，排除货币时间价值的影响，在数据处理上，文中以 1978 年为基期，分别计算各年间的 CPI 指数，将统计数据中的名义收入换算成以 1978 年为基期的实际收入，并计算实际增长率。在收集了以上统计数据的基础上对湖南省的城乡居民人均收入进行分析。

（1）湖南省城乡居民人均收入总体变动趋势分析

城乡居民收入由两部分构成，即城镇居民人均收入和农村居民人均收入，因此，本章将从两个角度对湖南省城乡居民人均收入进行由部分到整体的分析。首先，从城镇居民人均收入以及农村居民人均收入两个部分进行分析，再从湖南省全省居民进行整体分析。下面就城镇居民人均收入以及农村居民人均收入两个部分进行分析，由统计数据可以得到图 9－8 和图 9－9，并且为表现出两者之间的差异，将两者数据进行比较，如图 9－10 所示。

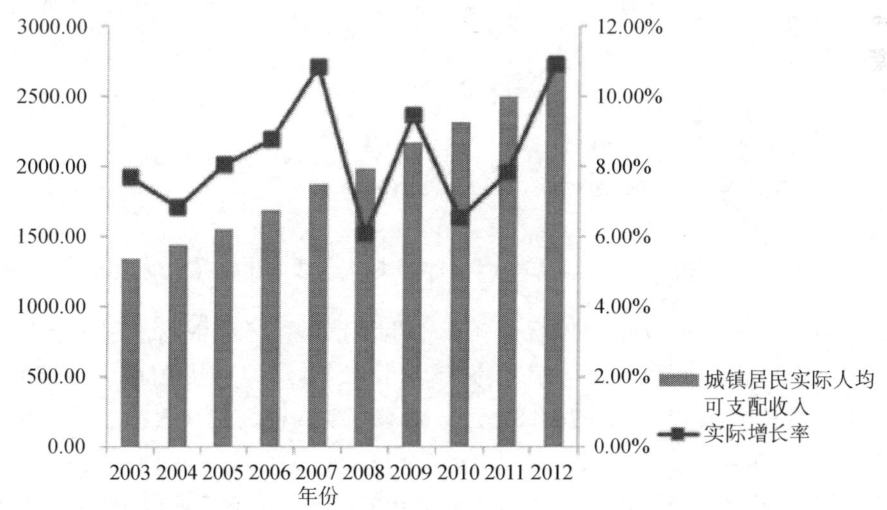

图 9－8　湖南省城镇居民实际人均可支配收入与实际增长率（单位：元）

注：2003 年至 2011 年数据来自《湖南统计年鉴》（2003—2012 年），2012 年数据来自《湖南省 2012 年国民经济和社会发展统计公报》，下同。

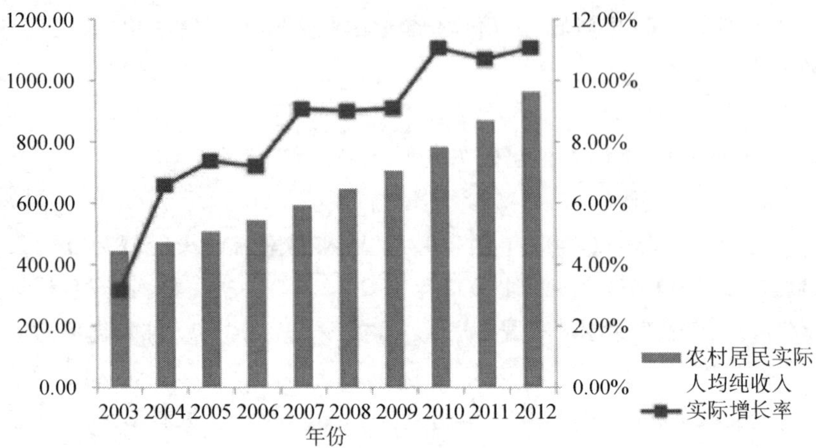

图 9－9　湖南省农村居民实际人均纯收入与实际增长率（单位：元）

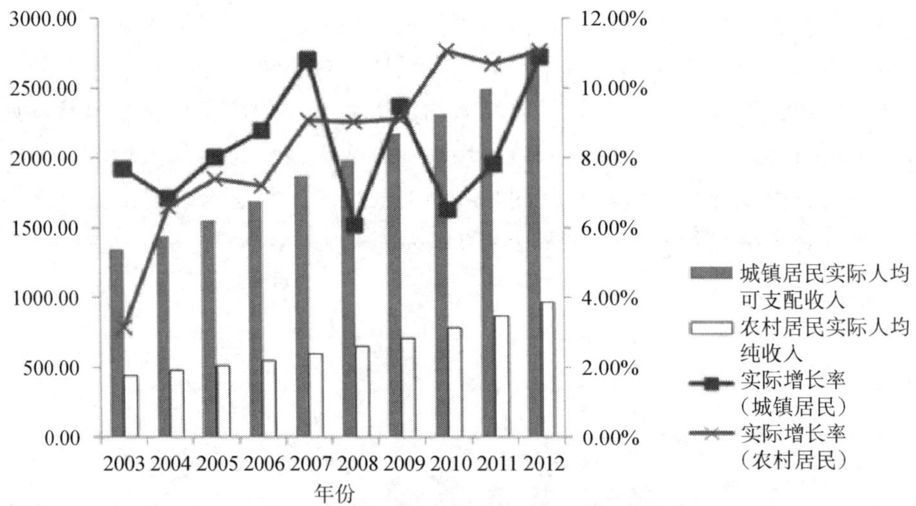

图 9－10　湖南省城镇居民与农村居民实际人均收入比较（单位：元）

从图 9－8 和图 9－9 中可以看到，无论是城镇居民还是农村居民的实际人均收入都呈现稳定的持续增长状态。城镇居民实际人均可支配收入从 2003 年 1345. 40 元增长到 2012 年的 2768. 82 元，翻了一番。根据统计数据，在名义收入上，2003 年城镇居民人均可支配收入为 7674. 18 元，而 2006 年即突破万元大关，增加到 10504. 67 元，到 2012 年又上到一个新的台阶，达到 21319. 00 元。从名义收入来看，湖南省城镇居民的人均可支配收入实现了一个又一个的突破，2012 年是 2003 年城镇居民的人均可支配收入的三倍。农村居民实际人均纯收入从 2003 年的 444. 05 元增至 2012 年的 966. 27 元，也翻了一番。根据统计数据，在名义收入上，农村居民人均纯收入从 2003 年的 2532.87 元增加到 2012 年的 7440.00 元，增加了近两倍，但与城镇居民的人均收入相比，农村居民的人均收入还是大大落后于城镇居民，这在图 9－10 上表现得也十分明显，农村居民实际人均收入与城镇居民相比差了一大截，而从统计数据上来看，无论实际收入还是名义收入，湖南省农村居民 2012 年的人均纯收入均比不上城镇居民 2003 年的人均可支配收入，由此可见，湖南省城乡人均收入之间仍存在很大的差距。

另外，从实际增长率来看，城镇居民的实际增长率十年间一直保持在 6% 以上，平均实际增长率为 8.30%，而农村居民除了 2003 年，其余九年的实际增长率也在 6% 以上，平均实际增长率为 8.45%，值得注意的是，农村居民人均收入的实际增长率大于城镇居民的实际增长率，并且图 9－10 显示，与城镇居民相比，农村居民的增长幅度更加稳定。由此可见，湖南省农村居民的人均收入增长势头不容小觑，农村居民的人均纯收入正处在稳定的增长中。

在分析了城镇居民人均收入与农村居民人均收入两部分的基础上，对湖南省整体进行分析，如图 9－11 所示。

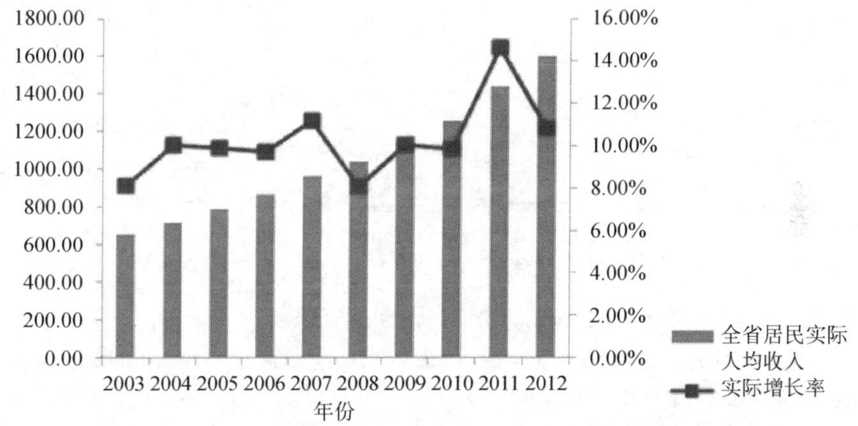

图 9－11　湖南省全省居民实际人均收入与实际增长率（单位：元）

注：全省居民实际人均收入＝（城镇居民实际人均可支配收入×城镇从业人口＋农村居民实际人均纯收入×农村从业人口）/全省从业总人口，下同。

从图 9－11 中可以看到，湖南省全省居民实际人均收入十年间一直呈增长趋势，从 2003 年的 653.46 元增至 2012 年的 1597.55 元，增加了一倍多，平均数为 1047.61 元。根据统计数据，从名义收入来看，全省居民人均收入也从 2003 年的 3727.37 元增至 2012 年的 12300.62 元，增加了近三倍。从实际增长率来看，全省居民的实际增长率一直保持在 8% 以上，平均实际增长率为 10.22%。其增长幅度比较稳定。

（2）湖南省城乡居民人均收入结构演变分析

城乡居民的人均收入是由各个部分构成，一般来说，有四个部分：人均工资性收入、人均经营净收入（人均家庭经营纯收入）、人均转移性收入和人均财产性收入。各部分所占的比重是不同的，而各构成部分的变动趋势亦是不同的。因此，在对整体城乡居民人均收入进行分析的基础上，很有必要对湖南省城乡居民人均收入的结构进行分析：

①湖南省城镇居民人均收入结构演变分析。首先，根据各年城镇居民人均收入各构成部分的统计数据，对各构成部分的占比进行分析比较①，如图 9 - 12 所示。

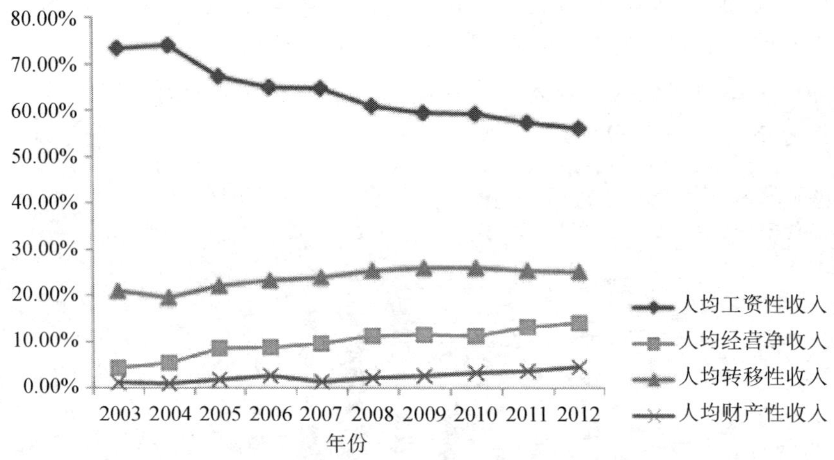

图 9 - 12　湖南省城镇居民实际人均收入各构成部分所占比重

注：①2003 年至 2005 年数据来自《湖南统计年鉴》（2003—2006 年），2006 年至 2010 年数据来自《湖南省国民经济和社会发展统计公报》（2006—2010 年），2011 年数据来自《中国统计年鉴 2012》，2012 年数据根据前三年各构成部分的平均实际增长率分别计算得出；②2012 年各构成部分的实际收入 = 2011 年实际收入 ×（1 + 前三年各构成部分的平均实际增长率）。

从图 9 - 12 中可以看出，2003 年至 2012 年十年间，湖南省城镇居民实际人均收入各构成部分占实际人均收入的比重以及各构成部分占比的变化趋势。从各

① 需要说明的是，在计算过程中发现，因为城镇居民可支配收入是在城镇居民人均总收入的基础上扣除个人所得税等费用的总额，而城镇居民各构成部分之间的加总为城镇居民人均总收入，即城镇居民人均总收入 = 人均工资性收入 + 人均经营净收入 + 人均转移性收入 + 人均财产性收入 ≠ 城镇居民人均可支配收入。为使得各构成部分占比之和为 100%，在计算各构成部分的占比时，是以城镇居民人均总收入为分母计算的，即：各构成部分的占比 = 各构成部分的实际收入/城镇居民实际人均总收入。

构成部分占实际人均收入的比重来看，人均工资性收入占的比重最大，占实际人均收入的50%以上，其次是人均转移性收入，占20%以上，再次是人均经营净收入，最后是人均财产性收入。从各构成部分占比的变化趋势来看，人均工资性收入所占的百分比近年来一直呈下降趋势，相邻年份间的下降幅度维持在一到两个百分点，但从整体来看，人均工资性收入所占的百分比从2003年的73.48%下降到2012年的56.19%，十年间下降幅度达20个百分点，而人均经营净收入、人均转移性收入和人均财产性收入所占百分比都是呈上升趋势，其中人均经营净收入所占百分比从2003年的4.73%上升到2012年的14.05%，上升了近10个百分点，人均转移性收入所占百分比从2003年的20.91%上升到2012年的25.22%，上升了近5个百分点，人均财产性收入所占百分比从2003年的1.24%上升到2012年的4.54%，上升了3个百分点，变动幅度不大。从各部分所占比重的变动中看出，湖南省城镇居民人均收入的结构发生了些许变化，工资性收入所占比重正在下降，除此之外，其他性质的收入所占比重都在上升。这也就表明城镇居民的人均收入来源中，工资性收入所占的比重正在逐步减小中，城镇居民越来越多地通过其他渠道，比如说投资金融市场等途径获取财产性收入或其他性质的收入以增加可支配收入。

从2003年至2012年十年间湖南省城镇居民实际人均收入各构成部分的变动情况可以看出，城镇居民实际人均收入的各构成部分在整体趋势上都是呈增长趋势的。其中，人均经营净收入的增长幅度最大，从实际人均经营净收入来看，从2003年的62.44元增加到2012年的413.80元，增加了近6倍，各年间的实际增长率也大部分维持在两位数，其中2007年的实际增长率甚至达到了72.60%，呈现出大幅度增长；从名义人均经营净收入来看，从2003年的356.17元增加到2012年的3186.15元，是前者的近10倍。此外，人均财产性收入的增长幅度也较大，2003年实际人均财产性收入仅为17.65元，2012年达到133.76元，是2003年的7倍多，从名义人均财产性收入来看，2003年名义人均财产性收入为100.65元，2012年达到1029.88元，是前者的10倍还多。虽然人均财产性收入在城镇居民人均收入中所占的比重一直很小，但从以上分析来看，其数额在绝对数上大幅度上升。除此之外，实际人均转移性收入从2003年的298.64元增加到2012年的742.88元，增加了近1.5倍。最后，人均工资性收入作为城镇居民人均收入最主要的来源，其变动幅度不是很大，从2003年的1049.23元增加到2012年的1655.23元，仅增加了60%左右。

②湖南省农村居民人均纯收入结构演变的分析。根据各年农村居民人均纯收入

各构成部分的统计数据，对各构成部分的占比进行分析比较[①]，如图 9－13 所示。

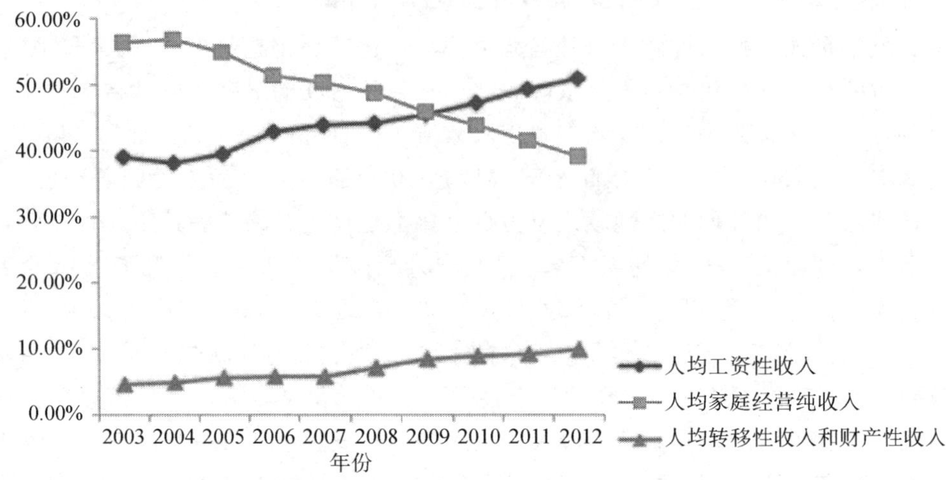

图 9－13　湖南省农村居民人均收入各构成部分所占比重

注：①2003 年至 2005 年数据来自《湖南统计年鉴》（2003—2006 年），2006 年至 2010 年数据来自《湖南省国民经济和社会发展统计公报》（2006—2010 年），2011 年数据来自《中国统计年鉴 2012》，2012 年数据是根据前三年各构成部分的平均实际增长率计算并进行误差调差得出；②2012 年农村居民人均纯收入各构成部分值 = 2011 年值 ×（1 + 前三年各构成部分的平均实际增长率）± 误差调整；各构成部分的占比 = 各构成部分的值/农村居民人均纯收入。

从图 9－13 中可以看出 2003 年至 2012 年十年间农村居民实际人均纯收入各构成部分占实际人均纯收入的比重以及各构成部分占比的变化趋势。从各构成部分占实际人均纯收入的比重来看，十年间，人均家庭经营纯收入与人均工资性收入两者占农村居民实际人均纯收入的比重之和均达 90% 左右，占农村居民人均纯收入的绝大部分。而人均转移性收入和财产性收入所占的比重很小，一直未超过 10%。这表明家庭经营纯收入与工资性收入构成了农村居民收入的主要来源。从各构成部分占比的变化趋势来看，人均家庭经营纯收入所占比重近年来一直呈

① 需要说明的是：在湖南省的统计资料数据中，将农村居民的人均转移性收入和人均财产性收入合并为“人均转移性收入财产性收入”一项列示，因此，根据统计数据，在对农村居民的各个部分分析时，不再区分人均转移性收入和人均财产性收入，而是将两者合并为一项进行分析；由于农村居民人均纯收入 = 人均工资性收入 + 人均家庭经营纯收入 + 人均转移性收入和财产性收入。而在对 2012 年数据进行估算时，其各个部分的估算值总额与《湖南省 2012 年国民经济和社会发展统计公报》中公布的农村居民人均纯收入存在差异，为保持前述等式，因此在数据处理上，对该误差进行了调整。具体的调整方法为：根据前三年各构成部分占比平均值分摊误差值，再在原估计值的基础上进行误差调整，即计算公式为：各构成部分的误差调整值 = | 农村居民人均纯收入 − 各构成部分估计值总额 | × 前三年各构成部分的平均占比。

下降趋势，各年间的下降幅度都在 2 个百分点左右。从长期来看，人均家庭经营纯收入所占比重从 2003 年的 56.35% 下降到 2012 年的 39.15%，下降了近 20 个百分点；而人均工资性收入、人均转移性收入和财产性收入所占的比重近年来一直呈上升趋势，尤其是人均工资性收入所占的百分比，其相邻年份间的上升幅度维持在 1 到 2 个百分点。从整体来看，人均工资性收入所占的百分比从 2003 年的 39.02% 上升到 2012 年的 50.97%，十年间上升了 11 个百分点，这与人均家庭经营纯收入所占的比重的变动恰恰相反，2003 年家庭经营纯收入所占比重比工资性收入多出近 20 个百分点，而在之后六年中，两者间的差距逐步缩小。在 2009 年，家庭经营纯收入所占比重比工资性收入仅多出 0.4 个百分点，而 2010 年，工资性收入所占的比重反超家庭经营纯收入，比其多出近 4 个百分点。这也反映出农村居民收入的最主要的来源已开始由家庭经营纯收入转变为工资性收入，表明越来越多的农村居民开始由通过务农获取收入转变为受雇于单位或个人的方式来获取收入。除此之外，人均转移性收入和财产性收入所占的比重十年间一直呈上升趋势，2003 年人均转移性收入和财产性收入所占的比重为 4.63%，2012 年为 9.87%，增加了 5 个百分点，变动幅度不大。

从 2003 年至 2012 年十年间湖南省农村居民实际人均纯收入各构成部分的变动情况可以看出，农村居民实际人均纯收入的各构成部分都是呈增长趋势的。其中，人均转移性和财产性收入的增长幅度最大，平均实际增长率为 17.67%，2003 年实际人均转移性收入和财产性收入仅为 20.57 元，2012 年增加到 95.41 元，接近 2003 年的 5 倍，从名义人均转移性收入和财产性收入来看，2003 年名义人均转移性收入和财产性收入为 117.31 元，2012 年达到 734.66 元，比 2003 年增加了近 6 倍。人均转移性收入和财产性收入在农村居民人均纯收入中所占的比重一直很小，不到 10%，但从分析来看，虽然其数额不大，但其数额在绝对数上正在大幅上升中。一般来说，农村居民的财产性收入很少，而人均转移性收入和财产性收入的大幅增加，表明农村居民的转移性收入在大幅增加，这就说明农村居民在二次分配中获得的收入更多了，使得可转移收入增加。其次，人均工资性收入的增长幅度也较大，从实际人均工资性收入来看，2003 年实际人均工资性收入为 173.27 元，2012 年为 492.51 元，是 2003 年的 3 倍，各年间的增长情况相对比较稳定，其实际增长率大部分维持在 10% 左右，从名义人均工资性收入来看，从 2003 年的 988.35 元增加到 2012 年的 3792.21 元，增加了近 3 倍。最后，人均家庭经营纯收入的变动幅度不是很大，2003 年实际人均家庭经营纯收入为 250.21 元，2012 年为 378.34 元，十年间仅增加了 100 元左右，实际增长率的平均值为 4.37%，各年间的增长幅度相对也比较稳定。

③湖南省城镇居民与农村居民人均收入结构的比较。通过上文分析，可以看到湖南省城镇居民与农村居民人均收入的结构还是存在差异的，首先从各构成部分占比来看，可以看出城镇居民收入的来源主要是工资性收入，而农村居民收入的主要来源除了工资性收入还有家庭经营纯收入；此外，转移性收入对于城镇居民来说是其第二大收入来源，而这部分收入在农村居民收入中只占极小一部分，这表明了在二次分配中，城乡居民获得的收入是存在很大差异的。从各构成部分所占比重的变化趋势上看，作为城镇居民主要收入来源的工资性收入，其所占比重呈下降趋势，而其他构成部分均呈现上升趋势；而农村居民的工资性收入所占比重正呈上升趋势，家庭经营纯收入呈下降趋势，并且近年来工资性收入所占的比重已超过家庭经营性纯收入所占比重，成为农村居民收入的最主要来源。从这些趋势可以看出湖南省城乡居民人均收入结构均发生了变化。

其次，通过对各构成部分实际增加额与实际增长率的比较分析可知，城乡居民各自的主要收入来源都保持着相对稳定的增长，这为城乡居民的人均收入保持持续稳定的增长提供了基本保障；此外，对于城乡居民人均收入中所占比重较小的部分，如城镇居民的人均经营净收入与人均财产性收入、农村居民的人均可转移收入和财产性收入都呈现出较大幅度的增长且各自在城乡居民收入中所占的比重也在逐年增加，由此可见湖南省城乡居民都在不断扩大这些收入来源以增加收入，可以预计在未来的年份里，其所占的比重还会逐步增加。

④湖南省城乡居民人均收入演变特征总结。通过以上的分析，2003 年至 2012 年湖南省城乡居民人均收入无论是从部分还是整体，或是基于收入构成角度的分析，都是呈增长趋势的。一方面，从整体来看，湖南省全省居民人均收入十年间一直呈增长趋势，且其增长速度也是比较稳定的。另一方面，从部分来看，城乡居民人均收入十年间一直保持着增长的趋势。虽然从实际人均收入的绝对数来看，农村居民远低于城镇居民，但是从实际增长率来看，农村居民人均纯收入的增长变动趋势比城镇居民人均可支配收入的增长变动趋势更加稳定，增长速度也更快些。

从收入的构成角度来看，湖南省城乡居民人均收入的结构均发生了变化。在人均收入各构成部分占比上，各构成部分均表现出了不同的变化趋势，从各构成部分的所占比例的变化中也看到了城乡居民人均收入的结构已发生了改变，其中变化最显著的就是农村居民最主要的收入来源已由家庭经营纯收入转换为工资性收入。在各构成部分实际增加额上，各构成部分大体上都呈现出增长趋势，其中城乡居民人均收入各主要的收入来源都保持了相对稳定的增长，而其他收入来源虽然所占的比重不大，但其增长的幅度远远大于前者。

9.3　湖南实现国内生产总值和城乡居民人均收入同步增长的制约因素

本章将在分析 2003 年至 2012 年湖南省国内生产总值和城乡居民人均收入现实条件的基础上，从全国范围选取有代表性的省份和城市，从横向和纵向上分析湖南省与代表性省份在自然资源、地理位置、经济结构、政策制度等方面存在的差异，从国内生产总值、城市和农村居民人均收入等总量和结构上进行对比研究，探讨湖南省实现国内生产总值和城乡居民人均收入同步增长的优势和劣势，从而发掘影响湖南实现国内生产总值和城乡居民人均收入同步增长的主要制约因素。

9.3.1　选择上海市和广东省作为代表性地区的原因

通过对全国部分地区国内生产总值和人均收入数据的统计、计算和初步分析，本章选取了两个国内生产总值与城乡居民人均收入同步增长趋势相对较好的代表性地区：上海市和广东省。这两个地区的城镇居民人均收入增长率、农村人均收入增长率以及城乡居民增长率（以下统称人均收入增长率）近几年与地区国内生产总值增长率的差距不大，且均呈现其人均收入增长率趋同于国内生产总值增长率的趋势。下面对这两个地区 2003 年至 2012 年间国内生产总值和城乡人均收入同步增长状况进行分析。

（1）上海市国内生产总值和城乡人均收入增长状况分析

①上海市国内生产总值状况。本部分内容所使用数据主要取自《上海统计年鉴》（2003—2012 年）及《上海市国民经济和社会发展统计公报》（2003—2012 年）。选取了 2003 年至 2012 年的数据进行分析。实际 GDP 根据名义 GDP 和以 1978 年为基期的 GDP 指数计算得出。在根据生产法对实际 GDP 进行解构时，产生的误差按产业结构进行分配。

如表 9－2 所示，从总量上看，上海市的 GDP 总值逐年稳步递增，到 2012 年名义 GDP 达 20101.33 亿元。以 1978 年为基期，上海市 2012 年的实际 GDP 为 7169.30 亿元，是 2003 年（3255.17 亿元）的 2.5 倍。2003 年至 2012 年，上海市的年均实际 GDP 为 4928.0 亿元。如图 9－14 所示，从增量上看，上海市 2003 年至 2012 年实际 GDP 每年平均增长 463.11 亿元，年平均增长率为 10.97%。GDP 增长率 2003 年为 12.30%，2012 年为 7.50%，增长速度总体呈波动下降趋势，可能部分归因于其基数不断增大。2007 年 GDP 增长率为 15.20%，达到十年间 GDP 增长率的最高点。

表 9－2　　上海市国民生产总值及其增长率　　单位：亿元

年份	名义 GDP	GDP 指数（1978 年 =100）	实际 GDP（以 1978 年为基期）	GDP 增长率
2003	6694.23	1044.8	2850.32	12.30%
2004	8072.83	1193.2	3255.17	14.20%
2005	9247.66	1329.2	3626.19	11.40%
2006	10572.24	1498.0	4086.69	12.70%
2007	12494.01	1725.7	4707.88	15.20%
2008	14069.87	1893.1	5164.57	9.70%
2009	15046.45	2048.3	5587.97	8.20%
2010	17165.98	2259.3	6163.60	10.30%
2011	19195.69	2444.6	6669.11	8.20%
2012	20101.33	2627.9	7169.30	7.50%

注：本表中 2003 年至 2011 年名义 GDP 及 GDP 指数数据来源于《上海统计年鉴》（2003—2012 年），2012 年名义 GDP 及实际 GDP 增长率数据来源于《2012 年上海市国民经济和社会发展统计公报》。

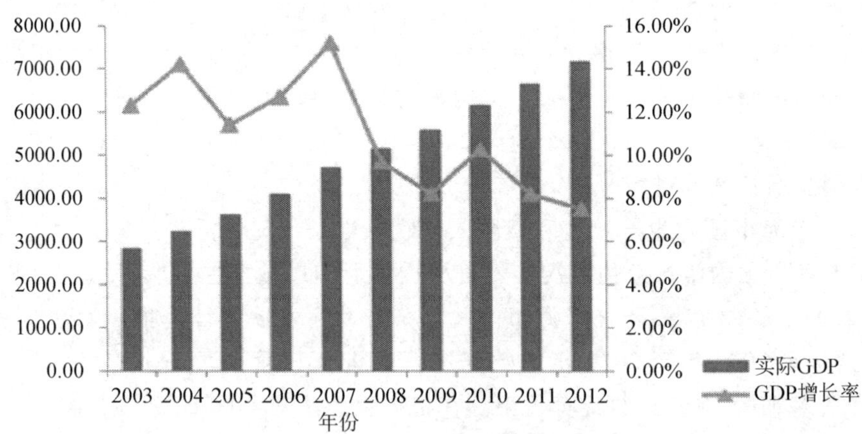

图 9－14　上海市实际 GDP 及其增长率（单位：亿元）

注：①2003 年至 2011 年实际 GDP 数据根据《上海统计年鉴》（2003—2012 年）中名义 GDP 及 GDP 指数数据计算得出，2012 年实际 GDP 由来源于 2012 年上海市国民经济和社会发展公报的名义 GDP 及实际 GDP 增长率数据计算得出；②实际 GDP 以 1978 年为基期。

从结构上看，上海市 GDP 中第三产业所占比重最大，第二产业比重次之，第一产业比重最小。从 2003 年至 2012 年上海市 GDP 的产业结构变动情况看，第三产业在上海市 GDP 中占比重越来越大，呈逐步上升趋势，第二产业在 GDP 中的比重逐步下降，而第一产业比重也略有降低。2003 年，上海市产业结构分别为：第一产业占比 1.21%、第二产业占比 47.94%、第三产业占比 50.85%，第一产业仅占 GDP 的极小部分，第二产业和第三产业在 GDP 中分别占据重要地位，第三产业比重仅高于第二产业近 3 个百分点。到了 2012 年，上海市的产业结构演变为：第一产业占比 0.64%、第二产业占比 39.36%、第三产业占比 60.00%，第一产业在 GDP 中的占比减小为 2003 年的一半，第二产业在 GDP 中的比重也降低了近 10 个百分点，而第三产业相应增加了 9 个百分点，比第二产业高出了 20 多个百分点，以压倒性优势成为上海市 GDP 中最重要的部分。通过对上海市产业结构的分析不难理解，第三产业的增长是带动上海市 GDP 增长的主要力量，第二产业的变动对上海市 GDP 的变动有一定影响，而第一产业的变动对上海市 GDP 总量的变动影响不大。第一产业的增长率始终在 GDP 增长率之下，第三产业增长率基本维持在 GDP 增长率水平之上，而第二产业增长率波动较大。2003 年至 2012 年，第一、第二、第三产业增长率的平均值分别为 4.90%、11.95%、14.86%。第二、第三产业增长率的均值都大于 GDP 增长率的均值（10.97%），可见上海市第二、第三产业的增长对 GDP 增长有拉高的作用，而第一产业增长率的均值远远小于 GDP 增长率的均值，说明上海市第一产业的增长在一定程度上拉低了 GDP 总量的增长。

②上海市居民人均收入状况。本部分内容涉及的数据主要取自《上海统计年鉴》（2003—2012 年）及《上海市国民经济和社会发展统计公报》（2003—2012 年）。选取 2003 年至 2012 年数据进行分析。城乡居民人均收入根据上城镇居民人均可支配收入（以下简称城镇居民人均收入）和农村居民人均纯收入（以下简称农村居民人均收入）统计数据以从业人口占比为权重进行加权平均计算得出。为消除计量口径不同对结果的影响，采用居民消费价格指数（1978 年作为基期。即 1978 年 =100）将收入数据折算成以 1978 年不变价格计量的数据。

如图 9－15 所示，从绝对水平上看，2003 年至 2012 年，上海市城镇居民实际人均收入、农村居民实际人均收入和城乡居民实际人均收入均呈持续增长态势。剔除价格因素，城镇居民实际人均收入由 2003 年的 2701.37 元增加到 2012 年的 5774.73 元；农村居民实际人均收入由 2003 年的 1209.78 元增加到 2012 年的 2500.40 元；城乡居民实际人均收入由 2003 年的 2277.68 元增加到 2012 年的 4233.47 元，城乡及城乡居民实际人均收入都增加了近一倍。2003 年至 2012 年，上海市年均城镇居民实际人均收入为 4148.6 元，年均农村居民实际人均收入为 1805.06 元，年均城乡居民实际人均收入为 3225.2 元。2003 年至 2012 年，上海市年均城镇居民实际人均收入是农村居民实际人均收入的2.3倍，农村居民人均收入与城镇居民人均收入在绝对水平上有很大差距。值得一提的是，不考虑价格因素，2012年，上海市城镇居民人均收入高达40188元，远远高于全国平均水平24565元；上海市农村居民人均收入早在2007年就突破了万元大关，达到了10222元，而2012年上海市农村居民人均收入为17401元，已近2万元。此时上海市居民的人均收入在全国已处于较高水平。

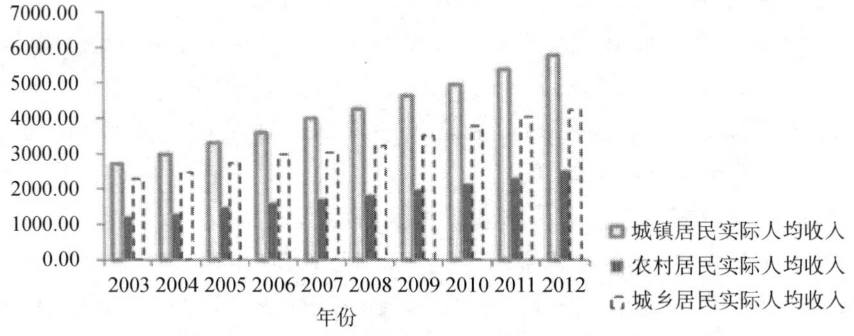

图9－15　上海市居民人均收入实际值（单位：元）

注：①收入数据取自《上海统计年鉴》（2003—2012年）和《上海市国民经济和社会发展统计公报》（2003—2012年）；②CPI数据取自中国经济社会发展统计数据库；③收入实际值以1978年为不变价格计算；④2012年不能取得数据根据以前年份增长率平均值测算得出。

从动态增长趋势上看，2003年至2012年间上海市农村居民人均收入增长率与城镇居民人均收入增长率呈波动下降趋势。在经历了2008年相对大幅下降之后，2009年都有所回升，2010年又有小幅变动，之后上海市农村和城镇居民人均收入增长率基本处于稳定状态，维持在8%左右。剔除价格因素，2012年上海市城镇居民人均收入是2003年的2.14倍，年均增长率为9.14%；2012年上海市农村居民人均收入是2003年的2.07倍，年均增长率为8.28%；2012年城乡居民人均收入是2003年的1.86倍，年均增长率为7.49%。2003年至2012年，上海市年均农村居民人均收入增长速度与年均城镇居民人均收入增长速度相差不到1个百分点，差距不大。而城乡居民总体人均收入增长速度相对较低且波动较大。特别地，2009年至2012年，上海市农村和城镇居民人均收入增长率基本趋同。

从结构上来看，2003年至2012年上海市城镇居民实际人均收入结构较为稳定：工资性收入比重最高，占收入总体的一半以上，从2003年的67.92%到2012年的66.29%，有小幅下降，年平均值为68.24%；转移性和财产性收入在收入总体中也有较高的比重，从2003年的29.55%到2012年的28.12%，也呈小幅下降，年平均值为 27.18%；经营净收入在收入总体中占的比重最小，仅占 5%左右，但从 2003 年的 2.54%升至 2012 年的 5.59%，年平均值为 4.58%，其比重在十年间翻了一番。总体来看，上海市城镇居民人均收入主要来源于工资性收入，部分来源于转移性和财产性收入，较少来源于经营净收入。2003 年到 2012 年，上海市城镇居民收入的结构总体变动不大，但工资性收入以及转移性和财产性收入比重有小幅下降，而经营净收入比重略有上升。2003 年至 2012 年，上海市农村居民实际人均收入结构有一定变动，如图 9－16 所示：工资性收入占收入总体比重最高，达一半以上，从 2003 年的 79.36%到 2012 年的 65.18%，比重降低了十几个百分点，低于年平均值 72.7%，且该比重呈持续下降趋势；经营纯收入及转移性和财产性收入在收入总体中所占比重较低，经营纯收入比重呈下降趋势，从 2003 年的 12.21%至 2012 年的 5.52%，已降至十年平均水平 7.58%以下；而转移性和财产性收入比重呈大幅上升趋势，从 2003 年的 8.43%升至 2012 年的 29.3%，上升了 20 多个百分点，已由在收入总体中比重低于经营纯收入比重变为高于其比重。综合看来，上海市农村居民人均收入也是主要来源于工资性收入。从 2003 年到 2012 年，上海市农村居民人均收入结构发生了一定变化，经营纯收入比重的下降及转移性和财产性收入比重的上升使得转移性和财产性收入成为农村居民收入的第二大组成部分。而农村居民收入已越来越少依赖于经营纯收入。对比上海市城镇居民和农村居民实际人均收入结构可以看出，由于这十年来农村居民收入结构的调整，上海市城镇居民和农村居民的收入结构已基本一致，都是工资性收入为主，转移性和财产性收入次之，而经营净收入占比最少。

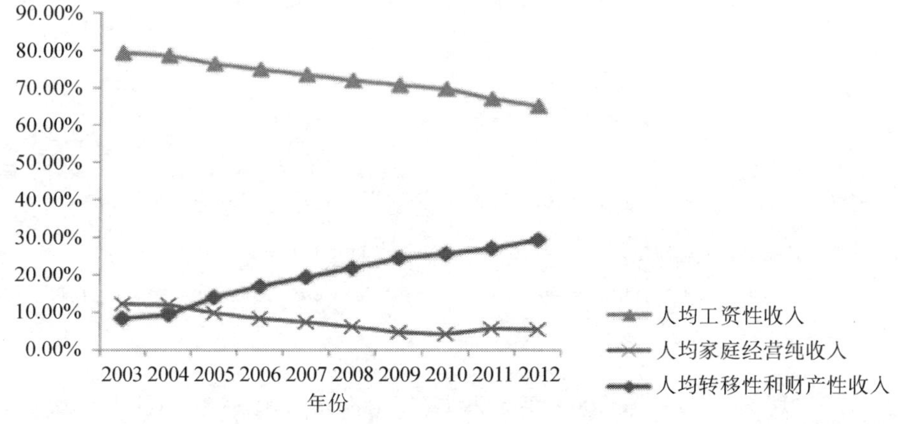

图 9－16　上海市农村居民实际人均收入构成比重

注：2003 年至 2011 年数据来源于《上海统计年鉴》（2003—2012 年），2012 年数据根据 2009 年至 2011 年平均增长率测算并进行误差调整得出。

③上海市国内生产总值和城乡居民人均收入同步增长状况。在对上海市国内生产总值和居民人均收入情况进行分析的基础上，本部分将2003年至2012年上海市国内生产总值的增长率与上海市城镇居民人均收入增长率、农村居民人均收入增长率及城乡居民人均收入增长率进行对比，分析上海市居民人均收入的增长速度是否赶上了其国内生产总值的增长速度。

如图9－17所示，比较2003年至2012年上海市GDP增长率和上海市城镇居民人均收入增长率可以发现：上海市GDP增长率总体上高于城镇居民人均收入增长率，GDP的平均增长率为10.97%，大于城镇居民人均收入增长率的平均值9.14%，但在这十年间也出现过一些年份城镇居民人均收入增长“基本赶上”或“跑赢”GDP增长的情况。2003年上海市GDP增长率为12.30%，该年城镇居民人均收入增长率为12.09%，相差仅零点几个百分点；2009年上海市GDP增长率为8.20%，城镇居民人均收入增长率为8.55%，城镇居民人均收入增长率大于GDP增长率0.35个百分点；2012年上海市GDP增长率为7.50%，城镇居民人均收入增长率为7.90%，城镇居民人均收入增长“跑赢”了GDP增长0.4个百分点。

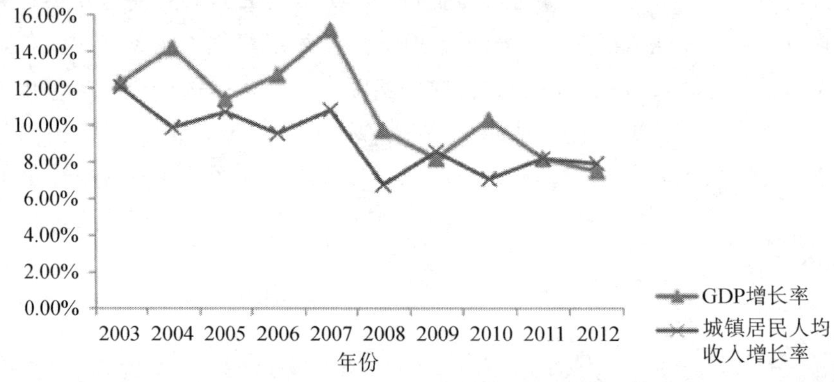

图9－17　上海市GDP及城镇居民人均收入增长率

注：①收入数据取自《上海统计年鉴》（2003—2012年）和《上海市国民经济和社会发展统计公报》（2003—2012年）；②CPI数据取自中国经济社会发展统计数据库；③2012年不能取得数据根据以前年份增长率平均值测算得出。

如图9－18所示，比较2003年至2012年上海市GDP增长率和上海市农村居民人均收入增长率可以看出：多数年份，上海市GDP增长率是大于农村居民人均收入增长率的。上海市农村居民人均收入平均增长率仅为8.28%，低于GDP增长率平均值（10.97%）超过2个百分点。但也不乏有些年份，上海市农村居民人均收入增长率是大于 GDP 增长率的。2005 年上海市 GDP 增长率为 11.40%，农村居民人均收入增长率为 12.62%，高于 GDP 增长率超过 1 个百分点；2009 年上海市 GDP 增长率为 8.20%，低于当年农村居民人均收入增长率（8.69%）近 0.5 个百分点；2012 年上海市农村居民人均收入增长率达 8.20% 高于 GDP 增长率（7.50%）近 1 个百分点。

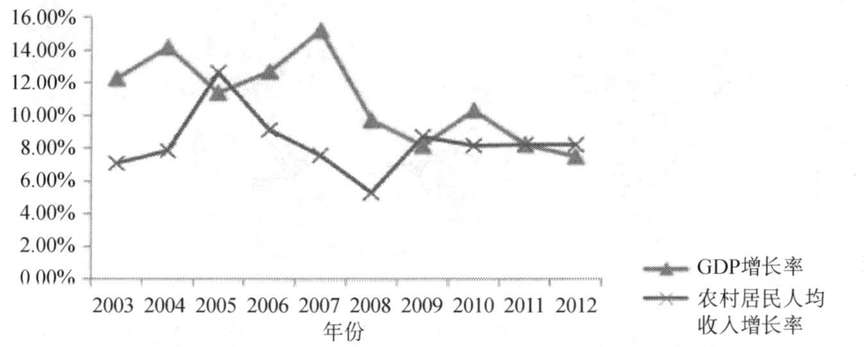

图 9－18　上海市 GDP 及农村居民人均收入增长率

注：①收入数据取自《上海统计年鉴》（2003—2012 年）和《上海市国民经济和社会发展统计公报》（2003—2012 年）；②CPI 数据取自中国经济社会发展统计数据库；③2012 年不能取得数据根据以前年份增长率平均值测算得出。

如图 9－19 所示，综合城镇居民人均收入和农村居民人均收入，通过加权平均得到城乡居民整体人均收入，将上海市城乡居民的整体人均收入增长率与上海市 GDP 增长率进行对比得出：上海市城乡居民人均收入增长率整体上与上海市 GDP 增长率还存在一定差距。2003 年至 2012 年，上海市城乡居民人均收入平均增长率为 7.49%，比起上海市 GDP 平均增长率（10.97%）还是相对较低。但在 2009 年，上海市城乡居民人均收入增长率 9.13%，高于当年上海市 GDP 增长率 8.20%，比上海市同年城镇居民人均收入增长率（8.55%）和农村居民人均收入增长率（8.69%）还要高。如图 9－17、图 9－18 所示，2009 年上海市城镇居民人均收入增长率和农村居民人均收入增长率都超过了 GDP 的增长率，不仅如此，在 2009 年，上海市城镇从业人口增长率为 2.23%，达到十年来最高水平；而农村从业人口增长率首次出现负数，为－0.53%，即当年农村从业人口有所减少，这直接影响到城乡居民人均收入的计算权重，是导致当年城乡居民人均收入增长率出现较高水平的一个原因。2012 年，上海市城镇居民人均收入增长率（7.90%）和农村居民人均收入增长率（8.20%）都超出了当年 GDP 增长率（7.50%），但当年城乡居民人均收入增长率仅为 5.12%，相比 GDP 增长率较低，如表9－3所示，2012年上海市城镇从业人口有所减少而农村从业人口急剧增加，农村从业人口548.71万人，几乎达到总从业人口（1165.71万人）的一半，城乡居民人均收入中农村从业人口权重的增加直接拉低了整体水平。综上所述，上海市在2003年至2012年出现过GDP增长率被城乡居民人均收入增长率赶超的情况，可以作为地区国内生产总值和居民人均收入同步增长的代表性地区。

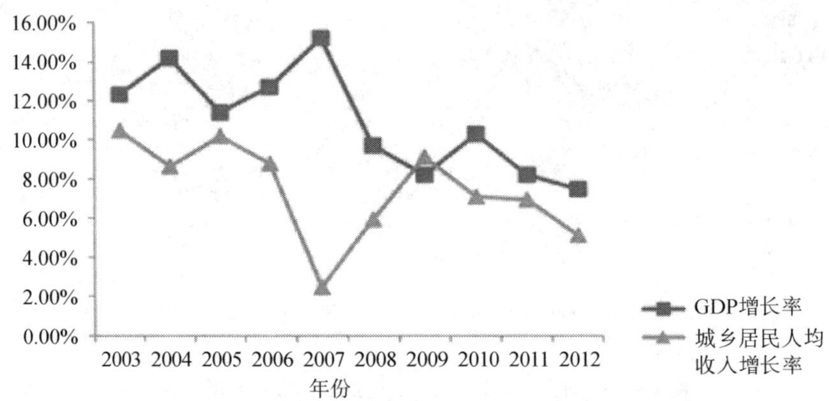

图9－19　上海市GDP及城乡居民人均收入增长率

注：①收入数据取自《上海统计年鉴》（2003—2012年）和《上海市国民经济和社会发展统计公报》（2003—2012年）；②CPI数据取自中国经济社会发展统计数据库；③2012年不能取得数据根据以前年份增长率平均值测算得出。

表9－3　　上海市从业人口表　　单位：万人

年份	总从业人口	总从业人口增长率	城镇从业人口	城镇从业人口增长率	农村从业人口	农村从业人口增长率
2003	813.05	2.65%	582.10	0.99%	230.95	7.10%
2004	836.87	2.93%	588.97	1.18%	247.90	7.34%
2005	863.32	3.16%	598.34	1.59%	264.98	6.89%
2006	885.51	2.57%	605.43	1.18%	280.08	5.70%
2007	1024.33	15.68%	596.01	－1.56%	428.32	52.93%
2008	1053.24	2.82%	606.73	1.80%	446.51	4.25%
2009	1064.42	1.06%	620.27	2.23%	444.15	－0.53%
2010	1090.76	2.47%	632.51	1.97%	458.25	3.17%
2011	1104.33	1.24%	623.38	－1.44%	480.95	4.95%
2012	1165.71	5.56%	617.00	－1.02%	548.71	14.09%

注：①总从业人口数据取自《上海统计年鉴》（2003—2012年）；②2002年至2006年城镇从业人口数据取自《上海市国民经济和社会发展统计公报》（2002—2006年）；③2007年至2012年城镇从业人口数据根据统计公报中城镇失业人口及城镇失业率推算得到。

（2）广东省国内生产总值和城乡人均收入增长状况分析

①广东省国内生产总值状况。本部分内容使用的数据主要取自《广东统计年鉴》（2003—2012 年）及广东国民经济和社会发展统计公报（2003—2012 年）。选取了 2003 年至 2012 年的数据进行分析。实际 GDP 根据名义 GDP 和以 1978 年为基期的 GDP 指数计算得出。在基于生产法对实际 GDP 进行解构时，产生的误差按产业结构进行分配。

如表 9－4 所示，从总量上看，广东省 2012 年名义 GDP 达 57067.92 亿元，占全国 GDP 总量（519322 亿元）的 10.99%。以 1978 年为基期，广东省 2012 年的实际 GDP 为 12866.45 亿元，是 2003 年（4595.96 亿元）的 2.8 倍。2003 年至 2012 年广东省的年均实际 GDP 为 8469.74 亿元。如图 9－20 所示，从增量上看，2003 年至 2012 年广东省实际 GDP 增长迅速，增长额呈逐年波动上升趋势，年平均增长额为 886.46 亿元，年平均增长率达 12.42%。广东省 GDP 增长率 2003 年为 14.84%，2012 年为 8.20%，增长速度总体呈波动式下降趋势，部分归因于其基数不断增大。2010 年广东省 GDP 增长率为 12.45%，高于十年的平均值（12.42%）。

表 9－4　　广东省国民生产总值及其增长率　　单位：亿元

年份	名义 GDP	GDP 指数（1978 年＝100）	实际 GDP（以 1978 年为基期）	GDP 增长率
2003	15844.64	2473.0	4595.96	14.84%
2004	18864.62	2838.7	5275.66	14.79%
2005	22557.37	3239.7	6020.93	14.13%
2006	26587.76	3719.4	6912.38	14.81%
2007	31777.01	4272.3	7939.95	14.87%
2008	36796.71	4718.1	8768.40	10.43%
2009	39482.56	5173.4	9614.66	9.65%
2010	46013.06	5817.5	10811.64	12.45%
2011	53210.28	6398.5	11891.36	9.99%
2012	57067.92	6923.2	12866.45	8.20%

注：2003 年至 2011 年名义 GDP 及 GDP 指数数据来源于《广东统计年鉴》（2003—2012 年），2012 年名义 GDP 及实际 GDP 增长率数据来源于《2012 年广东国民经济和社会发展统计公报》，其他数据由计算得出。

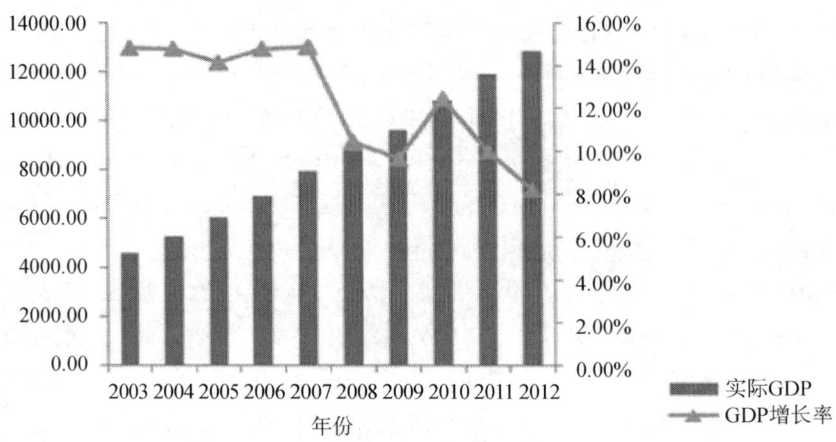

图 9－20 广东省实际 GDP 及其增长率（单位：亿元）

注：①2003 年至 2011 年实际 GDP 数据根据《广东统计年鉴》（2003—2012 年）中名义 GDP 及 GDP 指数数据计算得出，2012 年实际 GDP 由取自《2012 年广东国民经济和社会发展统计公报》的名义 GDP 及实际 GDP 增长率数据计算得出；②实际 GDP 以 1978 年为基期。

如图 9－21 所示，从结构上看，2003 年至 2012 年广东省 GDP 产业结构较为稳定。2003 年广东省产业结构如下：第一产业占 GDP 比重为 6.77%、第二产业占 GDP 比重为 47.92%、第三产业占 GDP 比重为 45.31%。2012 年广东省产业结构为：第一产业占比 5.00%、第二产业占比 48.80%、第三产业占比 46.20%。第一产业的比重有小幅下降，下降了近 2 个百分点，第二、第三产业的比重有微度上升，分别上升了近 1 个百分点。2003 年至 2012 年，广东省第一、第二、第三产业的比重平均值分别为 5.61%、49.65%、44.74%。总体看来，广东省第一、第二、第三产业的比重变动较小，基本维持以下局面：第二、第三产业占 GDP 主要份额，第一产业对 GDP 贡献较小，第二产业比重略高于第三产业。通过对广东省产业结构的分析可知，广东省第二、第三产业的增长是其 GDP 增长的主力军。如图 9－22 所示，广东省第二产业增长率的变动趋势与 GDP 增长率的变动趋势基本一致，第三产业的增长对 GDP 的增长起到一定的拉动作用，而第一产业的增长率始终在 GDP 增长率之下，且第一产业增长率的波动较大。2003 年至 2012 年，广东省第一、第二、第三产业的增长率均值分别为：7.94%、13.27%、12.22%。第二产业的增长率均值高于 GDP 增长率均值（12.42%），对 GDP 的增长速度具有拉高作用；第三产业的增长率均值基本与 GDP 增长率均值相同，对 GDP 增长率具有维持作用；第一产业的增长率均值远小于 GDP 增长率均值，在一定程度上拉低了 GDP 的增长速度。

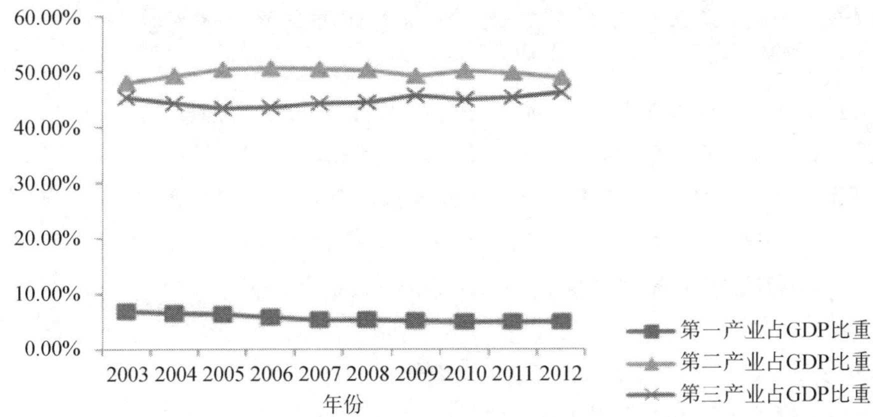

图 9－21　广东省 GDP 产业结构变动

注：①2003 年至 2011 年数据来源于《广东统计年鉴》（2003—2012 年），2012 年数据来源于《2012 年广东国民经济和社会发展统计公报》；②三次产业产值分别以三次产业增加值计算。

②广东省居民人均收入状况。本部分内容涉及的数据主要取自《广东统计年鉴》（2003—2012 年）及广东国民经济和社会发展统计公报（2003—2012 年）。选取 2003 年至 2012 年数据进行分析。城乡居民人均收入根据上城镇居民人均可支配收入（以下简称城镇居民人均收入）和农村居民人均纯收入（以下简称农村居民人均收入）统计数据以从业人口占比为权重进行加权平均计算得出。为消除计量口径不同对结果的影响，采用居民消费价格指数（以 1978 年作为基期，

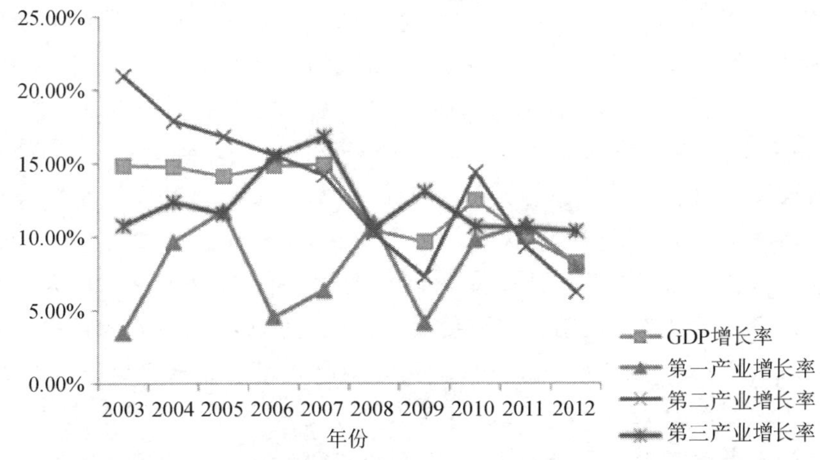

图 9－22　广东省 GDP 增长率及三大产业增长率变动

注：2003 年至 2011 年数据来源于《广东统计年鉴》（2003—2012 年），2012 年数据来源于《2012 年广东国民经济和社会发展统计公报》，经整理计算得出。

即 1978 年 =100）将收入数据折算成以 1978 年不变价格计量的数据。

从绝对水平上看，2003 年至 2012 年，广东省城镇居民实际人均收入、农村居民实际人均收入和城乡居民实际人均收入均呈持续增长态势：剔除价格因素，城镇居民实际人均收入由 2003 年的 2422.93 元增加到 2012 年的 4618.7 元；农村居民实际人均收入由 2003 年的 793.51 元增加到 2012 年的 1610.97 元；城乡居民实际人均收入由 2003 年的 1375.98 元增加到 2012 年的 2855.36 元。可见，从 2003 年到 2012 年，广东省居民人均收入总体都翻了一番。另外，2003 年至 2012 年，广东省年均城镇居民实际人均收入为 3355.52 元，年均农村居民实际人均收入为 1104.29 元，年均城乡居民实际人均收入为 1996.23 元。广东省年均城镇居民实际人均收入是农村居民实际人均收入的 3 倍多，农村居民人均收入与城镇居民人均收入在绝对水平上差距较大。不考虑价格因素的情况下，2012 年，广东省城镇居民人均收入达到了 30226.71 元，高于全国平均水平 24565 元；广东省农村居民人均收入在 2012 年达到了 10542.84 元，突破了万元大关。

从动态增长趋势上看，2003 年至 2012 年，广东省城镇居民人均收入增长率波动较大，有几个年份其增长率达到峰顶：2003 年增长率为 10.5%，2009 年增长率为 11.91%，2012 年增长率为 9.32%。2005 年，增长率为 5.95%，仅为 2009 年增长率的一半。其他年份，城镇居民人均收入增长率变动比较平缓。这十年广东省城镇居民人均收入的平均增长率为 7.75%。广东省农村居民人均收入增长率在 2003 年至 2012 年间呈逐年稳步上升态势，2011 年增长率达 12.8%，是 2003 年增长率 3.03% 的 4 倍。可见广东省农村居民人均收入是在不断加速增长的。其平均增长率为 7.7%，与城镇居民人均收入的平均增长率基本一致。2003 年，广东省城镇和农村居民人均收入增长率分别为 10.5% 和 3.03%，城镇居民人均收入增长率是农村居民人均收入增长率的 3 倍。到 2012 年，广东省城镇和农村居民人均收入增长率分别为 9.32% 和 9.43%，已基本同步，农村居民人均收入增长率还略高于城镇居民人均收入。在 2003 年至 2012 年间，广东省农村居民收入得到了迅速提升，其增长率也在不断提高。整体看来，广东省城乡居民人均收入增长率呈较大波动，其波动规律与城镇居民人均收入增长率的波动规律相似，且其增长率总体水平比城镇居民人均收入增长率水平略高。2003 年城乡居民人均增长率为 11.44%，2012 年为 8.34%，平均增长率为 8.69%。

从结构上来看，2003 年至 2012 年广东省城镇居民实际人均收入结构相对较为稳定：工资性收入占收入总体的绝大部分，从 2003 年的 77.42% 到 2012 年的 69.63%，有小幅下降，年平均值为 72.62%；转移性和财产性收入及经营净收入在收入总体中占比重不大，转移性和财产性收入 2003 年所占比重为 17.96%，

2012 年所占比重为 20.67%，有小幅提升，总体基本稳定，年平均值为 18.76%；经营净收入 2003 年占收入总体比重为 4.62%，2012 年比重为 9.70%，是 2003 年的 2 倍，可见其比重有所上升，经营净收入年平均值为 8.63%。在 2007 年，经营净收入比重明显提升，达最高点 11.77%，同年，转移性和财产性收入比重呈现明显下降，至最低点 16.21%。总体来看，广东省城镇居民人均收入大部分来源于工资性收入，小部分来源于转移性和财产性收入，较少来源于经营净收入。2003 年至 2012 年，广东省城镇居民收入的结构总体变动不大，但工资性收入比重略有下降，而转移性和财产性收入及经营净收入比重有所上升。2003 年至 2012 年，广东省农村居民实际人均收入结构变动较大：2003 年，工资性收入、转移性和财产性收入及经营性收入所占比重分别为：48.48%、8.08% 和 43.44%，到了 2012 年，这三者的比重变为：64.10%、10.75% 和 25.15%。农村居民实际人均收入结构从工资性收入和经营性收入几乎“平分秋色”变为工资性收入“独大”。这十年来，工资性收入的比重逐步上升，从 2003 年的 48.48% 升至 2012 年的 64.10%，上升了 14 个百分点，年平均值为 57.12%；转移性和财产性收入比重在基本保持稳定的基础上有小幅上升，2003 年为 8.08%，2012 年为 10.75%，年平均值为 10.08%；经营纯收入比重逐步下降，从 2003 年的 43.43% 降至 2012 年的 25.15%，下降了近 20 个百分点，年平均值为 32.80%。综合看来，2003 年至 2012 年，广东省农村居民人均收入结构发生了很大变化，从之前的工资性收入和经营纯收入双主导逐步演变为工资性收入为主，经营纯收入为辅，但转移性和财产性收入始终在收入中占比不大。对比广东省城镇居民和农村居民实际人均收入结构可以看出，由于农村居民人均收入结构的不断演变，工资性收入无疑在城镇和农村居民人均收入中都占据主导地位，且从 2012 年数据中可以看出，工资性收入在城镇居民人均收入中的比重（69.63%）和其在农村居民人均收入中的比重（64.10%）逐渐趋于一致，而经营净收入在城镇居民人均收入中所占比重（9.70%）明显低于在农村居民人均收入中的比重（25.15%），但一个呈上升趋势，一个呈下降趋势；转移性和财产性收入在城镇居民人均收入中所占比重（20.67%）明显高于其在农村居民人均收入中的比重（10.75%），这一构成在城镇和农村居民人均收入结构中在基本稳定的基础上都有小幅上升。

③广东省国内生产总值和城乡居民人均收入同步增长状况。通过对广东省国内生产总值和居民人均收入概况的分析，本部分将 2003 年至 2012 年广东省国内生产总值的增长率与广东省城镇居民人均收入增长率、农村居民人均收入增长率及城乡居民人均收入增长率进行对比，分析广东省居民人均收入的增长速度是否

赶上了地区国内生产总值的增长速度。

如图 9－23 所示，比较 2003 年至 2012 年广东省 GDP 增长率与城镇居民人均收入增长率变动，广东省 GDP 增长率总体呈波动下降趋势，城镇居民人均收入增长率总体呈波动上升趋势，总体看来，城镇居民人均收入增长率相对于 GDP 增长率存在一定差距。2003 年至 2012 年广东省 GDP 增长率的均值为 12.42%，城镇居民人均收入增长率均值为 7.75%，远小于 GDP 增长率均值。但是，有个别年份，广东省城镇居民人均收入增长率“跑赢”过 GDP 增长率：2009 年，广东省 GDP 增长率为 9.65%，当年城镇居民人均收入增长率为 11.91%，比 GDP 增长率高出了约 2.3 个百分点；2012 年，广东省 GDP 增长率为 8.20%，当年城镇居民人均收入增长率为 9.32%，比 GDP 增长率高出了 1 个百分点。

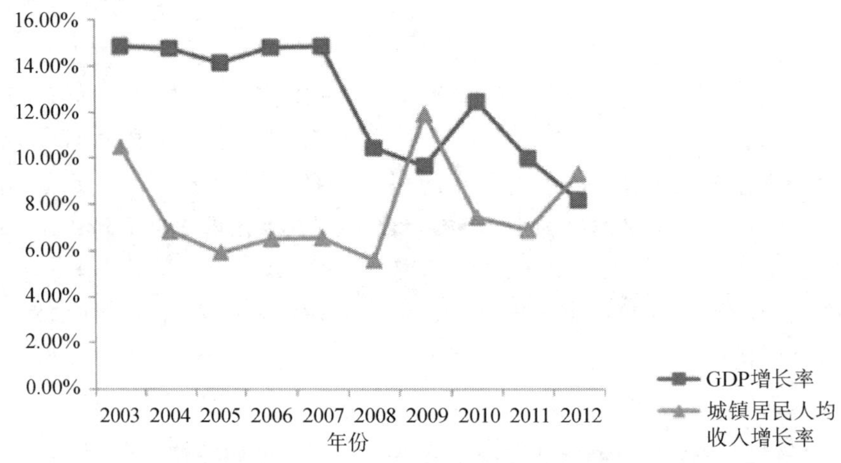

图 9－23　广东省 GDP 及城镇居民人均收入增长率

注：①收入数据取自《广东统计年鉴》（2003—2012 年）和《广东国民经济和社会发展统计公报》（2003—2012 年）；②CPI 数据取自中国经济社会发展统计数据库；③收入实际值以 1978 年为不变价格计算；④2012 年不能取得数据根据以前年份增长率平均值测算得出。

如图 9－24 所示，比较 2003 年至 2012 年广东省 GDP 增长率与农村居民人均收入增长率变动，2003 年至 2011 年，广东省农村居民人均收入增长率处于不断上升趋势，2012 年其增长率有所下降。总体看来，广东省 GDP 增长率在大部分年份远远超过了农村居民人均收入增长率。2003 年至 2012 年，广东省农村居民人均收入增长率均值为 7.70%，远远低于 GDP 增长率均值（12.4%）。但少数年份，广东省农村居民人均收入增长率超过了 GDP 增长率：2009 年，广东省农村居民人均收入增长率为 10.47%，高出当年 GDP 增长率（9.65%）近 1 个百分点；2011 年，广东省农村居民人均收入增长率为 12.80%，达到这十年来的最高值，当年广东省GDP增长率为9.99%，比农村居民人均收入增长率低了近3个百分点；2012年，广东省农村居民人均收入增长率为9.43%，高出当年GDP增长率（8.20%）1.2个百分点。

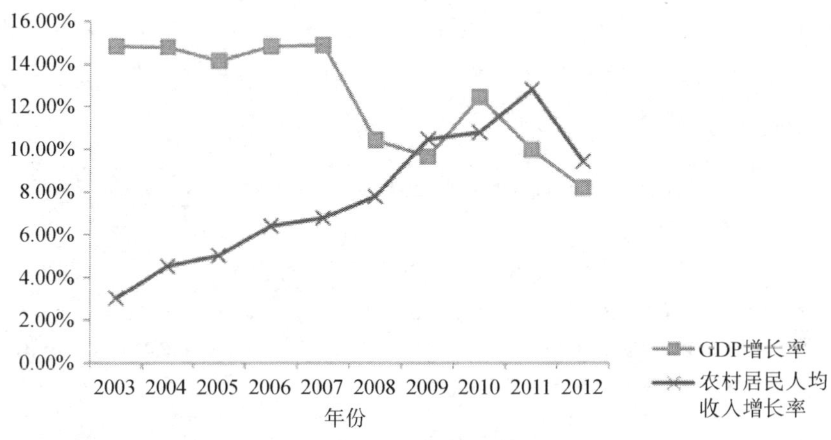

图9-24 广东省GDP及农村居民人均收入增长率

注：①收入数据取自《广东统计年鉴》（2003—2012年）和《广东国民经济和社会发展统计公报》（2003—2012年）；②CPI数据取自中国经济社会发展统计数据库；③收入实际值以1978年为不变价格计算；④2012年不能取得数据根据以前年份增长率平均值测算得出。

如图9-25和表9-5所示，综合城镇居民人均收入和农村居民人均收入，通过从业人口加权平均得到城乡居民整体人均收入，对比2003年至2012年广东省GDP增长率及城乡居民人均收入增长率，广东省城乡居民人均收入增长率波动很大，总体呈上升趋势，但大多数年份居于GDP增长率之下。2003年至2012年，广东省城乡居民人均收入增长率平均值为8.77%，大于城镇居民人均收入和农村居民人均收入增长率均值，但小于GDP增长率均值（12.42%）。然而，有两个年份，广东省城乡人均收入增长率超过了GDP增长率：2009年，广东省城乡居民人均收入增长率为13.52%，达到这十年来最高水平，高出当年GDP增长率（9.65%）近4个百分点；2012年，广东省城乡居民人均收入增长率为9.43%，高出当年GDP增长率（8.20%）1.2个百分点。综上所述，广东省在2003年至2012年出现过GDP增长率被城乡居民人均收入增长率赶超的情况，可以作为地区国内生产总值和居民人均收入同步增长的代表性地区。

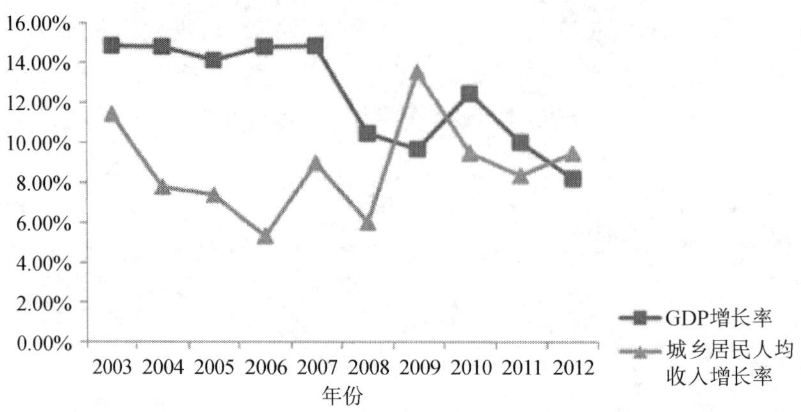

图 9－25　广东省 GDP 及城乡居民人均收入增长率

注：①收入数据取自《广东统计年鉴》（2003—2012 年）和《广东国民经济与和社会发展统计公报》（2003—2012 年）；②CPI 数据取自中国经济社会发展统计数据库；③收入实际值以 1978 年为不变价格计算；④2012 年不能取得数据根据以前年份增长率平均值测算得出。

表 9－5　广东省从业人口表　单位：万人

年份	总从业人口	总从业人口增长率	城镇从业人口	城镇从业人口增长率	农村从业人口	农村从业人口增长率
2003	4395.93	6.33%	1571.40	16.40%	2824.53	1.44%
2004	4681.89	6.51%	1737.31	10.56%	2944.58	4.25%
2005	5022.97	7.29%	1933.49	11.29%	3089.48	4.92%
2006	5177.02	3.07%	1945.46	0.62%	3231.56	4.60%
2007	5341.50	3.18%	2106.13	8.26%	3235.37	0.12%
2008	5471.72	2.44%	2145.09	1.85%	3326.63	2.82%
2009	5688.62	3.96%	2322.49	8.27%	3366.13	1.19%
2010	5870.48	3.20%	2445.20	5.28%	3425.28	1.76%
2011	5960.74	1.54%	2460.86	0.64%	3499.88	2.18%
2012	6124.13	2.74%	2533.75	2.96%	3590.38	2.59%

注：①2003 年至 2011 年总从业人口及农村从业人口取自《广东统计年鉴》（2003—2012 年），城镇从业人口取其差额；②2012 年从业人口据根据前两年增长率平均值推算得出。

9.3.2　湖南省与代表性地区国内生产总值和城乡居民人均收入情况比较分析

（1）湖南省国内生产总值和城乡居民人均收入情况的总体特征

在进行具体比较分析之前，先要对湖南省国内生产总值和城乡居民人均收入增长速度状况有一定了解。下面将分别对湖南省国内生产总值的增长率与城镇居民人均收入增长率、农村居民人均收入增长率进行比较。比较分析的数据皆来自以上部分。

①湖南省国内生产总值和城乡居民人均收入的总体差距在缩小。湖南省 GDP 增长率和城镇居民人均收入增长率都呈波浪式变动，且 GDP 增长率始终在城镇居民人均收入增长率之上，其差距时小时大，无显著趋势。2003 年至 2012 年，湖南省 GDP 增长率和城镇居民人均收入增长率平均值分别为 12.8% 和 8.3%，相差 4.5 个百分点，差距较大。不过，2012 年湖南省城镇居民人均收入增长率为 10.92%，达到这十年来最高点，与当年 GDP 增长率（11.30%）相差仅 0.4 个百分点。总体看来，湖南省城镇居民人均收入增长速度与 GDP 增长速度相比较为缓慢，存在一定差距，但差距呈现不断缩小的趋势，说明湖南经济发展方式以及惠民的政策落实得到具体体现。同时，湖南省居民收入弹性系数有所上升。2011—2013 年，湖南居民收入弹性系数（居民收入增长率与经济增长率之比）小于 1，但比“十一五”时期的 0.614 上升了 37%，表明居民收入增长速度虽仍慢于经济增长，但情况得到改观。

②湖南省城乡居民人均收入增长仍慢于国内生产总值增长。如图 9－26 所示，比较 2003 年至 2012 年湖南省 GDP 增长率和农村居民人均收入增长率。湖南省农村居民人均收入增长率呈阶梯式不断攀升，与 GDP 增长率变动的极值点基本一致，但始终处于 GDP 增长率以下。2003 年至 2012 年，湖南省农村居民人均收入平均增长率为 8.45%，略高于城镇居民人均收入的平均增长率（8.30%），比 GDP 增长率的平均值（12.80%）还是差了 4.35 个百分点。在 2012 年，湖南省农村居民人均收入增长率（11.07%）逼近 GDP 增长率（11.30%），两者仅相差了 0.2 个百分点。总体形势看来，湖南省农村居民人均收入增长率还是在 GDP 增长率之下。

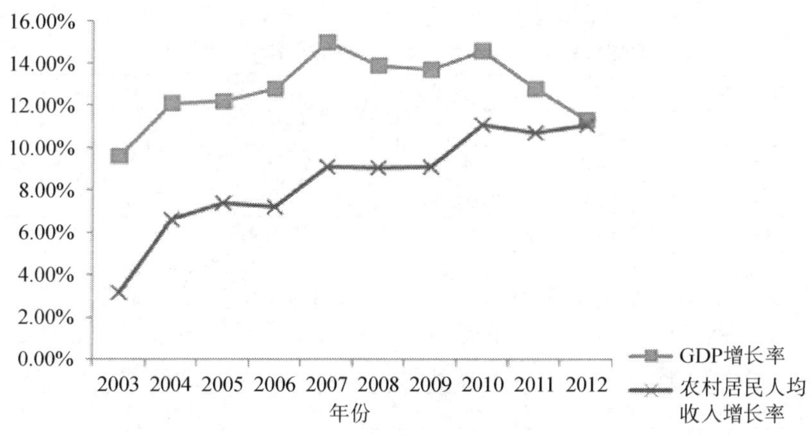

图 9－26　湖南省 GDP 与农村居民人均收入增长率

综合城镇居民人均收入和农村居民人均收入，通过加权平均得到城乡居民整体人均收入，将2003年至2012年湖南省城乡居民的整体人均收入增长率与上海市GDP增长率进行对比得出：2003年至2008年，湖南省GDP增长率与城乡居民人均收入增长率的变动趋势大体一致；2008年至2011年，湖南省GDP增长率呈现波动趋势，城乡居民人均收入增长率也呈现波动，且与GDP增长率变动趋势相反；2011年到2012年，湖南省GDP增长率与城乡居民人均收入增长率一致降低。整体看来，湖南省GDP增长率始终在城乡居民人均收入之上，只有2011年出现了城乡居民人均收入增长率超过GDP增长率的情况。2011年，湖南省GDP增长率为12.80%，刚好等于这十年来的平均增长率，而湖南省城镇居民人均收入增长率和农村居民人均收入增长率分别为：7.82%和10.72%，都低于同年的GDP增长率，而该年城乡居民人均收入增长率达14.64%，高出GDP增长率近2个百分点，主要原因为，城乡居民人均收入计算权重就业人口比重在2011年出现异常变动。如表9－6所示，2011年湖南省城镇从业人口增长率为14.59%，达到这十年来最高点，远远大于增长率平均值6.27%，而当年农村从业人口增长率为－5.71%，减少比率也达到了这十年来的最大值，远远大于减少比率的平均值0.91%，从业人口的异常变动，直接影响了城乡居民人均收入的计算权重，湖南省本身城镇、农村居民人均收入水平相差较大，该年城镇从业人口的剧增和农村从业人口的剧减，直接拉高了城乡居民的整体收入水平，使得2011年城乡居民人均收入增长达到了最高点，甚至超过了GDP增长率。

表9－6　　湖南省从业人口汇总表　　单位：万人

年份	总从业人口	总从业人口增长率	城镇从业人口	城镇从业人口增长率	农村从业人口	农村从业人口增长率
2003	3694.78	1.38%	858.42	10.88%	2836.36	－1.18%
2004	3747.10	1.42%	954.43	11.18%	2792.67	－1.54%
2005	3801.48	1.45%	1024.72	7.36%	2776.76	－0.57%
2006	3842.17	1.07%	1079.76	5.37%	2762.41	－0.52%
2007	3883.41	1.07%	1121.34	3.85%	2762.07	－0.01%
2008	3910.06	0.69%	1148.21	2.40%	2761.85	－0.01%
2009	3935.21	0.64%	1175.27	2.36%	2759.94	－0.07%
2010	3982.73	1.21%	1229.48	4.61%	2753.25	－0.24%
2011	4005.03	0.56%	1408.91	14.59%	2596.12	－5.71%
2012	4025.00	0.50%	1409.61	0.05%	2615.39	0.74%

注：2003年至2011年数据来自《湖南统计年鉴》（2003—2012年），2012年数据来自《湖南省2012年国民经济和社会发展统计公报》。

③湖南省居民收入部门间呈现“两个不同步”。首先，湖南省居民收入增长与企业利润增长不同步。2004—2010 年间规模以上工业企业利润增速年均达到 25% 以上，除 2008 年以外，其他年份远高于当年居民收入增速。其次，居民收入增长与政府财政收入增长不同步。2010 年，湖南省财政总收入 1862.88 亿元，增长 23.3%，是 2005 年的 2.49 倍，年均增长 20% 左右；地方财政收入 1065.96 亿元，增长 26.8%，年均增长 21% 左右，也远高于同期城乡居民收入增速。

④湖南省居民收入结构上呈现“三个不协调”。第一，产业间居民收入增长不协调。与第二和第三产业相比，第一产业（农业）居民收入占比低。据统计，第一产业劳动者报酬占总产值的比重一直维持在 90% 左右，而第二产业该比重仅为 30%，第三产业该比重基本维持在 37% 左右。第二，行业间居民收入增长不协调。1988 年，湖南省最高收入行业与最低收入行业的职工年均平均工资之比为 1.52∶1，2009 年该比例上升为 2.37∶1，这一差距目前仍在扩大。第三，城乡居民收入增长不协调。自 2002 年以来，城乡居民收入比长期维持在 3∶1 以上，且仍然有上升趋势，城乡居民收入之间的差距仍在不断拉大。如果考虑城乡基本公共服务供给不平衡的因素，这一差距将扩大至 5—6 倍。

从上述内容可看出，湖南省要实现国内生产法总值和城乡居民人均收入的同步增长还有一段距离。在选取了代表性地区的基础上，本部分将对湖南省与代表性地区国内生产总值和城乡居民人均收入情况进行比较，分析湖南省与代表性地区在实现国内生产总值与城乡居民人均收入同步增长现实条件上存在的差异，通过经验借鉴，找出湖南省实现国内生产总值和城乡居民人均收入同步增长的优势和劣势。

（2）湖南省与上海市国内生产总值和城乡居民人均收入情况比较

①国内生产总值的比较。虽然两个地区的人均 GDP 都逐年增长，但湖南省的人均 GDP 与上海市存在很大的差距。2012 年，湖南省和上海市人均 GDP 分别为 33480 元、85000 元，上海市人均 GDP 是湖南省的 2.5 倍。2003 年至 2012 年，湖南省和上海市人均 GDP 的平均值分别为 18098 元和 62960.2 元，上海市人均 GDP 均值是湖南省的近 3.5 倍。因此，湖南省的国民经济发展与上海市相比较为滞后。

把湖南省 2003 年至 2012 年 GDP 增长率与上海市进行比较，可以看出，湖南省 GDP 增长率总体变动趋势呈波浪式，上海市 GDP 增长率则呈总体波动下降趋势。2003 年至 2007 年，上海市的 GDP 增长率基本高于湖南省 GDP 增长率，2007 年，湖南省 GDP 增长率上升到 15.00% 基本赶上了上海市 GDP 增长率 15.20%。2008 年至 2012 年，湖南省 GDP 增长比上海市迅速。2012 年，湖南省 GDP 增长率为 11.30%，高出上海市 GDP 增长率（7.50%）近 4 个百分点。从 2003 年至 2012 年总体增长率均值来看，湖南省 GDP 增长率均值为 12.80%，上海市 GDP 增长率均值为 10.97%，湖南省 GDP 增长率均值显著高于上海市 GDP 增长率均值。湖南省 GDP 的增长近年来比上海市 GDP 增长要迅速。

②居民人均收入的比较。湖南省城镇居民实际人均可支配收入与上海市相比仍存在较大差距，湖南省 2012 年城镇居民实际人均可支配收入水平仅与上海市 2004 年的收入水平相当。从平均值来看，湖南省十年间城镇居民实际人均可支配收入的均值为 1963.65 元，上海市为 4148.60 元，是湖南省的两倍还多。并且值得注意的是，从 2003 年到 2012 年两者间的差距仍然在不断地加大。2003 年，湖南省城镇居民实际人均可支配收入为 1345.40 元，上海市为 2701.37 元，两者相差 1355.97 元；2012 年湖南省城镇居民实际人均可支配收入为 2768.82 元，上海市为 5774.73 元，两者相差 3005.91 元。

从实际增长率来看，湖南省城镇居民实际人均可支配收入的增长速度要低于上海市。从平均实际增长率来看，湖南省城镇居民人均可支配收入的实际增长率为 8.30%，低于上海市的 9.14%。2003 年至 2012 年这十年间，2007 年、2009 年湖南省的增长速度均以微弱的优势高于上海市，仅 2012 年湖南省城镇居民人均可支配收入实际增长率为 10.92%，上海市为 7.90%，高出 3 个百分点。其余年份，湖南省的增长速度均不及上海市。

湖南省农村居民实际人均收入与上海市相比也存在较大的差距，湖南省 2012 年农村居民实际人均收入为 966.27 元，而上海市 2003 年农村居民实际人均收入就达到了 1209.78 元。从平均值来看，湖南省农村居民实际人均收入的均值为 654.30 元，上海市为 1805.06 元，是湖南省的近 3 倍。并且可以看出，两者间的差距从 2003 年到 2012 年仍然在不断地加大。2003 年，湖南省农村居民实际人均收入为 444.05 元，上海市为 1209.78 元，两者相差 765.73 元。2012 年湖南省农村居民实际人均收入为 2768.82 元，上海市为 4618.70 元，两者相差 1849.88 元。

从实际增长率来看，两者整体的增长态势差不多。相比较而言，从平均实际增长率来看，湖南省农村居民人均收入的实际增长率为 8.45%，高于上海市的 8.28%。2003 年至 2006 年，湖南省农村居民实际人均收入的增长速度均低于上海市，其中 2005 年，湖南省农村居民实际人均收入的增长率为 7.40%，上海市为 12.62%，相比低了 5 个百分点；但从 2007 年开始，湖南省农村居民实际人均收入的增长速度一直都保持高于上海市的状态，并且在近三年来一直保持高出上海市增长速度 2 个百分点以上。

从全省综合来看，湖南省全省城乡居民实际人均收入与上海市相比存在较大的差距，湖南省 2012 年全省城乡居民实际人均收入为 1597.55 元，而上海市 2005 年城乡居民实际人均收入就达到了 2277.68 元。从平均值来看，2003 年至 2012 年上海市城乡居民实际人均收入为3225.20元，湖南省城乡居民实际人均收入的均值为1047.61元，还不到上海市均值的1/3。并且值得注意的是，从2003年到2012年两者间的差距仍然在不断地加大。2003年，湖南省城乡居民实际人均收入为653.46元，上海市为2277.68元，两者相差1624.22元；2012年湖南省城乡居民实际人均收入为1597.55元，上海市为4233.47元，两者相差2635.92元。

从实际增长率来看，湖南省城乡居民实际人均收入的增长速度要高于上海市。从平均实际增长率来看，湖南省城乡居民人均收入的实际增长率为10.22%，上海市为7.49%，高出近3个百分点。这十年来，除2003年、2005年上海市城乡居民实际人均收入增长速度略高于湖南省，其他年份，湖南省城乡居民实际人均收入的增长速度均高于上海市，且其增长优势很明显。其中，2007年湖南省城乡居民人均收入的实际增长率为11.17%，上海市为2.48%，高出了8个百分点；2011年湖南省城乡居民人均收入的实际增长率为14.64%，上海市为6.95%，也高出了近8个百分点；2012年湖南省城乡居民人均收入的实际增长率为10.78%，上海市为5.12%，高出了5个百分点。

综合上述分析，2003年至2012年，国内生产总值方面，湖南省人均GDP绝对数与上海市存在较大差距，但GDP增长率整体看来湖南省势头要好过上海市；收入情况方面，湖南省城镇居民人均收入、农村居民人均收入和城乡居民人均收入在绝对值上都与上海市存在较大差距，然而，从增量角度来看，湖南省城镇居民人均收入增长率相比上海市较为缓慢，而湖南省农村居民人均收入和城乡居民人均收入增长速度整体看来要比上海市增长速度快。

③实现国内生产总值和城乡居民人均收入同步增长现实条件比较。

第一，对湖南省与上海市的自然资源情况进行比较。考虑到数据的可得性，本章选取了耕地面积占土地面积比重这一指标，此外还对两地区单位GDP的能源消耗量进行了对比。

如图9-27所示，对比2003年至2012年湖南省与上海市耕地面积占土地面积的比重：湖南省耕地面积占土地面积的比重基本维持不变，2003年为18.10%，2012年为17.90%；上海市耕地面积占土地面积的比重不断下降，从2003年的40.58%降至2012年的31.27%。从总体水平来看，上海市耕地面积占土地面积的比重始终远远高于湖南省，但差距有所减小，2003年两者相差22.48%，到2012年，两者差额降为13.37%。从平均水平看，湖南省耕地面积比重平均值为17.94%，上海市平均值为34.07%，上海市几乎是湖南省的2倍。综合以上分析可知，上海市耕地面积占土地总面积的比重显著高于湖南省，上海市土地集约化利用程度高于湖南省。

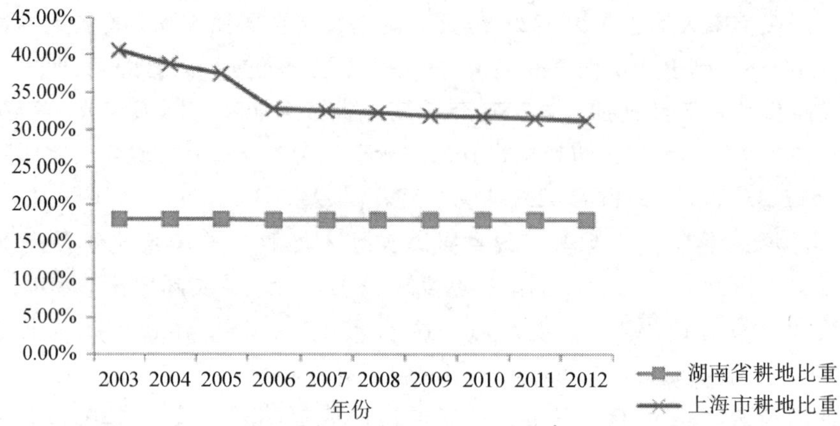

图 9－27　湖南省与上海市耕地面积占土地面积比重对比

注：2003 年至 2011 年数据来源于《湖南统计年鉴》（2003—2012 年），《上海统计年鉴》（2003—2012 年）。2012 年湖南省和上海市耕地面积根据 2010 年到 2011 年耕地面积平均增长率推算得出。

如图 9－28 所示，对比 2003 年至 2012 年湖南省和上海市单位 GDP 能源消耗量：湖南省单位 GDP 能源消耗量在 2003 年至 2005 年不断上升，从 2005 年起逐年下降；上海市单位 GDP 能源消耗量呈逐年递减趋势。总体看来，湖南省单位 GDP 能源消耗量始终大于上海市，但与上海市的差距在逐渐减小，2003 年，两者相差 0.36 吨，到了 2012 年，两者相差降为 0.26 吨。从平均水平看，湖南省单位 GDP 能源消耗量均值为 1.13 吨/万人，而上海市均值为 0.68 吨/万人，湖南省几乎是上海市的 2 倍。经比较可知，虽然湖南省的能源利用率在不断提高，但相比上海市还是有很大差距。

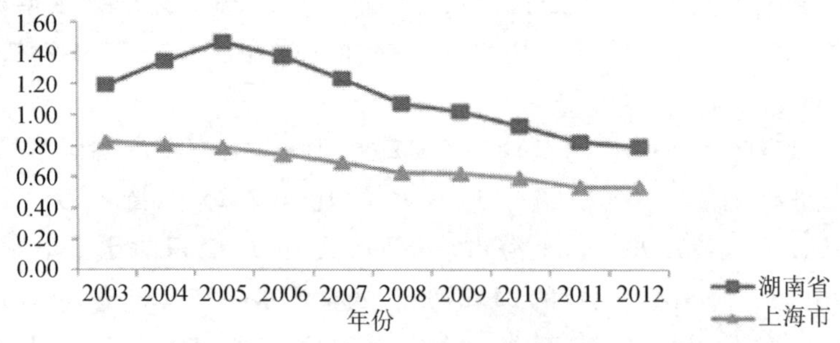

图 9－28　湖南省和上海市单位 GDP 能源消耗量对比（单位：吨/万元）

注：①2002 年至 2004 年湖南省“能源消耗总量”数据来源于《中国能源统计年鉴》（2003—2005 年），2005 年至 2011 年数据来源于《湖南统计年鉴》（2006—2012 年），2012 年数据根据 2009 年至 2011 年数据平均增长率推算得出；②2002 年至 2011 年上海市“能源消耗总量”数据来源于《上海统计年鉴》（2003—2012 年），2012 年数据根据 2003 年至 2011 年数据平均增长率推算得出。

第二，对湖南省与上海市的交通运输情况进行比较。考虑数据的可得性，本章选取了2005年到2012年数据，利用人均铁路营业里程、人均公里通车里程和人均内河航道里程等指标来比较两地区的交通运输情况。

如图9－29所示，对比2005年到2012年湖南省和上海市人均铁路营业里程数据，湖南省该指标除了在2009年有大幅增长外，基本保持稳定；上海市该指标2010年之前较为稳定，从2010年开始有小幅增长。从总体水平看来，湖南省人均铁路营业里程远在上海市之上，且差距有增加现象。2005年，湖南省人均铁路营业里程为0.44公里/万人，上海市为0.14公里/万人，两者相差0.3公里/万人，湖南省是上海市的3倍多；2012年，湖南省人均铁路营业里程为0.56公里/万人，上海市为0.20公里/万人，两者相差0.36公里/万人，比2005年的差距有所增加。从平均水平看，2005年至2012年湖南省人均铁路营业里程的平均值为0.50公里/万人，而上海市为0.16公里/万人，两者相差0.34公里/万人，湖南省是上海市的3倍多。经以上比较分析，湖南省的铁路交通状况相对于上海有一定优势。

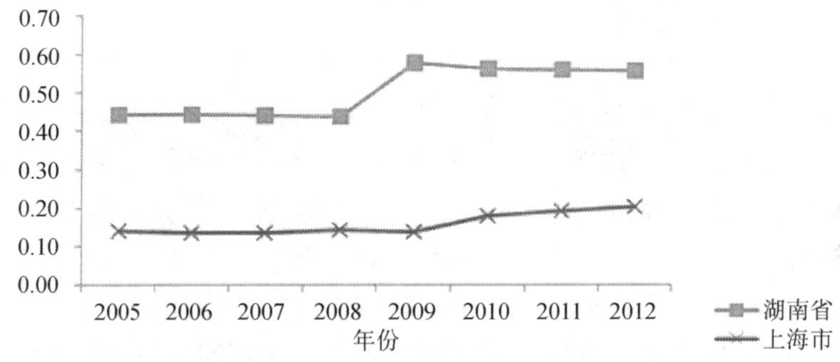

图9－29　湖南省和上海市人均铁路营业里程比较（单位：公里/万人）

注：①湖南省2005年至2011年“铁路营业里程数据”来源于《湖南统计年鉴》（2005—2012年），2012年“铁路营业里程数据”及2005年至2012年常住人口数据来源于《湖南省国民经济和社会发展统计公报》（2005—2012年）；②上海市数据来源于《上海统计年鉴》（2005—2012年）。

如图9－30所示，比较2005年至2012年湖南省与上海市人均公路通车里程可以看出，湖南省该指标逐年增长，而上海市有微幅增长但从2007年以后开始下降。从总体水平分析，湖南省人均公里通车里程远远大于上海市，且差距越来越大，两者差额从2003年的9.65公里/万人（湖南省为13.94公里/万人，上海市为4.29公里/万人）增加到2012年的30.08公里/万人（湖南省为35.25公里/万人，上海市为5.17公里/万人），仅差距就变为了原来的3倍，到了2012年，湖南省的人均公路通车里程已达到上海市的近7倍。从平均水平看，湖南省

2005年至2012年人均公路通车里程平均值为29.08公里/万人，上海市的平均值为5.66公里/万人，湖南省是上海市的5倍多。通过比较分析，湖南省的公路交通状况要比上海好。

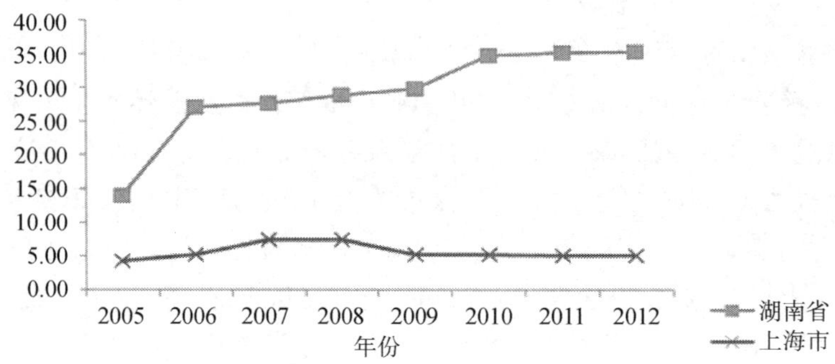

图9－30　湖南省和上海市人均公路通车里程比较（单位：公里/万人）

注：①湖南省2005年至2011年“公路通车里程数据”来源于《湖南统计年鉴》（2005—2012年），2012年“公路通车里程数据”及2005年至2012年常住人口数据来源于《湖南省国民经济和社会发展统计公报》（2005—2012）；②上海市数据来源于《上海统计年鉴》（2005—2012）。

如图9－31所示，将湖南省人均内河通航里程与上海市作对比，可以发现，湖南省该指标在2005年至2012年基本保持稳定，而上海市该指标逐年小幅度降低。从总体水平看，湖南省人均内河航道里程多过上海市，且差距有所增加。2005年，湖南省人均内河航道里程为1.89公里/万人，上海市为1.12公里/万人，两者相差0.77公里/万人；2012年，湖南省人均内河航道里程为1.80公里/万人，上海市为0.86公里/万人，两者相差0.95公里/万人，有所增加。从平均水平看，湖南省人均内河航道里程平均值为1.83公里/万人，上海市为0.98公里/万人，湖南省是上海市的近2倍。综合以上分析，湖南省内河航道交通状况要优于上海市。

上述的对比分析体现了湖南省相较于上海市在铁路、公路、内河航道等方面交通状况存在优势。

第三，对湖南省与上海市的GDP结构进行比较。将国内生产总值按产业划分为第一产业、第二产业和第三产业，对国内生产总值的结构进行对比分析。

如图9－32所示，湖南省第一产业的增加值占GDP的比重从2003年的19.02%逐年下降到2012年的13.05%，上海市第一产业增加值占GDP的比重从2003年的1.21%下降到2012年的0.64%，两者均呈现出小幅下降的趋势，湖南省第一产业增加值的比重降幅更大。从2003年到2012年，湖南省第一产业占GDP的比重大于上海市第一产业占GDP的比重，两者的差从2003年的17.81%

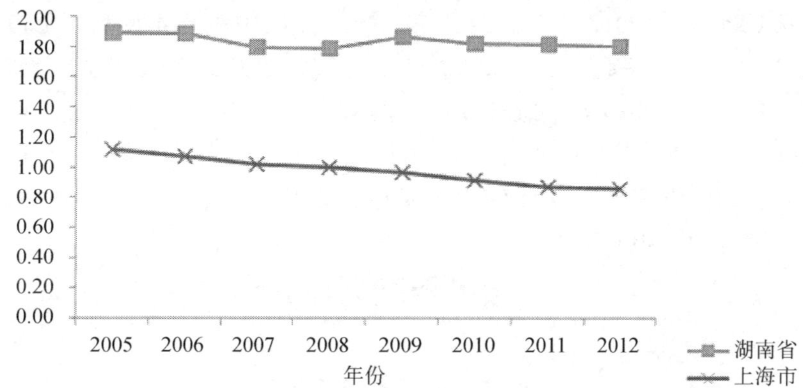

图 9－31　湖南省和上海市人均内河通航里程比较（单位：公里/万人）

注：湖南省 2005 年至 2011 年“内河航道里程数据”来源于《湖南统计年鉴》（2005—2012 年），2012 年“内河航道里程数据”及 2005 年至 2012 年常住人口数据来源于《湖南省国民经济和社会发展统计公报》（2005—2012 年）；上海市数据来源于《上海统计年鉴》（2005—2012 年）。

下降到 2012 年的 12.71%，两者的差距在逐渐变小。通过计算，湖南省第一产业占 GDP 的比重的平均值为 16.10%，上海市第一产业占 GDP 的比重的平均值为 0.84%，从近十年的平均值来看，湖南省第一产业对 GDP 的贡献作用远远大于上海市第一产业对 GDP 的贡献作用。

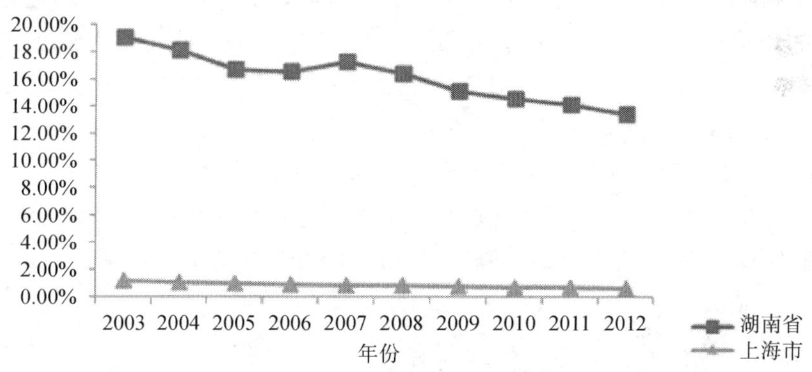

图 9－32　湖南省和上海市第一产业占 GDP 比重对比

如图 9－33 所示，湖南省第二产业的增加值占 GDP 的比重从 2003 年的 38.15% 逐年上升到 2012 年的 48.98%，呈现出逐年上升的趋势；上海市第二产业增加值占 GDP 的比重从 2003 年的 47.94% 下降到 2012 年的 39.36%，呈现出下降的趋势。从 2003 年到 2007 年，上海市第二产业占 GDP 的比重大于湖南省第二产业占 GDP 的比重，两者的差从 2003 年的 8.98% 逐年下降到 2007 年的

2.45%；从2007年到2012年，湖南省第二产业占GDP的比重反高于上海市第二产业占GDP的比重，两者的差从2008年的0.27%上升到2012年的9.62%，两者的差距呈现出增大的趋势。通过计算，湖南省第二产业占GDP的比重的平均值为42.96%，上海市第二产业占GDP的比重的平均值为44.10%，从近十年的平均值来看，湖南省第二产业对GDP的贡献作用比上海市第二产业对GDP的贡献作用弱，两者的差距并不大。

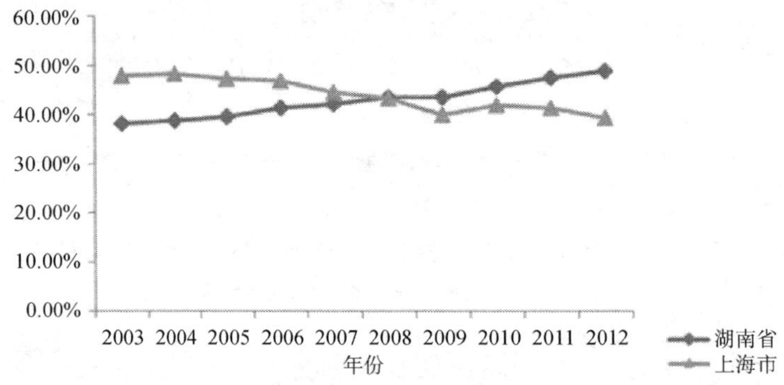

图9－33　湖南省和上海市第二产业占GDP的比重对比

如图9－34所示，湖南省第三产业的增加值占GDP的比重从2003年的42.83%下降到2012年的37.67%，呈现出下降的趋势；上海市第三产业增加值占GDP的比重从2003年的50.85%上升到2012年的60.00%，呈现出上升的趋势。从2003年到2012年上海市第三产业占GDP的比重大于湖南省第三产业占GDP的比重，两者的差从2003年的8.02%上升到2012年的22.33%，呈现出增大的趋势。通过计算，湖南省第三产业占GDP的比重的平均值为40.94%，上海市第三产业占GDP的比重的平均值为55.06%，从近十年的平均值来看，湖南省第三产业对GDP的贡献作用比上海市第三产业对GDP的贡献作用小。

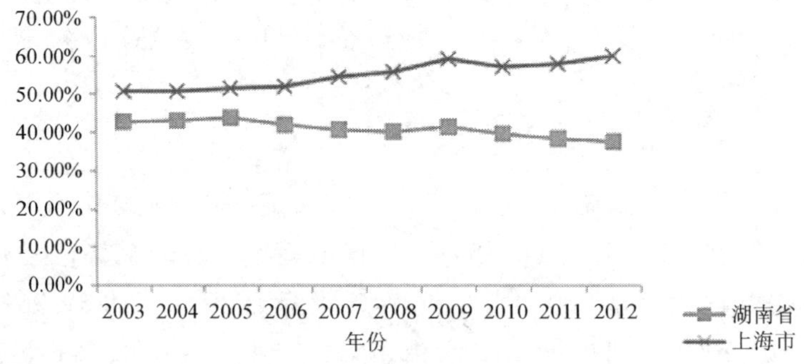

图9－34　湖南省和上海市第三产业占GDP比重对比

综合上述分析，就第一产业所占GDP比重来说，在湖南省和上海市的产业结构中都是最小的，但湖南省GDP中第一产业的比重远远高于上海市，第一产业在湖南省的GDP中还占据一定地位，而在上海市GDP中的份额微乎其微；就第二产业在GDP中的占比来说，在湖南省和上海市产业结构中第二产业都占据重要位置，两地区对比来看，湖南省第二产业比重不断上升而上海市则不断下降，2008年之前湖南省GDP中第二产业占比低于上海市，但从2008年开始，第二产业在GDP中的占比湖南省赶超了上海市；就第三产业在GDP中的份额来说，湖南省在2007年之前第三产业在GDP中占比最大，但因该比重逐年下降，从2007年开始被第二产业占比赶超，而上海市第三产业在GDP中占比始终最大，两地区对比看来，上海市第三产业占比始终高于湖南省。可见，湖南省产业结构中着重发展第二产业的趋势非常鲜明，并且第一产业在湖南省GDP中的作用也不容忽视，而上海市的产业结构已得到优化，第三产业在产业结构的重要地位在产业结构中已经确立。

第四，对湖南省与上海市的收入结构进行比较。对比湖南省和上海市的城镇居民人均收入结构，就各部分所占比例来说，两地区人均工资性收入所占的比重都是最大的，占城镇居民实际人均收入的一半以上；然后是人均转移性和财产性收入，最后是人均经营净收入。从各部分所占比重的趋势来看，整体来说，湖南省城镇居民实际人均收入各构成部分所占比重都呈现出上升或下降的趋势，而上海市城镇居民实际人均收入各构成部分所占比重大致都保持在相对稳定的水平。具体而言，湖南省城镇居民人均工资性收入所占的比重这十年来呈下降的趋势，从2003年的73.48%下降到2012年的56.19%。下降了近20个百分点，而上海市城镇居民人均工资性收入所占的比重这十年来一直保持在相对稳定的水平，其中最大值为2008年的70.89%，最小值为2012年的66.29%，两者相差仅4个百分点，这十年来的平均值为68.24%。上海市人均转移性和财产性收入则正好相反，其中最小值为2008年的23.87%，最大值为2003年的29.55%，两者相差近6个百分点，这十年来的平均值为27.18%，也保持在相对稳定的水平。而湖南省人均转移性和财产性收入所占的比重这十年来仍呈上升趋势，从2003年的22.15%上升到2012年的29.76%，上升了近8个百分点。在人均经营净收入所占比重上，湖南省和上海市均呈持续上升趋势，湖南省从2003年的4.37%上升到2012年的14.05%，上升了近10个百分点，而上海市从2003年的2.54%到2012年的5.59%，也有小幅度上升。

从以上对比可知，两地区城镇居民的收入的最主要来源都是工资性收入，其次是人均转移性和财产性收入，最后是经营净收入。在各构成部分所占比重的趋势变化比较上，可以看出，上海市相对来说，其变动趋势更加稳定，而湖南省各构成部分所占比重的结构发生了些许变化。

比较湖南省与上海市农村居民实际人均收入各构成部分所占比重的异同。首先，就各部分所占比例来说。可以看到，湖南省农村居民收入的主要来源是工资性收入和家庭经营纯收入，两者所占比重达90%左右，其次是转移性和财产性收入。而上海市却不同，其农村居民收入的主要来源是工资性收入，它所占的比重为65%以上，再次是转移性和财产性收入，最后才是家庭经营纯收入。可见两者间的结构是存在很大差异的。其中，人均转移性和财产性收入所占的比重，以2012年为例，湖南省人均转移性和财产性收入所占的比重为9.87%，而上海市达到了29.30%，是前者的3倍多。而在家庭经营纯收入上，同样以2012年为例，湖南省人均家庭经营纯收入所占的比重为39.15%，而上海市仅为5.52%，仅为前者的1/6还不到。

另一方面，从各部分所占比重的变化趋势来看，湖南省和上海市农村居民实际人均收入各构成部分所占比重都呈现出一定的变动趋势。具体而言，湖南省农村居民人均工资性收入所占的比重这十年来呈上升的趋势，从2003年的39.02%上升到2012年的50.97%。上升了近12个百分点；而人均家庭经营纯收入正好相反，其所占的比重这十年来呈下降趋势，从2003年的56.35%下降到2012年的39.15%，下降了近17个百分点。在这种变动趋势下，从图中可以看到，在2010年前，湖南省农村居民收入的最主要来源是家庭经营纯收入，其次是工资性收入，而在2010年后，工资性收入成为湖南省农村居民收入的最主要来源。而上海市农村居民收入的最主要来源一直都是工资性收入。上海市农村居民人均工资性收入与家庭经营纯收入各自所占的比重从2003年至2012年均呈下降趋势，人均工资性收入所占的比重从79.36%下降到65.18%，下降了14个百分点。家庭经营纯收入所占的比重从12.21%下降到5.52%，下降了近7个百分点。除此之外，两省（市）人均转移性和财产性收入所占比重的变动趋势均呈上升趋势。湖南省从2003年至2012年，人均转移性和财产性收入所占比重仅上升5个百分点，而上海市从2003年的8.43%上升到2012年的19.30%，上升幅度达11个百分点。

从以上数据分析可以知道，两地区农村居民的收入结构存在较大的差异，各自主要的收入来源也并不同，而各构成部分所占比重的变化趋势也不尽相同。

为了更好地了解湖南省和上海市整体的城乡居民人均收入的差异，有必要对其从业人口结构进行对比。2003年至2012年，湖南省城镇从业人口占比呈上升趋势，农村从业人口占比呈下降趋势，且农村从业人口占比大于城镇，但差距在减小；而上海市的变动趋势刚好相反，上海市城镇从业人口占比呈下降趋势，农村从业人口占比呈上升趋势，且城镇从业人口占比大于农村，但差距也在减小。虽然湖南省和上海市的从业人口结构差异很大，但都趋于城镇和农村均衡分布的态势。两地区相比看来，上海市城镇从业人口、农村从业人口比例平均大约为6:4，而湖南省为3:7。

第五，对湖南省与上海市的政策制度进行比较。本部分所作的比较主要是国家宏观布局方面的比较。对比的政策制度出自于我国“十五”“十一五”“十二五”规划纲要。湖南省属于中部地区，而上海市属于东部地区，以下将对中部和东部地区的国家政策进行对比。

首先，比较中部和东部产业结构的政策。关于中部地区，“十一五”规划在“促进中部地区崛起”中提及“中部地区要依托现有基础，提升产业层次，推进工业化和城镇化。加强现代农业特别是粮食主产区建设，加大农业基础设施建设投入，增强粮食等大宗农产品生产能力，促进农产品加工转化增值”。我国“十二五”规划在“大力促进中部地区崛起”中提到“发挥承东启西的区位优势，壮大优势产业，发展现代产业体系，巩固提升全国重要粮食生产基地、能源原材料基地、现代装备制造及高技术产业基地和综合交通运输枢纽地位”。从这些政策中可以看出，国家对中部地区产业的重视主要在第一产业和第二产业方面，湖南省的产业结构的变动趋势契合了国家政策。对于东部地区的发展，我国“十一五”规划关于“鼓励东部地区率先发展”中提出“东部地区要率先实现经济结构优化升级和增长方式转变。提高产业素质和竞争力。优先发展先进制造业、高技术产业和服务业，着力发展精加工和高端产品。加强耕地保护，发展现代农业”。我国“十二五”规划关于“积极支持东部地区率先发展”提出“发挥东部地区对全国经济发展的重要引领和支撑作用，在更高层次参与国际合作和竞争，在改革开放中先行先试，在转变经济发展方式、调整经济结构和自主创新中走在全国前列。着力培育产业竞争新优势，加快发展战略性新兴产业、现代服务业和先进制造业”。可见，国家对于东部地区产业结构的战略部署集中在优化产业结构，发展第三产业上。另外，关于中部和东部产业结构，我国“十一五”规划中还提出“按照引导产业集群发展、减少资源跨区域大规模调动的原则优化产业布局，促进主要使用海路进口资源的产业在沿海地区布局，主要使用国内资源和陆路进口资源的产业在中西部重点开发区域布局”。“十二五”规划提出“主要依托国内能源和矿产资源的重大项目，优先在中西部资源地布局；主要利用进口资源的重大项目，优先在沿海沿边地区布局”。

其次，比较中部和东部交通系统建设的政策。关于中部地区交通系统建设，我国“十一五”规划中提出“加强长江、珠江及京杭运河等水运主通道建设，积极发展内河航运”，并在“促进中部地区崛起”中提出“构建综合交通运输体系，重点建设干线铁路和公路、内河港口、区域性机场。加强物流中心等基础设施建设，完善市场体系”。关于东部地区交通运输系统建设，我国“十五”规划中提及“加强沿海主枢纽港口大型集装箱运输系统、专业化散货运输系统及主要港口出海航道建设，建设上海国际航运中心。2005 年沿海港口深水泊位达到 800 个”。即，充分发挥各地区的地理位置优势，构建综合交通运输体系。

再次，比较中部和东部区域经济发展的政策。关于中部地区区域经济发展，我国“十二五”规划关于“大力促进中部地区崛起”提到“加快构建沿陇海、沿京广、沿京九和沿长江中游经济带，促进人口和产业的集聚，加强与周边城市群的对接和联系。重点推进太原城市群、皖江城市带、鄱阳湖生态经济区、中原经济区、武汉城市圈、环长株潭城市群等区域发展”。“充分发挥各地区比较优势，促进区域间生产要素合理流动和产业有序转移，在中西部地区培育新的区域经济增长极，增强区域发展的协调性。”“健全互助机制，发达地区要采取对口支援、社会捐助等方式帮扶欠发达地区。健全扶持机制，按照公共服务均等化原则，加大国家对欠发达地区的支持力度。国家继续在经济政策、资金投入和产业发展等方面，加大对中西部地区的支持。”关于东部地区区域经济发展，我国“十一五”规划关于“鼓励东部地区率先发展”中提到“健全市场机制，打破行政区划的局限，促进生产要素在区域间自由流动，引导产业转移。健全合作机制，鼓励和支持各地区开展多种形式的区域经济协作和技术、人才合作，形成以东带西、东中西共同发展的格局”。我国“十二五”规划提出“着力提高科技创新能力，加快国家创新型城市和区域创新平台建设”。“推进京津冀、长江三角洲、珠江三角洲地区区域经济一体化发展，打造首都经济圈，重点推进河北沿海地区、江苏沿海地区、浙江舟山群岛新区、海峡西岸经济区、山东半岛蓝色经济区等区域发展，建设海南国际旅游岛。”即我国的区域经济发展战略是充分发挥东部地区的带头作用，鼓励东部地区率先发展，支持各地区的经济协作与交流，以经济集群的形式实现区域经济一体化发展。

复次，比较中部和东部对外开放政策。关于中部对外开放政策，我国“十二五”规划中提出“改善投资环境，有序承接东部地区和国际产业转移”。我国“十二五”规划提出“扩大内陆开放”，“以中心城市和城市群为依托，以各类开发区为平台，加快发展内陆开放型经济。发挥资源和劳动力比较优势，优化投资环境，扩大外商投资优势产业领域，积极承接国际产业和沿海产业转移，培育形成若干国际加工制造基地、服务外包基地。推进重庆两江新区开发开放”。关于东部对外开放政策，我国“十一五”规划提出“促进加工贸易升级，积极承接高技术产业和现代服务业转移，提高外向型经济水平，增强国际竞争力”。“继续发挥经济特区、上海浦东新区的作用，推进天津滨海新区开发开放，支持海峡西岸和其他台商投资相对集中地区的经济发展，带动区域经济发展。”我国“十二五”规划提出“深化沿海开放”，“全面提升沿海地区开放型经济发展水平，加快从全球加工装配基地向研发、先进制造和服务基地转变。率先建立与国际化相适应的管理体制和运行机制，增强区域国际竞争软实力。推进服务业开放和国际服务贸易发展，吸引国际服务业要素集聚。深化深圳等经济特区、上海浦东新区、天津滨海新区开发开放，加快上海国际经济、金融、航运、贸易中心建设”。国家对于中部和东部的对外开放政策总结起来是“扩大内陆开放”和“加快东部沿海地区开放脚步”，但对于东部沿海地区对外经济的发展有较早的部署。

最后，比较中部和东部资源优化利用政策。关于中部地区资源优化利用政策，“十二五”规划中提出“提高资源利用效率和循环经济发展水平。加强大江大河大湖综合治理”。“中央财政要逐年加大对农产品主产区、重点生态功能区特别是中西部重点生态功能区的转移支付力度，增强基本公共服务和生态环境保护能力。”关于东部资源优化利用政策，“十一五”规划提出“提高资源特别是土地、能源利用效率，加强生态环境保护，增强可持续发展能力”。“十二五”规划提出“着力增强可持续发展能力，进一步提高能源、土地、海域等资源利用效率，加大环境污染治理力度，化解资源环境瓶颈制约”。可见国家对于中部地区和东部地区的资源利用效率和生态环境保护都非常重视，但对于东部地区资源优化利用的关注相对较早。

（3）湖南省与广东省国内生产总值和城乡居民人均收入情况比较

①国内生产总值的比较。如图 9－35 所示，比较 2003 年至 2012 年湖南省与广东省人均 GDP 可以发现，虽然两个地区的人均 GDP 在逐年增长，但湖南省人均 GDP 与广东省人均 GDP 之间存在一定差距，且两者的差距在绝对值上越来越大。2012 年，广东省人均 GDP 达 54095 元，是同年湖南省人均 GDP（33480 元）的 1.6 倍。2003 年至 2012 年，湖南省和广东省人均 GDP 的平均值分别为 18097.8 元和 35183.7 元，广东省人均 GDP 均值是湖南省的近 2 倍。由此可知，湖南省国民经济发展水平落后于广东省。

2003 年至 2007 年广东省 GDP 增长率变动不大，而湖南省 GDP 增长率在逐步上升，广东省 GDP 增长率高于湖南省 GDP 增长率，但两者差距在慢慢减小。2007 年，湖南省 GDP 增长率达到了 15.00%，已超过了当年广东省 GDP 增长率（14.87%）。2007 年至 2012 年，湖南省 GDP 增长率一直在广东省 GDP 增长率之

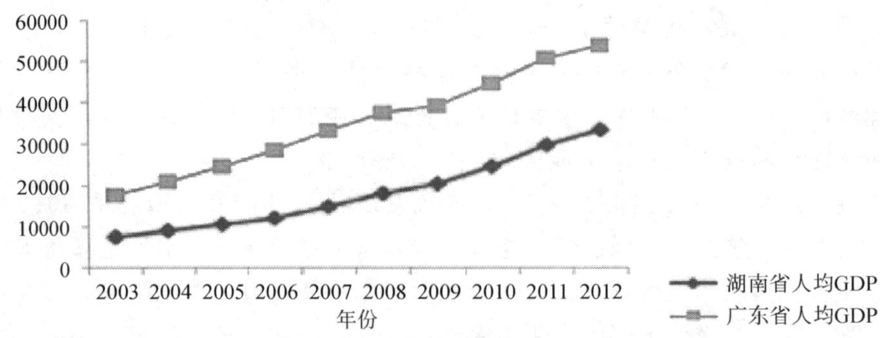

图 9－35 湖南省与广东省人均 GDP 对比（单位：元）

注：①湖南省人均 GDP 数据 2003 年至 2011 年的来源于《国家统计年鉴》（2004—2012 年），2012 年的来源于《中国统计摘要 2013》；②广东省人均 GDP 数据 2003 年至 2011 年的来源于《广东统计年鉴》（2004—2012 年），2012 年的来源于《中国统计摘要 2013》。

上。2012 年，广东省 GDP 增长率为 8.20%，低于同年湖南省 GDP 增长率（11.30%）3 个百分点。2003 年至 2012 年，湖南省和广东省 GDP 增长率的平均值分别为 12.80%、12.42%，湖南省 GDP 增长率均值略高于广东省。综上所述，湖南省 GDP 的增长迅速，平均增长速度超过了广东省，且近年来湖南省 GDP 增长率始终跑在广东省 GDP 增长率前面。

②居民人均收入的比较。湖南省城镇居民实际人均收入与广东省相比仍存在一定的差距，湖南省 2012 年城镇居民实际人均收入水平仅与广东省 2005 年的收入水平相当。从平均值来看，2003 年至 2012 年湖南省城镇居民实际人均收入的均值为 1963.65 元，广东省为 3355.52 元，是湖南省的 1 倍多。而 2003 年到 2012 年间两者的差距仍然在不断地加大。2003 年，湖南省城镇居民实际人均收入为 1345.40 元，广东省为 2422.93 元，两者相差 1077.53 元。2012 年湖南省城镇居民实际人均收入为 2768.82 元，广东省为 4618.70 元，两者相差 1849.88 元。

从实际增长率来看，两者整体的增长速度的态势在大体上是一致的。相比较而言，湖南省城镇居民实际人均收入的增长态势并不弱于广东省。从平均实际增长率来看，湖南省城镇居民人均可支配收入的实际增长率为 8.30%，高于广东省的 7.75%。具体来说，2003 年，湖南省城镇居民人均收入的实际增长率为 7.70%，广东省为 10.50%，两者相差 3 个百分点左右，2004 年两者的实际增长率差不多，而从 2005 年到 2009 年，湖南省城镇居民人均收入的实际增长率比广东省均高出 2 个百分点左右，2007 年则高出了 4 个百分点。2009 年、2010 年湖南省的增长速度又低于广东省。到了 2011 年，湖南省城镇居民人均收入实际增长速度又反超了广东省。2012 年广东省城镇居民人均收入实际增长率为 9.32%，湖南省为10.92%，比广东省多出了近2个百分点。

湖南省农村居民实际人均收入与广东省相比也存在一定的差距。从平均值来看，湖南省农村居民实际人均收入的均值为654.30元，广东省为1104.29元，是湖南省的近1倍。从绝对数额来看，从2003年到2012年两者间的差距仍然在不断地加大。2003年，湖南省农村居民实际人均纯收入为444.05元，广东省为793.51元，两者相差349.46元。2012年湖南省农村居民实际人均纯收入为966.27元，广东省为1610.97元，两者相差644.70元。

从实际增长率来看，两者整体的增长速度都呈线性上升趋势，增长速度在不断提升。相比较而言，湖南省农村居民实际人均收入的增长态势也不弱于广东省。从平均实际增长率来看，湖南省农村居民人均收入的实际增长率为8.45%，广东省为7.70%。除了2009年、2011年，其余年份湖南省农村居民人均收入的实际增长率均高于广东省1到2个百分点。且从长期看来，与广东相比，湖南省农村居民实际人均收入的增长速度更加稳定。

从全省来看，湖南省城乡居民实际人均收入与广东省相比仍存在一定的差距，湖南省2012年城乡居民实际人均收入水平仅与广东省2005年的收入水平相当。从平均值来看，2003年至2012年湖南省城乡居民实际人均收入的均值为1047.61元，广东省为1996.23元。从城乡居民实际人均收入来看，2003年到2012年两者间的差距仍然在不断地加大。2003年，湖南省城乡居民实际人均收入为653.46元，广东省为1375.98元，两者相差722.52元；2012年湖南省城乡居民实际人均收入为1597.55元，广东省为2855.36元，两者相差1257.81元。

从实际增长率来看，湖南省整体的增长趋势比广东省要稳定些。相比较而言，湖南省城乡居民实际人均收入的增长速度并不弱于广东省。从平均实际增长率来看，湖南省城乡居民人均收入的实际增长率为10.22%，广东省为8.77%。具体来说，除了2003年、2009年，其他年份湖南省城乡居民实际人均收入的增长速度均高于广东省。其中，2006年湖南省的增长速度为9.70%，广东省为5.33%，高出4个百分点；2011年，广东省增长速度为8.34%，湖南省高出其6个百分点达到14.64%。

综合上述分析，在国内生产总值情况方面，湖南省人均GDP绝对数与广东省相比存在较大差距，但从GDP增长率来看，湖南省增长率总体水平上要高于广东省，特别是近年来，湖南省的GDP增长率总是在广东省之上；在收入情况方面，湖南省居民人均收入相比广东省还存在一定距离，而从增长速度的角度，湖南省居民人均收入的增长率虽与广东省相差不大，但总体看来大多数年份湖南省居民收入增长率要高于广东省。

③实现国内生产总值和城乡居民人均收入同步增长的现实条件比较。

第一，对湖南省与广东省的自然资源情况进行比较。考虑到数据的可得性，主要选取了耕地面积占土地面积比重这一指标，同时对比两地区的单位土地面积水力资源可开发量、单位 GDP 能源消耗量。

如图 9 - 36 所示，比较 2003 年至 2012 年湖南省和广东省耕地面积占土地面积比重，可发现，湖南省耕地面积比重较为稳定，而广东省 2003 年至 2008 年逐年降低，2008 年至 2010 年有小幅攀升，之后维持稳定。从总体水平看，湖南省耕地面积比重在广东省之上，且两者的差距逐年加大，2003 年，两者相差 1 个百分点（湖南省为 18.10%，广东省为 17.01%），到 2012 年，两者差距增加到近 2 个百分点（湖南省为 17.90%，广东省为 16.01%）。从平均水平看，湖南省和广东省耕地面积平均比重分别为 17.94%、16.18%，湖南省高出广东省 1.76 个百分点。经比较分析可知，湖南省耕地面积比重虽不及上海市水平但比广东省略高。

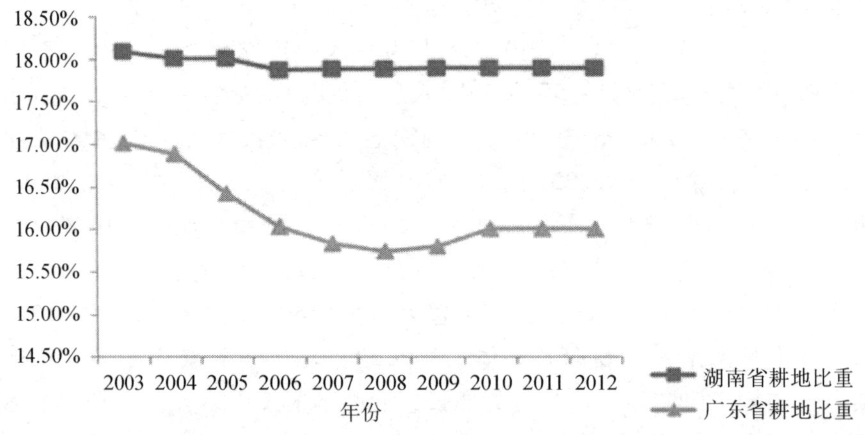

图 9 - 36　湖南省与广东省耕地面积占土地面积比重对比

注：①2003 年至 2011 年数据来源于《湖南统计年鉴》（2003—2012 年），《广东统计年鉴》（2003—2012 年）；②2012 年湖南省和广东省耕地面积根据 2010 年至 2011 年耕地面积平均增长率推算得出。

如图 9 - 37 所示，将湖南省单位 GDP 能源消耗量与广东省进行对比，可以看出，广东省单位 GDP 能源消耗量在逐年降低，虽说湖南省从 2005 年起也在逐年降低，但是与广东省相比，湖南省单位 GDP 消耗的能源量还是过高，但与广东省的差距在逐年缩小。2005 年，两者相差 0.58 吨/万元，到了 2012 年，两者差额降为 0.20 吨/万元。从平均水平看，2003 年至 2012 年，每万元 GDP 消耗的能源量均值湖南省为 1.13 吨，广东省为 0.77 吨，两者相差 0.36 吨。可见，湖南省能源利用率不及广东省。

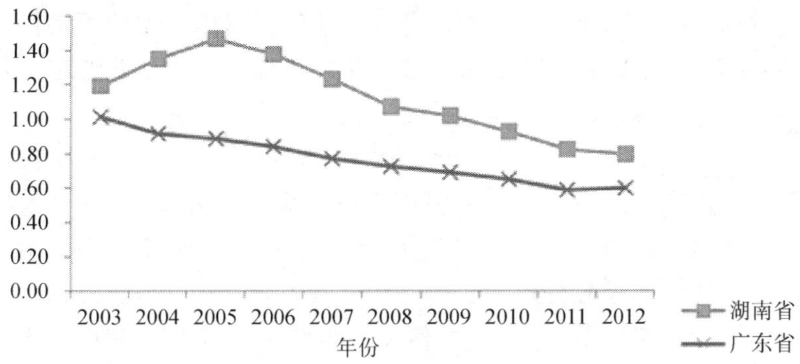

图 9－37　湖南省与广东省单位 GDP 能源消耗量对比（单位：吨/万元）

注：①湖南省“能源消耗总量”数据，2002 年至 2004 年来源于《中国能源统计年鉴》（2003—2005 年），2005 年至 2011 年数据来源于《湖南统计年鉴》（2006—2012 年），2012 年数据根据 2009 年至 2011 年数据平均增长率推算得出；②广东省“能源消耗总量”数据 2002 年至 2011 年来源于《广东统计年鉴》（2003—2012 年），2012 年数据根据 2009 年至 2011 年数据平均增长率推算得出。

此外，如表 9－7 所示，将近年来湖南省和广东省的单位土地面积水力资源可开发量进行对比，2005 年以来，湖南省的单位土地面积水力资源可开发量为 0.51 千瓦/公顷，广东省的为 0.46 千瓦/公顷，湖南省比广东省多出了 0.05 千瓦/公顷。可见，湖南省的水力资源比广东省要丰富。

表 9－7　　湖南省和广东省单位土地面积水利资源可开发量

年份	湖南省			广东省		
	水力资源可开发量（万千瓦）	土地面积（万公顷）	单位土地面积水力资源可开发量（千瓦/公顷）	水力资源可开发量（万千瓦）	土地面积（万公顷）	单位土地面积水力资源可开发量（千瓦/公顷）
2002	1083.84	2118.29	0.51	665.50	1797.57	0.37
2003	1083.84	2118.29	0.51	665.50	1797.57	0.37
2004	1083.84	2118.29	0.51	824.48	1797.57	0.46
2005	1083.84	2118.29	0.51	824.50	1797.57	0.46
2006	1083.84	2118.29	0.51	824.50	1797.57	0.46
2007	1083.84	2118.29	0.51	824.50	1797.57	0.46
2008	1083.84	2118.29	0.51	824.50	1798.13	0.46
2009	1083.84	2118.29	0.51	824.50	1798.13	0.46
2010	1083.84	2118.29	0.51	824.50	1798.13	0.46
2011	1083.84	2118.29	0.51	824.50	1798.13	0.46
2012	1083.84	2118.29	0.51	824.50	1798.13	0.46

注：①2003 年至 2011 年数据来源于《湖南统计年鉴》（2003—2012 年）、《广东统计年鉴》（2003—2012 年）；②2012 年数据由 2009 年至 2011 年数据平均增长率推算得出。

第二，对湖南省与广东省的交通情况进行比较。考虑数据的可得性，本章选取了2005年至2012年数据，利用人均铁路营业里程、人均公路通车里程以及人均内河航道里程等指标来比较两地区的交通情况。

如图9－38所示，对比2005年至2012年湖南省和广东省人均铁路营业里程，可以看出，广东省该指标逐年小幅度上升，湖南省除在2009年大幅上升外比较稳定。总体看来，湖南省人均铁路营业里程多于广东省。2005年，湖南省和广东省人均铁路营业里程分别为0.44公里/万人和0.21公里/万人，两者相差0.23公里/万人，湖南省是广东省的2倍多；2012年，湖南省和广东省均铁路营业里程分别为0.56公里/万人和0.27公里/万人，两者相差0.29公里/万人，湖南省仍是广东省的2倍多。从平均值看，广东省人均铁路营业里程平均值为0.22公里/万人，比湖南省（0.50公里/万人）少了0.28公里/万人。经分析可知，湖南省的铁路交通情况相较广东省有一定优势。

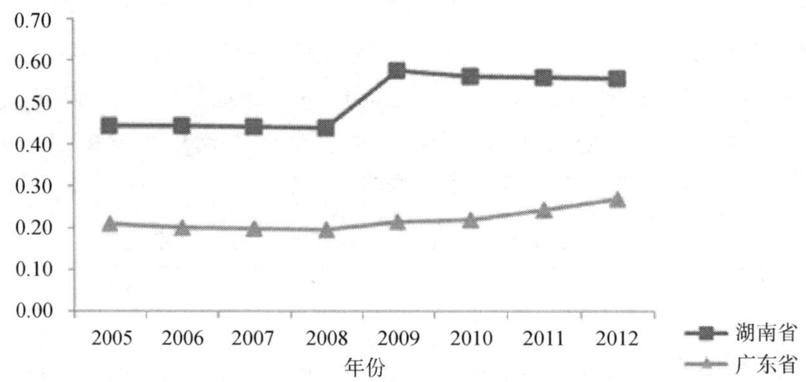

图9－38　湖南省和广东省人均铁路营业里程比较（单位：公里/万人）

注：①湖南省2005年至2011年“铁路营业里程数据”来源于《湖南统计年鉴》（2005—2012年），2012年“铁路营业里程数据”及2005年至2012年常住人口数据来源于《湖南省国民经济和社会发展统计公报》（2005—2012年）；②广东省数据来源于《广东统计年鉴》（2005—2012年）。

如图9－39所示，对比2005年至2012年湖南省和广东省人均公路通车里程可知，广东省该指标从2006年之后呈逐年小幅下降趋势，而湖南省逐年上升。总体看来，湖南省人均公路通车里程要大于广东省，且差距逐渐增大，2005年，两者仅相差1.40公里/万人（湖南省为13.94公里/万人，广东省为12.54公里/万人），到了2012年，两者差距达到16.85公里/万人（湖南省为35.25公里/万人，广东省为18.40公里/万人）。从平均水平看，湖南省人均公路通车里程平均值为29.08公里/万人，比广东省（17.90公里/万人）多出了11.18公里/万人。

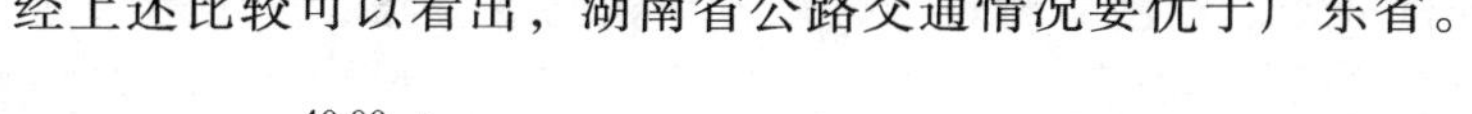
经上述比较可以看出，湖南省公路交通情况要优于广东省。

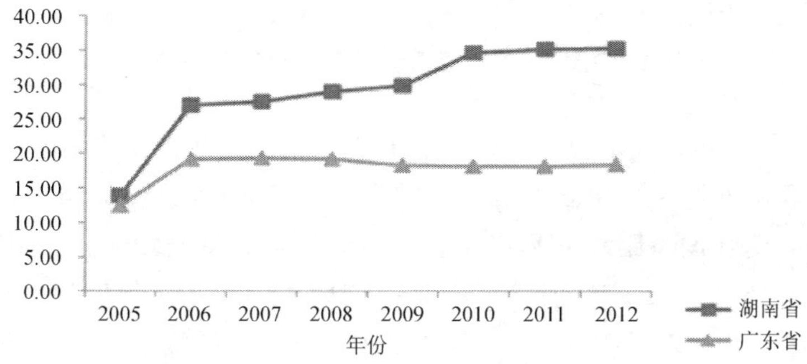

图 9－39　湖南省和广东省人均公路通车里程比较（单位：公里/万人）

注：①湖南省 2005 年至 2011 年“公路通车里程数据”来源于《湖南统计年鉴》（2005—2012 年），2012 年“公路通车里程数据”及 2005 年至 2012 年常住人口数据来源于《湖南省国民经济和社会发展统计公报》（2005—2012 年）；②广东省数据来源于《广东统计年鉴》（2005—2012 年）。

如图 9－40 所示，对比湖南省和广东省人均内河通航里程可以看出，广东省该指标有小幅下降趋势，湖南省人均内河通航里程在总体水平上市大于广东省，且两者的差距逐年变大。2005 年，湖南省和广东省人均内河通航里程分别为 1.89 公里/万人和 1.48 公里/万人，两者相差 0.41 公里/万人；2012 年，湖南省和广东省人均内河通航里程分别为 1.80 公里/万人和 1.28 公里/万人，两者差距达到 0.52 公里/万人。从平均水平看，广东省人均内河通航里程平均值为 1.38 公里/万人，比湖南省的平均值（1.83 公里/万人）少了 0.45 公里/万人。综合以上分析，湖南省内河航道交通情况在一定程度上优于广东省。

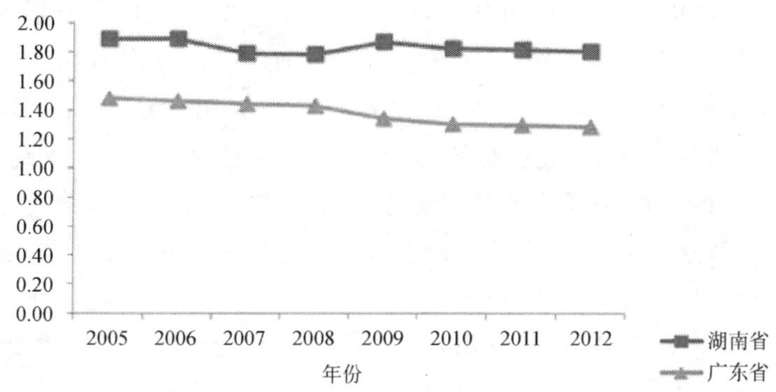

图 9－40　湖南省和广东省人均内河通航里程比较（单位：公里/万人）

注：①湖南省 2005 年至 2011 年“内河航道里程数据”来源于《湖南统计年鉴》（2005—2012 年），2012 年“内河航道里程数据”及 2005 年至 2012 年常住人口数据来源于《湖南省国民经济和社会发展统计公报》（2005—2012 年）；②广东省数据来源于《广东统计年鉴》（2005—2012 年）。

通过上述的比较分析可知，湖南省相较于广东省在铁路、公路、内河航道等交通状况方面存在优势。

第三，对湖南省与广东省的 GDP 结构进行比较。将国内生产总值按产业划分为第一产业、第二产业和第三产业，对国内生产总值的结构进行分析。

从图 9－41 可以看出，从 2003 年到 2012 年，湖南省第一产业占 GDP 的比重大于广东省第一产业占 GDP 的比重，两者的差从 2003 年的 12.25% 下降到 2012 年的 8.35%，两者的差距在逐渐变小，通过计算，湖南省第一产业占 GDP 的比重的平均值为 16.10%，广东省第一产业占 GDP 的比重的平均值为 5.61%，这说明，湖南省第一产业对 GDP 的贡献作用在逐年减弱，但从十年间的平均值来看，湖南省第一产业对 GDP 的贡献作用是广东省第一产业对 GDP 的贡献作用的 2 倍多。

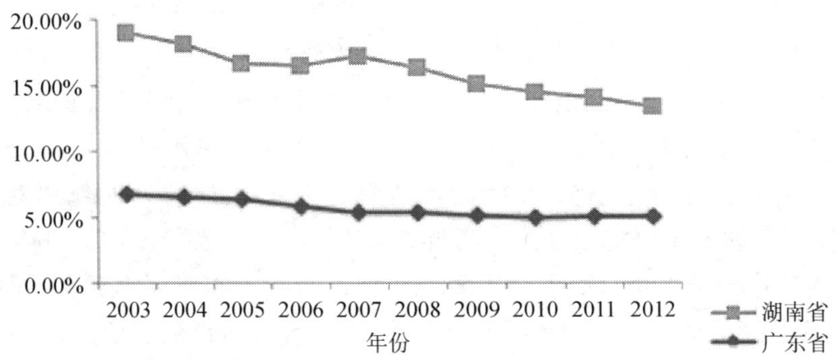

图 9－41　湖南省和广东省第一产业占 GDP 比重对比

从图 9－42 可以看出，从 2003 年到 2011 年，湖南省第二产业占 GDP 的比重小于广东省第二产业占 GDP 的比重，而到 2012 年，湖南省第二产业占 GDP 的比重高于广东省第二产业占 GDP 的比重，广东省第二产业占 GDP 的比重和湖南省第二产业占 GDP 的比重的差从 2003 年的 9.77% 下降到 2012 年的 －0.18%，两者的差距呈现出减小的趋势，通过计算，湖南省第二产业占 GDP 的比重的平均值为 44.10%，广东省第二产业占 GDP 的比重的平均值为 49.65%。这说明，从 2003 年到 2011 年，湖南省第二产业对 GDP 的贡献作用比广东省第二产业对 GDP 的贡献作用大，但两者差距越来越小，到 2012 年湖南省第二产业对 GDP 的贡献已经赶上广东省；但从十年间的平均值来看，湖南省第二产业对 GDP 的贡献作用比广东省第二产业对 GDP 的贡献作用弱，两者的差距并不大。

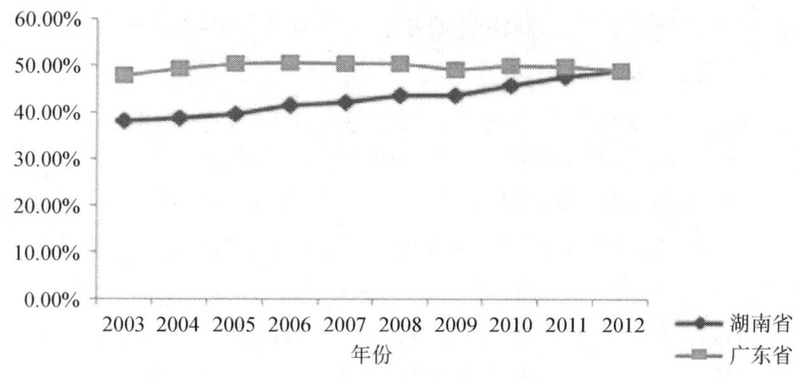

图 9－42　湖南省和广东省第二产业占 GDP 比重对比

从 2003 年到 2012 年（2005 年除外）广东省第三产业占 GDP 的比重大于湖南省第三产业占 GDP 的比重，两者的差从 2003 年的 2.48% 上升到 2012 年的 8.53%，呈现出增大的趋势。通过计算，湖南省第三产业占 GDP 的比重的平均值为 40.94%，广东省第三产业占 GDP 的比重的平均值为 44.74%。这说明，湖南省第三产业对 GDP 的贡献作用比广东省第三产业对 GDP 的贡献作用弱，两者的差距呈现出增大的趋势。从十年间的平均值来看，湖南省第三产业对 GDP 增长的贡献作用和广东省第三产业对 GDP 的贡献作用差距并不大。

通过以上对比可以看出，湖南省第一产业对 GDP 增长的贡献作用大于广东省第一产业对 GDP 增长的贡献作用，两者差距保持着较大的差距；湖南省第二产业对 GDP 增长的贡献作用小于广东省第二产业对 GDP 增长的贡献作用，两者差距在缩小；湖南省第三产业对 GDP 增长的贡献作用小于广东省第三产业对 GDP 增长的贡献作用，两者差距在变大。这说明，广东省和湖南省主要依靠第二产业和第三产业来带动 GDP 的增长，湖南省第二产业对 GDP 增长的作用越来越大，这是优势。但是广东省对第一产业的依赖性不强，湖南省对第一产业的依赖较大；在一定程度上湖南省对第三产业的重视不够，导致湖南省第三产业占 GDP 的比重与广东省的差距变大。和湖南省相比，广东省的产业结构相对稳定和均衡。

第四，对湖南省与广东省的收入结构进行比较。两省人均工资性收入所占的比重都是最大的，占城镇居民实际人均收入的一半以上，但广东省的人均工资性收入所占比重更高，达 70% 左右；所占比重第二大的都是人均转移性收入和财产性收入，最后是人均经营净收入。而从各部分所占比重的趋势来看，湖南省和广东省城镇居民实际人均收入各构成部分所占比重呈现出大致相同趋势。具体而言，湖南省和广东省城镇居民人均工资性收入所占的比重十年来均呈下降的趋势，湖南省下降的幅度更大。湖南省城镇居民人均工资性收入所占的比重从2003年的73.48%下降到2012年的56.19%。下降了17个百分点，而广东省城镇居民人均工资性收入所占的比重从2003年的77.42%下降到2012年的69.63%，下降了近8个百分点。在人均转移性和财产性收入所占比重的变动趋势上，两省均呈上升趋势，其中湖南省从2003年的22.15%上升到2012年的29.76%，上升了7个百分点，广东省从2003年的17.96%上升到2012年20.67%，上升了近3个百分点，其中2007年出现了下降的情况。在人均经营净收入上，两省人均经营净收入所占的比重差不多，并且均呈上升的趋势，而湖南省的增长趋势比广东省更加稳定，从平均值来看，湖南省人均经营净收入所占的比重为9.86%，广东省为8.63%，相差不大；从变动趋势来看，湖南省从2003年的4.37%上升到2012年的14.05%，上升了近10个百分点，而广东省从2003年的4.62%到2012年的9.70%，上升了5个百分点，期间存在很多次的上下波动，最大值在2007年达到11.77%。

湖南省与广东省农村居民实际人均收入各构成部分所占比重有很大的不同。首先，就各部分所占比例来说，湖南省农村居民收入的主要来源是工资性收入和家庭经营纯收入，两者所占比重达90%左右，而在广东省，虽然两者所占的比重之和也达到了90%左右，但其中工资性收入所占的比重比家庭经营纯收入所占的比重要大得多，并且随着时间推移，其差距逐渐增大。在2012年，工资性收入所占的比重为64.10%，家庭经营纯收入所占的比重为25.16%，虽然两者所占比重之和达89.26%，但显然家庭经营纯收入所占的比重要远低于工资性收入所占的比重，而湖南省工资性收入和家庭经营纯收入两者所占的比重相当。均在45%左右。由此可见，广东省农村居民收入的最主要的来源为工资性收入，其次是家庭经营纯收入。此外，人均转移性和财产性收入所占的比重均不大，是两省农村居民收入来源中最小的部分，从数值来看，广东省一直以来都略高于湖南省。

另一方面，从各部分所占比重的变化趋势来看，湖南省和广东省农村居民实际人均收入各构成部分所占比重各呈现出相同的变动趋势。具体而言，湖南省与广东省农村居民人均工资性收入所占的比重十年间均呈上升的趋势，湖南省农村居民人均工资性收入所占的比重从2003年的39.02%上升到2012年的50.97%，上升了近12个百分点；广东省农村居民人均工资性收入所占的比重从2003年的48.48%上升到2012年的64.10%，上升了近16个百分点。而人均家庭经营纯收入正好相反，其所占的比重这十年来两省均呈下降趋势。广东省人均家庭经营纯收入所占的比重从2003年的43.43%下降到2012年的25.16%，下降了18个百分点；湖南省人均家庭经营纯收入所占的比重从2003年的56.35%下降到2012年的39.15%，下降了17个百分点，而在这种变动趋势下，工资性收入已成为湖南省农村居民收入的最主要来源。除此之外，两省人均转移性和财产性收入所占比重的变动趋势均呈上升趋势。湖南省的变动幅度明显要大于广东省，且湖南省这十年来呈持续上升状态，而广东省则出现了多次上下波动的情况。湖南省人均转移性和财产性收入所占比重从2003年的4.63%持续上升至2012年的9.87%，上升了5个百分点，其平均值为7.06%，而广东省2003年到2012年间呈上下波动状态，但从整体来说，广东省人均转移性和财产性收入所占比重上升了2个百分点，其平均值为10.08%。

综合以上分析，两省城镇居民收入的最主要来源都是工资性收入，在广东省所占的比重更大；其次是人转移性和财产性收入；最后是经营净收入。在各构成部分所占比重的趋势变化的比较上可以看出，两省城镇居民实际人均收入各构成部分所占比重的变动趋势也大致相同。两省农村居民的收入结构大致相同，工资性收入均已成为两省农村居民的最主要收入来源，其次是家庭经营纯收入，最后是转移性和财产性收入。但从各自所占的比重来看，两省还是存在差异；而在各构成部分所占比重的变化趋势上，两省呈现大致相同的变化趋势。

为了更好地了解湖南省和广东省全省的城乡居民人均收入的差异，有必要对其从业人口结构进行对比。2003年至2012年，湖南省和广东省从业人口结构变动呈相同的趋势：城镇从业人口比重都在不断上升而农村从业人口比重都在不断下降，且城镇从业人口比重都小于农村，但两者差距在不断减小。两省相比看来，湖南省城镇从业人口比重小于广东省，而农村从业人口比重大于广东省，但差距不大。平均水平看，湖南省城镇从业人口与农村从业人口的比例为3:7，而广东省为4:6。

第五，对湖南省与广东省的政策制度进行比较。本部分所作的比较主要是国家宏观布局方面的比较。对比的政策制度出自于我国“十五”“十一五”“十二五”规划纲要。湖南省属于中部地区，广东省属于东部地区，因此主要是对中部和东部地区的国家政策进行比较。而在对湖南省与上海市的政策制度比较中已对中、东部地区政策进行了详细说明，此处不再赘述。

9.3.3　湖南省实现国内生产总值和城乡居民人均收入同步增长的主要影响因素

通过对湖南省国内生产总值和城乡居民人均收入增长情况的分析，以及与代表性地区国内生产总值和城乡居民人均收入同步增长现实条件的对比可以看出，湖南省实现国内生产总值和城乡人均收入同步增长存在以下优势和劣势。

（1）有利因素

①第一产业所占比重大。湖南省是农业大省，其第一产业在 GDP 中所占比重远远高于代表性地区。第一产业在湖南省 GDP 中占据不小的份额，如果湖南省充分发挥其第一产业的优势，对 GDP 的增长有不小的带动作用。

②城镇居民人均收入结构与代表性地区差距不大。湖南省城镇居民人均收入结构中，工资性收入所占比重最大，转移性和财产性收入次之，经营净收入比重最小。这种结构与代表性地区的结构基本一致。且各构成部分的比重与代表性地区差距都不大。

③自然资源情况良好。耕地资源方面，虽然与上海市相比，湖南省耕地资源所占比重还有一定差距，但相较广东省存在一定优势。水力资源方面，湖南省单位土地面积水力资源可开发量是比广东省丰富的。

④交通运输状况较好。通过人均铁路营业里程、人均公路通车里程和人均内河航道里程的比较，可以看出，湖南省在铁路、公路和内河航道等交通运输设施建设方面都是优于代表性地区的。

⑤政策制度倾斜力度较大。“十二五”规划关于“大力促进中部地区崛起”提及“加快构建沿陇海、沿京广、沿京九和沿长江中游经济带，促进人口和产业的集聚，加强与周边城市群的对接和联系。重点推进太原城市群、皖江城市带、鄱阳湖生态经济区、中原经济区、武汉城市圈、环长株潭城市群等区域发展”。“中央财政要逐年加大对农产品主产区、重点生态功能区特别是中西部重点生态功能区的转移支付力度，增强基本公共服务和生态环境保护能力。”可见湖南省的长株潭城市群“两型社会”示范区建设会受到国家财政的大力支持。国家对于中部地区的战略，如提升产业层次，推进工业化和城镇化；发展现代产业体系，巩固提升全国重要粮食生产基地、能源原材料基地、现代装备制造及高技术产业基地和综合交通运输枢纽地位；以中心城市和城市群为依托，以各类开发区为平台，加快发展内陆开放型经济；发挥资源和劳动力比较优势，优化投资环境，扩大外商投资优势产业领域等都会为湖南省带来一定积极影响。

⑥人才和旅游资源丰富。2012 年湖南省人才发展研究课题组通过调研形成了《湖南省人才发展研究报告》，该报告显示，湖南省人才队伍具有六大优势：一是科教人才在全国和中部六省排位靠前；二是宣传文化人才在全国占有重要位置；三是长株潭“两型社会”建设试验区已显现人才聚集效应；四是高层次人才已成为高新技术、新兴产业和第三产业快速发展的中坚力量；五是服务新农村见识的人才队伍日益壮大；六是技能人才特别是高技能人才队伍异军突起。湖南

省拥有丰富的旅游资源，不仅有好山好水的自然景观，还有很多历史悠久、蕴含深厚文化的人文景观，不仅如此，湖南省是许多革命先烈的故乡，在新民主主义革命时期，思想走在全国的前列，还是“红色旅游”圣地。充分利用这些资源能为湖南省的旅游业创造不菲的收入，为 GDP 的增长贡献一定力量。

（2）不利因素

①传统的经济增长方式不利于居民收入增长。湖南经济增长一直主要依赖高资本投入，投资率由 2010 年的 54.7% 上升到 2012 年的 56.4%，提高了 1.7 个百分点；投资对经济增长的贡献率从 2010 年 62% 上升到 2013 年的 62.4%，持续保持上升态势。这种投资拉动型的增长方式，虽然对经济增长的拉动作用明显，但因其边际产出效益递减，从而不能有效拉动居民收入同步增长。从投资效果系数看，每 1 单位的固定资产投资所提供的地区生产总值增加额由 2010 年的 0.3 下降到 2013 年的 0.13。由于投资效益下降，导致居民收入不能同步增长。同时，由于招商引资资金在投资中占有一定比率，2013 年湖南实际利用外商直接投资 87.0 亿美元，实际引进境内省外资金 2883.9 亿元，投资收益部分流向省外（或国外），因而不能通过一次分配和二次分配以及消费环节转化为湖南的居民收入。

②产业结构不合理。湖南省 GDP 的增长主要靠第二产业拉动，第一产业和第三产业增长率都在 GDP 之下。在湖南省 GDP 结构中，第二产值占比最大，对比三次产业的增长率与 GDP 的增长率可以发现，大多数年份只有第二产业的增长率在 GDP 增长率之上，而第一、第三产业的增长率多数在 GDP 增长率之下，特别是第一产业的增长率与 GDP 增长率差距较大，即湖南省的 GDP 增长主要依靠第二产业来带动，而第一、第三产业拖缓了 GDP 的增长。同时，劳动密集型行业企业的劳动力供过于求，就业竞争激烈，进一步压低了劳动者报酬，“蛋糕”分配不合理。

③最终消费、货物和服务净流出拉力不足。湖南省 GDP 支出法结构呈现最终消费占比逐年减少而资本形成占比逐年增加，由最初的最终消费占比最大演变为资本形成占比最大。湖南省 GDP 的现状是主要依靠资本形成带动，而最终消费则相应减少。除此之外，在湖南省 GDP 中货物和服务净流出多数年份为负值，湖南省的对外贸易情况有待改善。

④居民收入结构不合理。城镇居民的主要收入来源是工资性收入，而农村居民的收入来源主要是经营性收入，这两项收入分别是城乡居民的最主要收入来源。从城镇居民来看，2012 年，全国城镇居民工资性收入所占的比重为 64.3%，而湖南城镇居民工资性收入所占比重偏低且增长慢。2012 年，湖南城镇居民工资性收入所占比重为 58%，在全国居倒数第二位，仅高于辽宁，与山东的

70.9%、上海的69.5%相比，差距不小。2013年，湖南城镇居民工资性收入12943元，占居民可支配收入55.3%，比上年又下降了2.7个百分点；增长8.5%，比人均可支配收入增速低1.3个百分点。从农村居民来看，2012年，全国农村居民家庭经营收入所占的比重为44.6%，而湖南农村居民家庭经营收入所占比重偏低且增长慢。2012年，湖南农村居民家庭经营收入所占比重为39%，排在全国第24位。2013年，湖南农村居民家庭经营收入2962元，占农村居民纯收入的35.4%，比上年又下降3.6个百分点，增长2%，比人均纯收入增速低10.5个百分点。工资性收入比重逐年增加，经营纯收入比重逐年减少，湖南农民收入与全国平均水平及周边省市相比的主要差距就在于农民家庭经营收入偏低。

⑤工资增长机制不健全。无论是公务员还是职工，湖南省现行工资增长机制均不健全。公务员实行的是以职级工资制度为主要内容的结构工资制度，增加工资的主要途径是定期考核晋升工资档次、职务级别晋升相应增加工资，没有建立起与地区经济发展、物价水平、财政收入等相适应的工资增长机制。企业职工工资基本上由企业单方决定，劳动者没有与资方博弈的权利，基本处于被动接受的境地，而企业经营者对提高职工收入的必要性认识不足，加上政策性因素制约企业增资意愿，如各类政策性基金和费用较多，主要包括五项保险的缴费、住房公积金、福利基金等，这也是企业职工工资难与企业发展同步的根源。从收入法核算的国内生产总值看，湖南在初次分配中劳动报酬占比从2010年的50.1%下降到2012年49.6%，而同期资本所得（固定资产折旧+营业盈余）则从33.9%提高到34.2%，政府生产税净额占比从15.9%提高到16.2%，数据表明湖南国民收入分配向政府和企业倾斜的现象未得到根本扭转。

⑥居民就业率增长缓慢。就业是居民收入的主要来源。受产业结构重型化、技术进步等多因素影响，传统的劳动密集型行业吸纳劳动力的能力有所下降，居民就业并未随经济发展同步改善，经济增长对就业的聚集效力减弱，就业弹性呈现持续下降的态势，由2010年的0.083降至2012年的0.032，也就是说2012年地区生产总值每增长1个百分点，带来的就业人数增幅仅为2010年的38.6%。由于居民就业并未随经济发展同步增长，因而制约了居民收入同步增长。

⑦农村人口数量大，城镇化水平较低。湖南省从业人口结构中农村从业人口占比过多，拉低了城乡居民人均收入水平。湖南省从业人口中城镇与农村的比例为3:7，农村从业人口比重过高，因为湖南省城镇居民人均收入和农村居民人均收入差很大，农村从业人口过多使得湖南省整体的居民人均收入水平被拉低。从城乡二元经济发展来看，农村与城市在发展机会和发展环境方面仍然存在不平

等，城乡之间生产要素的流动和配置受到影响，和市民相比，农民在占有公共资源和享有公共服务等方面处于劣势，这些原因都造成了城乡居民收入差距迅速扩大。虽说如此，湖南省的城镇化正处于一个重要时期，湖南省城镇化水平已超过30%，进入国际公认的城镇化加速发展时期，同时，环长株潭城市群、湘南、大湘西“三大板块”全部被纳入国家区域发展战略，为推进新型城镇化创造了前所未有的条件。

⑧湖南省能源利用率低。通过对湖南省与代表性地区单位 GDP 能源消耗量的对比，可以看出湖南省每单位 GDP 能源消耗量较高，能源利用率过低。优化能源利用，是湖南省需要解决的一大问题。

⑨金融业发展受到阻碍。湖南省的政府融资平台还贷压力较大，资本市场发展相对落后，证券机构发展后劲不足。截至 2012 年年底，全省证券化率仅为15%，远低于 52.3% 的全国平均水平；全省证券公司总体规模偏小，自主创新能力不强，期货公司资本实力、盈利能力均低于中部平均水平，市场份额仅占全国的 1.6%。

9.3.4　湖南实现国内生产总值和城乡居民人均收入同步增长的区域性制约因素

在分析湖南实现国内生产总值和城乡居民人均收入同步增长的制约因素时，首先需将湖南省区域结构进行划分，根据研究需要，将湖南省划分为长株潭地区、环长株潭城市群、湘南地区和大湘西地区。其中，长株潭地区包括长沙、株洲和湘潭；环长株潭城市群包括常德、岳阳、益阳、娄底四个地级市；湘南地区包括衡阳、郴州、永州（除江华、江永县外）；大湘西地区包括湘西自治州、张家界市、怀化市、邵阳市和永州市的江华瑶族自治县、江永县在内共 39 个县市区。

随着湖南省区域经济的持续发展，长株潭地区、环长株潭城市群、湘南地区和大湘西地区四大区域蓬勃发展，推动全省经济发展水平不断提高，成为保障湖南经济全面、协调、可持续发展不容忽视的重要环节之一。2012 年，长株潭地区、湘南地区、大湘西地区和环长株潭地区分别实现国内生产总值 9443.62 亿元、4534.56 亿元、2671.65 亿元和 5258.70 亿元，分别增长 12.8%、11.8%、11.3%、12.1%。1990 年至 2012 年四大区域 GDP 年均增速分别达到 13.4%、11.2%、10.3% 和 11.2%，逐步呈现出长株潭地区总量大、增速快，湘南地区、环长株潭地区平稳较快发展，大湘西地区占比小、增速相对缓慢的梯度发展格局。

而从四大区域城乡居民收入来看，2012 年，长株潭地区、湘南地区、大湘西地区和洞庭湖地区城镇居民人均可支配收入分别为 27005 元/人、19534 元/人、15355 元/人和 19842 元/人，农村居民人均纯收入分别为 12735 元/人、8258 元/人、4707 元/人和 8024 元/人，均呈出直线上升趋势，且呈现出高中低梯度发展态势。其中，长株潭地区发展较快，湘南、环长株潭地区发展次之，大湘西地区发展相对较缓。

（1）长株潭地区实现国内生产总值和城乡居民人均收入同步增长的制约因素

长株潭地区经济一体化是湖南加快发展步伐、促进中部崛起的战略支点。作为全国资源节约型和环境友好型社会建设综合配套改革试验区，长株潭城市群对湖南经济的龙头带动作用日益显著，逐渐成为湖南省国内生产总值和城乡居民人均收入增长的主要区域。通过对湖南省国内生产总值和城乡居民人均收入增长情况的分析，以及与上海市国内生产总值和城乡居民人均收入同步增长现实条件的对比可以看出，在城市区域规划、产业结构分布、消费水平、职工学历结构、收入结构等方面均存在较大差异。

①产业结构不合理。长株潭地区产业结构总体上呈现出第一产业占 GDP 比重逐步下降，第二产业占 GDP 比重总体上升，第三产业占 GDP 比重先上升后下降的发展趋势。2012 年，长株潭地区三次产业结构比为 5. 6∶57. 4∶37，与上海 0. 64∶39. 36∶60 相比，一是传统型农业比重偏大；二是工业产业层次低、新产品少、产品附加值低，工业产品大多为中低档产品，经营分散，缺乏特色，形不成拳头；三是第三产业层次低，以商品流通、餐饮服务为主，而为生产和经济服务的金融证券、保险理财、信息咨询、技术服务、风险投资、现代物流等新兴产业不发达。这直接影响了长株潭地区居民收入的增长。第一产业居民收入水平相对较低；第二产业科技含量低，工人工资性收入也低；第三产业的发展对提高城镇居民可支配收入具有重大作用，而长株潭地区第三产业比重相对较低，未形成高附加值的新兴产业，阻碍了长株潭地区居民收入的增长速度。

②消费水平较低。2012 年，长株潭地区人均当年存款增长 32. 2%，人均消费分别增长 13. 5%，居民人均当年存款增速均大于人均消费增速；人均当年存款占人均收入比重与 2011 年比提升 3. 0 个百分点。在“扩大内需，刺激消费”，推动经济从“投资拉动”向“需求拉动”的大环境下，消费增速小于储蓄，一方面表明民众对当前经济发展情况持保守型心理；另一方面也表明消费增速小于收入增速，最终消费对国内生产总值的拉动作用远远不够。

③收入结构不合理，以工资性收入为主。从收入结构来看，长株潭地区与上海市居民均以工资性收入为主，其次是人均转移性和财产性收入，最后是经营净

收入。但从绝对值来看，长株潭地区人均工资性收入值远远低于上海市，且与上海市人均工资性收入增长相对稳定不同，长株潭地区人均工资性收入增长较快，同时，上海市人均转移性和财产性收入所占的比重也远远高于长株潭地区，约为其 2.5 倍。可见，与上海市相比，长株潭地区收入结构较为单一，主要依靠工资性收入增长，人均转移性和财产性收入占比较低。

（2）环长株潭城市群实现国内生产总值和城乡居民人均收入同步增长的制约因素

环长株潭城市群包括常德、岳阳、益阳、娄底四个地级市，由前文可知，2003 年至 2012 年环长株潭城市群的人均国内生产总值和人均居民收入均呈快速增长趋势，增速仅次于长株潭地区。如表 9－8 所示，与长株潭地区相比，环长株潭城市群在基础设施投入、技术创新、环境治理等方面尚存在较大差距。

表 9－8　　2012 年环长株潭城市群城市发展指标

指标	长沙	株洲	湘潭	常德	岳阳	娄底	益阳
人均 GDP（元）	99570	49723	51717	39169	43953	29249	25684
人均可支配收入（元）	33662	28663	24809	20776	21193	18680	18928
人均地方财政收入（万元）	7431.15	3777.92	3496.58	2110.75	1472.07	1627.78	1190.53
人均市政基础设施投入（万元）	11.48	11.29	10.3	5.08	9.98	3.83	4.37
高新技术产业增加值占比	20.26%	20.99%	27.60%	6.79%	16.65%	11.57%	10.45%
工业 SO_2 排放量（吨）	21173	41671	46242	37246	58231	100173	51294
污水处理率	96.54%	90.92%	87.85%	90.31%	88.95%	80.33%	82.53%

①人均地方财政收入偏低。地方财政收入是改善区域生产、生活环境、提高居民生活质量的主要财政来源。2012 年常德、岳阳、娄底、益阳四市的人均地方财政收入总和（6401.13 万元）尚小于长沙一市的人均地方财政收入额（7431.15 万元），益阳市人均地方财政收入仅占长沙市的 16.02%，城市基础设施远远跟不上经济社会发展速度，不能满足城镇居民的生活需求。随着“营改增”政策区域性改革的进一步推进，财政收入的地区差异会进一步显著，这将导致地区间城镇化进程差距拉大，进一步扩大居民收入的区域性差异。因此，如何通过合理的地方税制改革、确保地方财政收入的稳定是亟待解决的难题。

②科技创新能力有待提升。科技创新能力是推进区域经济社会发展、提高居民收入水平的直接生产力。相比长株潭地区，环长株潭城市群的区域科技创新能力相对较低，常德、岳阳、娄底、益阳四市的高新技术产业增加值占 GDP 比重分别为 6.79%、16.65%、11.57%、10.45%，常德市的高新技术产业增加值占

GDP 比重比湘潭市低 20.81%，是湘潭市高新技术产业增加值占比的 24.6%，其他三市与长株潭地区相差 8%—10%。因此，改革引进人才政策，激励企业、高校、科研院所等创新主体的创新活力是环长株潭地区实现国内生产总值和城乡居民人均收入同步增长的可持续战略。

③生态保护和环境治理能力较弱。随着绿色发展和绿色治理理念的逐步深入，生态保护和环境治理成为区域综合发展水平的重要体现，是关系居民收入可持续发展的关键因素。虽然环长株潭城市群全年空气质量达优比例相比长株潭地区要高，但娄底工业 SO_2 排放量近 10 万吨，是长沙市的 5 倍左右；岳阳、益阳工业 SO_2 排放量也高达 5 万吨以上，是长沙的 2—3 倍。娄底和益阳的污水处理率也只有 80% 左右，可见其生态环境较为脆弱，环境保护和治理相对不足。

（3）湘南地区实现国内生产总值和城乡居民人均收入同步增长的制约因素

湘南地区毗邻珠三角，是东部地区和中部联动的门户地区，是湖南省面向南部沿海地区的战略要地，已经逐渐成为东、中、西三大梯度承接的重要地带；作为珠三角进入湖南的第一站，处于珠三角经济辐射的第一梯度，是珠三角地区进行产业转移的比较便利与理想之地。因此，湘南地区经济社会发展和居民收入提升的主要手段是实现与珠三角地区的产业转移和协同发展。其面临的主要制约因素体现在：

①产业规模较小。如表 9－9 所示，2011 年湘南地区规模以上工业企业单位共有 2892 个，总产值 5899.35 亿元，利润总额为 511.31 亿元；珠三角地区规模以上工业企业单位共有 30002 个，总产值 80068.84 亿元，利润总额为 4796.60 亿元，分别是湘南地区的 10 倍、13 倍、9 倍多。同时，湘南三市之间也存在较大差异，永州地区的工业增加值仅占衡阳地区的 32.1%，形成的利润总额仅占郴州地区的 31.96%，区域之间的产业发展存在极大不均衡现象。

表 9－9　湘南地区和珠三角地区工业企业经济指标比较　单位：亿元

地区	工业增加值	主营业务收入	利润总额	利税总额
衡阳	820.27	2744.54	208.56	333.01
郴州	759.76	2222.37	229.43	396.53
永州	263.32	853.95	73.32	133.29
湘南地区	1843.35	5820.86	511.21	862.83
珠三角	17976.18	78601.93	4796.6	7813.48

②工业结构存在梯度差异。资料显示，2011 年湘南地区重工业总产值为 4644.21 亿元，轻工业总产值为 1254.68 亿元，两者的比重是 78.72:21.28，重工业远远高于轻工业。其中重工业基本上是资源依赖型结构。2011 年珠三角重工

业总产值 50156.87 亿元，轻工业总产值 29911.97 亿元，两者的比重为 62.64∶37.36，如表 9－10 所示。由此可见，湘南地区工业处在重工业化阶段，而珠三角已经处于高加工度化阶段。两个地区在工业结构上存在显著的梯度差异。

表 9－10　湘南地区和珠三角地区工业结构、规模比较　单位：亿元

地区	工业总产值	按轻重工业分		按企业规模分		
		轻	重	大型	中型	小型
湘南地区	5899.35	1254.68	4644.21	710.74	1254.6	3909.91
珠三角地区	80068.84	29911.97	50156.87	38079.2	20740.9	21248.75

③高新产业差异大。湘南地区和珠三角地区在高新技术产业方面存在较大的梯度差异。2011 年湘南地区规模以上工业新产品产值为 3873.16 亿元，新产品销售收入为 3759.28 亿元，78129 人从事 R&D 活动，经费支出 181.76 亿元；同年珠三角地区规模以上新产品产值为 13881.12 亿元，新产品销售收入 13593.03 亿元，383666 人从事 R&D 活动，经费支出 844.74 亿元，如表 9－11 所示。上述四个指标珠三角地区分别为湘南地区的 3.6 倍、3.6 倍、近 5 倍、4.6 倍。

表 9－11　湘南地区和珠三角地区规模以上工业新产品产出情况

地区	新产品产值（亿元）	新产品销售收入（亿元）	R&D 人员（人）	R&D 经费支出（亿元）
湘南地区	3873.16	3759.28	78129	181.76
珠三角地区	13881.12	13593.03	383666	844.74

（4）大湘西地区实现国内生产总值和城乡居民人均收入同步增长的制约因素

①GDP 总量和居民人均收入不高。大湘西地区生态经济区的发展水平总体不高，2010 年人均 GDP 远低于全省人均 GDP 水平，无论在经济总量上，还是人均水平上，发展差距都比较明显。与周边的长株潭城市群、环长株潭城市群相比，差距也很大，如表 9－12 所示。在经济结构上，大湘西地区产业发展结构欠合理、规模不大、竞争力不强的现象十分明显。有利的资源优势还没有转化为经济竞争优势，需要积极谋划，加快发展。同时大湘西地区财政实力较弱，城乡居民收入较低，财政收入和城乡居民收入虽然近年增速超过全省平均水平，但是起步慢，总量小，目前财政实力较弱。如 2011 年，邵阳市人均地方财政收入 850 元左右，远远低于全省的人均地方财政收入 3728 元。

表 9－12　　1990—2012 年湖南省四大区域 GDP 年均增速对照表

GDP 年均增速统计时期	长株潭地区（%）	湘南地区（%）	大湘西地区（%）	洞庭湖地区（%）	极差
1990—2000 年	12.5	10.2	9.2	10.2	3.3
2000—2005 年	13.6	10.8	9.3	9.4	4.3
2005—2010 年	15	13	12.8	14.2	2.2
2010—2012 年	13.6	12.9	12.2	13.1	1.4
1990—2012 年	13.4	11.2	10.3	11.2	3.1

②基础设施建设力度不足。大湘西地区交通通信设施、电力、水利等基础建设严重不足。一方面，综合交通体系仍需完善。尽管大湘西地区交通建设快马加鞭，但由于投资规模偏小，加上大湘西地区多山多水的地形地貌，造成交通施工条件的恶劣和投资成本大，使得交通体系建设仍严重滞后，特别是农村公路建设仍有待加强。另一方面，大湘西地区信息化建设程度低，电脑普及率和网络覆盖率均远远低于全省平均水平，严重制约着大湘西地区科技水平的发展。由于基础设施落后，公共服务匮乏，产业基础薄弱，城市内生性和开发度都不高，难以聚集技术、产业、资源、人才等创新要素，区域间的创新资源要素难以有效配置，加大了产业发展和技术引进的难度。

③产业结构欠合理。2012 年，大湘西地区第一产业比重为 18.6%，比全省平均值高 5%；第二产业比重为 39.1%，比全省低 3.2%。特别是工业化程度低，企业规模小，产业集中度较低，产业配套性不强，关联度不高。同时，高新技术产业比重小，创新能力低。2012 年，大湘西地区实现高新技术产业增加值 178.28 亿元，仅为全省的 5.37%，为长株潭地区的 9.4%。2010 年，大湘西地区四市州高新技术产业增加值占规模工业增加值比重为 16.75%，相比全省水平低 16.37 个百分点。湘西州、怀化、邵阳三市州的科技创新指标全省排名靠后，分别位居第 9、13、14 位。大湘西地区第一产业比重过大、工业发展落后、第三产业层次偏低、高新技术产业比重小的现状，使得其产品深加工程度低，科技含量和经济附加值不高，产品竞争能力弱，难以集聚资本、技术、人才等生产要素而产生集群效应，更难以实现产业的跨越式发展。进一步导致大湘西地区经济发展水平和居民收入水平的低下。

④城市化水平和质量有待提升。整体而言，大湘西地区城市化水平仍不高，突出表现在：一是城市化水平总体偏低。2010 年城市化率不仅低于全省平均水平 9.4 个百分点，更远低于环长株潭城市群 48% 的水平，相比珠三角的 70%，

更是差距甚远。大湘西地区只有4个地级市和武冈、洪江2个县级市，城镇人口数量少，城市化水平偏低。二是城市辐射能力较弱。由于基础设施落后，公共服务匮乏，产业基础薄弱，城市内生性和开发度都不高，难以聚集技术、产业、资源、人才等要素，区域间的资源要素难以有效配置，尚未形成强有力的地域经济增长极和合理的城市体系，城市辐射和带动能力不强，严重制约大湘西地区的发展。

⑤劳动者素质偏低。2010年湖南省第六次人口普查数据显示，6岁及以上人口平均受教育年限大湘西地区为8.49年，低于全省平均水平（8.91年）。从受教育程度构成看，大湘西地区大学及以上学历人口仅占6.12%，文盲率比全省平均水平高1.44个百分点。表9－13显示湖南四大区域受教育水平状况，可见大湘西地区居民受教育程度仍有待提高。拥有较低素质技能的人员只能从事较为低级的劳动，因而难以进入较高层次的产业，而且从长远看，随着经济发展水平的提高和高新技术产业的兴起，低素质技能劳动力的转移领域会越来越窄。

表9－13　　2010年大湘西地区居民受教育水平

区域	6岁及以上人口平均受教育年限（年）	每10万人拥有大学生人数（人）	受教育程度构成（%）				文盲人口占15岁以上人口比重（%）
			小学及以下	初中	高中	大学及以上	
湖南省	8.91	7597	29.98	44.25	17.26	8.5	3.24
长株潭	9.76	14730	25.66	39.58	18.82	15.94	1.32
湘南	8.63	5485	31.15	47.71	14.88	6.27	3.59
大湘西	8.49	6368	32.81	45.61	15.45	6.12	4.68
洞庭湖	8.97	6470	29.19	43.14	20.56	7.11	2.87

⑥外出就业人员占比大，劳动力跨地区流动受限。随着大湘西地区新型城镇化建设的持续进行，大湘西地区的从业人口数量持续增加，2012年达982.34万人，相比2004年增长了15.87%。2012年大湘西地区16岁及以上人口占常住人口比重仅为78.63%，比全省平均水平低7.6%，说明大湘西地区农村外出劳动力比重大，劳动力资源占比明显低于其他地区。而从劳动力参与社会经济活动的程度看，大湘西地区的劳动力参与率高达73.10%，比全省平均水平高1.98%，这说明大湘西地区劳动力的利用程度较高，大量的农村60岁及以上老年人口仍在从事农业生产劳动。

9.4　湖南实现国内生产总值和城乡居民人均收入同步增长的路径

党的十八大报告把国内生产总值和城乡居民人均收入双翻番作为我国全面建成小康社会的新目标，双翻番既能反映我国生产活动总成果的发展变化，也能反映广大居民迫切要求增加收入的愿望。湖南省是中国的缩影，实现湖南城乡居民人均收入增长翻番的宏伟目标，需要在经济、政治体制上调整与创新。

9.4.1　总体思路

（1）把稳增长作为提高城乡居民收入的战略重点

从湖南省情分析，要实现2020年人均收入翻两番，就要保证每年人均收入递增10%的水平。当前，湖南省和全国一样，进入了增长速度换挡期、结构调整阵痛期、前期刺激政策消化期“三期叠加”的阶段，增长速度已经从“高速增长阶段”转入“中速增长阶段”。因此，湖南省必须把稳增长放在首位，只有把蛋糕做大，才能有提高收入分配的基础。一是在价值理念上，要树立实实在在没有水分的增长，更加健康、更高质量、更可持续的发展，既要走出高速情结，又要保持合理增速，注重多元目标的均衡性，促进经济发展与社会民生的均衡，努力实现经济增长与就业增长的同步提升、劳动报酬增长和劳动生产率的同步提高。二是在调控方式上，既要发挥市场的决定性作用，最大限度向市场放权，让企业和个人有更多活力和更大空间去发展经济、创造财富，又要优化政府作用，加强发展战略、规划、政策、标准等制定和实施，加强市场活动监管，加强各类公共服务提供，做到有所为。三是在增长动力上，要从依赖于环境资源相对充裕的条件，依赖于“一低三高”（低劳动力成本、高储蓄、高投资、高资本）形成的“投资成本洼地”效应，转变到依靠进一步扩大改革开放，进一步增强技术创新、人力资本积累、全要素生产率提高等，来化解成本上升带来的压力，为经济发展寻求新的动力、创造新活力。四是在调整结构上，要改造提升传统制造业，培育发展战略性新兴产业，加快发展服务业，同时要由投资驱动型向消费驱动型、由出口驱动型向内需拉动型调整，力争实现“速度下一个台阶，质量上一个台阶”。

（2）把扩内需作为提高城乡居民收入的聚力焦点

从湖南省情况分析，人均投资增加对于人均收入（城镇）增加是 1∶0.45 的关系，因此扩大有效投资是提高人均收入的重要手段。目前主要有三条途径：一是增加民间投资。2013 年年底，湖南省非公经济增加值占全省 GDP 将近 60%，吸纳就业占第二、第三产业就业人员总数超过 80%。民营企业普遍反映“玻璃门”“弹簧门”“旋转门”等问题突出，我们应该真正落实“新三十六条”，出台切实可行的实施细则，放开一批领域，重点选择市政公用、文化旅游、健康养老、医疗卫生、交通物流、农林水利、教育培训、工业地产等领域放宽准入，同时保障民企平等享有用地、税费减免等政策优惠，探索建立跨部门促进民间投资的协调机制，研究解决民间投资过程中遇到的具体问题。二是推进新型城镇化。根据向重点人群、重点城市群、重点区域集中三方面扩展。长株潭三市城镇化率已经达到 63.2%，高出全省 17 个百分点，这个比重还要继续提高。要增加城市化的直接融资，利用好政策性融资和民间资本，引导各类资本进入城市基础设施建设领域，同时加强规划设计，注重城镇治理。三是加强基础设施建设。在铁路方面主要是加快形成三枢纽（长、怀、衡）、三地区（娄、益、永）、十干线（京广线等）、四支线（韶山支线等）的格局，在高速公路方面重点是加快建成“七纵七横”的高速公路网，在航空方面要建成“一干四支”航空体系，在能源方面要加快大唐攸县煤电一体化项目、华电常德等火电项目建设，推进核电、水电、风电、太阳能等，在水利方面重点是加快洞庭湖综合治理，在信息基础设施方面重点推进移动网络信息工程等。

（3）把促开放作为提高城乡居民收入的撬动支点

从湖南省情况分析，出口增长带动人均收入增长远远高于其他因素，因此扩大开放，促进出口，是当前拉动居民收入增加的重要支点。然而，出口一直是湖南经济的短板，2012 年进出口总额仅为 203.3 亿美元，位列中部六省倒数第二。国际金融危机之后，贸易保护主义盛行，给湖南省“走出去”战略带来严峻挑战。因此，一是要以建设自贸区为重点推进对外开放的战略。要抓紧推进湖南（长沙）自贸区研究，整合现有的保税港区、保税园区、保税物流区等资源，积极争取上海自贸区各项改革措施在湖南先行先试，推动实现区内投资、贸易、经营和金融自由。着重推动内陆型自贸区金融创新，建设辐射全球的涉农产品进出口集散地和交易中心和国际大宗粮食交易“自由港”。二是要加大产业园区建设。要把产业园区作为承接产业转移的重要载体，着力实施好省级重点产业园区倍增计划，重点做好扩总量、强特色、抓配套的工作，并争取在全省各市州全面推广“园区出口基地贷款 + 园区内进出口企业 + 园区内小微企业统借统还”业务模式，促进出口基地建设和小微企业培育发展。三是要加强与国家建设的“三个对接”。要以深化泛珠区域合作为重点，对接“21 世纪海上丝绸之路”；以融入长江经济带建设为重点，对接上海自由贸易区；以加强与西部省份合作交流为重点，对接丝绸之路经济带，从而充分发挥我省“一带一路”的优势，扩大全面开放步伐。

（4）把缩差距作为提高城乡居民收入的切入节点

从湖南省情况分析，居民收入基尼系数对人均收入的增长影响较大。湖南居民收入基尼系数超过 0.4 的警戒线，缩小收入差距是调整收入的一个重要切入点。一是要以解决就业为突破口，开辟就业“绿色通道”，促进机会公平；支持低收入家庭开展经营活动，提供税费减免、贷款担保和贴息等更加优惠的政策，鼓励更多低收入群众创业增收。要出台《工资条例》，保障城镇职工工资稳定增长；调整企业最低工资指导线、公务员津贴补贴、事业单位工作人员绩效工资、城乡最低生活保障线、企业离退休金标准等。建立职工工资与 CPI 联动协调机制，防止物价上涨导致人们的生活水平下降。二是要努力推进农民收入持续增长。湖南省农村人口 3541.87 万人、占总人口的 53.35%（2012 年），农民增收是最为艰巨的任务。政府要鼓励引导农民调整优化种养结构，扩大规模经营，提高农业综合效益，增加农民生产经营收入；大力扶持农产品加工业和农业产业化发展，培育发展农民专业合作组织，搞活农产品流通，使农民在农产品产加销各环节获得更大收益；加快发展农村服务业，积极开发乡村旅游和休闲农业，拓宽农民增收空间；支持引导农村富余劳动力向城镇和第二、第三产业转移，扩大劳务输出，增加农民工资性收入。三是要通过强化税收调节，整顿分配秩序，把收入差距控制在一定范围内，努力缓解城乡居民之间和部分社会成员收入分配差距扩大的趋势。

9.4.2 具体路径

（1）优先发展省内特色区域经济，促进经济的快速增长

湖南省区域经济划分为长株潭地区、环长株潭城市群、湘南地区、大湘西地区，每一个经济区域都有特点和支柱产业。

①推进长株潭地区科技含量高、经济效益好、资源消耗低、环境污染少的新型工业化建设。长株潭地区工业化、城市化程度较高，必须走出一条科技含量高、经济效益好、资源消耗低、环境污染少的新型工业化路子，加强信息服务业，大力发展文化产业为支柱产业。新型工业化如发展航空设备和轨道交通设备产业，移动通信设备、激光设备产业，电气装备、数控机床、环保、冶金、纺织

产业，以及通用机械制造等产业，建设工业园区，形成产业集群。全省限额以上信息服务业企业主要分布在经济发展水平相对较高的在长株潭地区。其中，省会长沙 151 个，占全省的 48.1%；在长株潭 198 个，占全省的 60.6%，长株潭地区信息服务业企业得到持续、稳定的发展，将为支撑湖南国民经济发展、提升自主创新能力、优化产业结构等方面将发挥非常重要的作用。长株潭地方政府应该建立文化产业协发展调机构，整合区域内文化资源，统筹区域内文化产业布局和配置，重点发展新闻出版、广播影视、广告、文化演艺娱乐等文化产业群，在长株潭要培育和壮大若干规模优势明显、竞争力突出的文化产业板块，充分吸收和利用国内外优秀文化资源，不断增强自主创新能力，全面推进长株潭地区文化产业发展，使之早日成为支柱产业。

②进一步扶持环长株潭城市群目前主导产业和支柱企业，形成具有环长株潭城市群特色的产业集群。从八大产业来看，环长株潭城市群最具有发展潜力的产业是输变电，钢铁、铅锌铜锑冶炼、汽车及零部件、化工。这五大产业在环长株潭城市群均有良好的发展基础，有较先进的自主知识技术或资源优势，有引领产业发展的核心企业和为数众多的中小企业。如衡阳市的核心企业特变电工衡阳是中国输变电行业超、特高压，大容量变压器类产品制造的核心骨干企业，湖南华菱钢铁集团有限责任公司核心企业涟钢、衡钢都在环长株潭城市群中。环长株潭城市群资源丰富，特别适合化工行业的发展。环长株潭城市群是湖南省有色金融和化工原料资源基地，丰富的资源造就了大批冶炼化工企业。因此，环长株潭城市群继续围绕这五大产业，特别是支持核心企业发展壮大，进一步提升五大产业集群化程度，是经济保持较快发展的重要路径。

③转变大湘南农业发展方式，以农业产业化促进 GDP 与居民收入同步增长。大湘南 GDP 中农业产值占比最高，在发展过程中，面临的一个突出难题是“三农”问题，大湘南农村人口在全省农村人口中的比重接近 40%，农村剩余劳动力占全省近 50%，加上固有的历史、文化、地理、资源禀赋等决定了大湘南的“三农”问题与省内其他区域相比，更为突出。从大湘南发展的实际情况和肩负的战略使命来看，依靠农业产业化来促进其崛起是其现实选择。

（2）完善收入分配体制机制，努力增加城乡居民收入分配比例

湖南省 GDP 含金量逐年下降意味着湖南经济发展所带来的成果并没有流入普通公众的口袋中，造成了居民经营性收入增加缓慢。因此，要鼓励民间投资，产生的投资收益主要归投资者所有，其中个体经济部分最直接地提高居民的经营性收入。针对劳动者所得占国民收入初次分配的份额逐步降低的趋势，可以采取的措施如：促进劳动者收入与政府、企业等收入协调增长方面，调整和完善促进

社会公平的税收制度。

按照同股同权原则，规范国有企业特别是行政性垄断国企的利润分配；出台《工资条例》，保障职工工资稳定增长；调整企业最低工资指导线、公务员津贴补贴、事业单位工作人员绩效工资、城乡最低生活保障线、企业离退休金标准等。

（3）积极发展金融服务业，提高居民财产性收入

湖南要以国有银行和长沙银行等地方金融机构为依托，积极拓展金融服务渠道，不断增加金融服务品种，创新金融服务方式，优化金融生态环境，提升金融产业地位。扩大金融服务业对外开放范围，积极吸引外资银行来中部地区设立分支机构，探索建立中外合资银行、证券、保险和投资公司。同时要放宽民营企业投资领域和市场准入条件，促进符合条件的服务企业上市融资，支持各类符合条件的社会资本参股地方金融企业。鼓励和支持各类创业风险投资机构及信用担保机构与中小服务企业合作，充分利用长沙和条件较好的地级市，依托其资金实力强、科技先进、信息高效等优势，着力构建安全高效、活力强、辐射广的现代金融服务体系。积极为广大居民的财富选择合适的金融工具。

（4）保障和改善民生，促进低收入群体增收

以解决就业为突破口，开辟就业“绿色通道”，促进机会公平；支持低收入家庭开展经营活动，提供税费减免、贷款担保和贴息等更加优惠的政策，鼓励更多低收入群众创业增收，建立职工工资与CPI联动协调机制，防止物价上涨导致人们的生活水平下降。确保农民收入持续增长。鼓励引导农民调整优化种养结构，扩大规模经营，提高农业综合效益，增加农民生产经营收入。大力扶持农产品加工业和农业产业化发展，培育发展农民专业合作组织，搞活农产品流通，使农民在农产品产加销各环节获得更大收益。加快发展农村服务业，积极开发乡村旅游和休闲农业，拓宽农民增收空间。支持引导农村富余劳动力向城镇和第二、第三产业转移，扩大劳务输出，增加农民工资性收入。

（5）加快小城镇建设，促进城乡一体化

小城镇是连接城市和乡村的纽带，是吸纳农村剩余劳动力的大本营，是农村向城市迈进的阶梯和桥梁。小城镇具有集聚、分化、辐射和引导消费等功能。加速农村城镇化进程，充分发挥城镇的功能，不仅能够促进农村发展，而且有利于提高农民收入水平，是提升湖南居民收入水平的重要手段。湖南省农矿业和旅游资源丰富，许多小城镇可以依靠这些优势资源在产业发展特别是农业、旅游业产业化方面获得长足发展。因此，可以构建多元化的小城镇发展模式。

一是依托交通干线发展具有增长潜力的中小城镇。根据湖南省山区地广人

稀、小城镇远离区外市场、对外交流成本较高、规模经济和集聚经济发展受到很大限制的特点，小城镇发展主要以解决本地居民的需求为主，以此为基础发展中心城镇，优先考虑改进供给状况，然后选择有特色、市场范围广和竞争力强的商品走向区外市场，依托交通干线，向中心城镇发展。这种类型的小城镇可以优先考虑选择具有特色型经济、旅游观光经济和沿边口岸、交通干线等区位条件好的小城镇优先发展成中心城镇。二是调整城镇行政区域布局，强化中心城区建设。应有效扩展城市发展空间，在更大范围内合理配置生产要素，发挥中小城市的集约效益、规模效益，增强中心城区的辐射带动能力。同时，合理配置土地资源、矿产资源、旅游资源等，整合城乡优势，统一规划城乡建设，实现城乡一体化。三是合理引导乡镇企业向小城镇集中，加快小城镇乡镇企业园区建设。要按照实事求是、因势利导、因地制宜、分类指导、规模适度、有序发展的原则，制定科学合理的建设规划；着力加强基础设施建设，要采取税费减免、贷款倾斜、解决建设用地等优惠措施，积极培育乡镇主导产业和特色产业的发展，降低乡镇企业的发展成本，并带动小城镇第三产业的发展，增强小城镇对农村劳动力的吸纳能力。

（6）引入 PPP 模式，加快基础设施建设

可按照先行建设、适当超前的原则，认真抓好在建重点工程建设，积极开展重大项目前期工作，继续坚持每年新开工一批重点工程，不断提高基础设施建设质量和综合效益。重点是深化城市建设投融资体制改革，鼓励社会资本以特许经营、租赁经营、股权投资等方式参与大湘西地区基础设施建设和运营；完善综合交通运输网络，构建横贯东西、纵贯南北、对接城乡、联通内外的大通道、大网络；积极调整优化能源结构，加快建设生态环保基础设施；加快信息基础设施建设，服务区域经济社会发展。

一是积极加强铁路、公路、机场等交通一体化综合交通体系。形成高效、便捷、安全可靠、多式联运的综合运输体系。应形成以铁路为龙头，公路为主体，航空、水运共同支撑的现代综合立体交通网络。加快骨干交通建设，提高公路通达深度和运输效率。同时，加快立体交通网络建设，推进农村公路、航道、管道等基础交通建设。二是加快建设生态环保基础设施。加快污水处理设施建设，全面推进城市生活垃圾无害化设施建设，促进城市典型废弃物资源化，推广城市垃圾分类管理，医疗垃圾无害化处理。加强环境动态监测，健全环保行政执法工作。加快重点地区污染治理，重点是加大农村面源污染治理。在突出抓好农村地区养殖户污染治理，以及农村人畜排泄物无害化处理，推行农村清洁厕所工程，美化居住环境。三是大力建设信息化基础设施。重点是把握当前信息技术快速发

展的社会环境，加强农村信息化服务。通过整合远程教育、科技特派员等信息工程，以行业专家团队为支撑，建立基于农民诉求、符合农村环境和农民行为方式的新型农村信息服务体系，实现全程、立体的农村信息服务。加快农村宽带信息网络、通信信息网络、广播电视网络、传统媒体网络等网络基础设施建设，扶持农村开展信息查询电子站、信息公开电子屏、农业专家手机、网络计算机等设施建设。四是引入 PPP 融资模式，推进基础设施建设。PPP 模式为社会资本参与公用事业和基础设施建设开辟了新道路，多元化基础设施建设的投融资渠道，鼓励和引导民间投资进入公共领域，可以有效减轻政府财政压力和债务负担，推进新型城镇化建设，提高居民收入水平。

（7）推进人口合理流动和人口素质的提高

要提高居民收入水平，必须建立开放的人才流动环境、依靠人力资本投入实现技术创新，降低生产成本。目前湖南省劳动力和高技术人才大量向东部沿海地区迁移，且外出农村劳动力受教育程度普遍以初、高中为主，远远低于全国平均水平，这直接导致了湖南省居民收入的低水平，也在客观上造成了农村高素质人才的大量流失。因此，要更大幅度的加大教育投入，并通过各种途径加大科技人才引进和培育力度，建立健全人才资源服务体系，加快创新体系建设，提升其居民收入的基础条件。

一是完善创新人才培训体系。加快市县两级中小高新技术企业教育培训基地建设，完善培训设施，提高师资水平；鼓励、支持高校、社会专业培训机构开展面向中小高新技术企业的人员培训；引导高新技术企业开展自主培训，或者与高校、科研机构构建产学研合作机制，逐步形成全方位、多层次的教育培训体系。二是加大创新人才引进力度。鼓励企业、高校和科研院所面向国内、国外公开招聘各类学科带头人、技术带头人等高层次人才，地方政府对引进高层次、关键人才给予政策支持，做大、做强科技创新平台；各市州县区政府应当拓展与兄弟省市、友好城市政府的交流与合作，广泛参与境内专业团体、行业协会的人才交流与合作会议，探索多种选拔、挖掘高层次人才的途径，在国内的北上广等大城市常设人才招聘平台、发布高层次人才需求信息，提高引进人才占常住人口的比重和规模；各市州县区政府应当设立专项基金，支持企业、教育、科研及医疗卫生单位引进高层次人才；设立农村科技人才开发基金，支持农村科技人才的继续教育，稳定和不断壮大农村科技人才队伍；健全科技人才权益保障制度。解禁引进高层次人才、企业家及其家属的户籍限制，解除高层次人才、企业家的“后顾之忧”，促使高层次人才、企业家全心全意服务于大湘西地区科技创新事业。三是促进创新人才的交流与合作。支持企事业单位、高校及科研机构实施开放式的人才进修、培育、交流与合作模式，鼓励应用性、开发性研发人才参与国内大型企业、跨国公司研发中心的项目研发，支持基础型研究人才前往世界知名研究机构、国内外一流大学研修或留学。企业研发中心、高校和科研院所应当创造条件，吸引区域外人才来本地进行长期、短期的课题研究或者项目攻关，借外力助推区域内的科技研发升级。四是完善创新人才的利益分配导向政策。各市州县区政府应当根据利益分配的付出与回报一致性原则，支持辖区内企事业单位、高校及科研机构建立创新人才的利益分配导向政策，体现利益分配的级差和类差，层次上重点向高层次、智力型创新人才倾斜，类别上重点向紧缺的专业技术人才、高层次创新人才、经营管理人才、高级技术工人倾斜，使各类人才获得的收入与其付出的劳动和所作的贡献保持一致。

（8）推进特色现代农业体系，培养新型职业农民

以市场化为导向，推进农业专业化、标准化、规模化、集约化发展步伐，加快构建湖南现代农业产业体系。大力发展城市农业，加强优质粮食生产，推广实施柑橘等水果良种品改，积极引导城市近郊村镇逐步退出传统种植品种，积极推进水稻、油菜、品牌茶叶、烟叶、生猪等大宗农产品生产，重点发展无公害蔬菜、名特优新水果、特种养殖和花卉苗木等特色产业。大力发展品牌农业，用现代科技改造和提升传统农业，加强农业标准化体系建设，积极推行农产品生产、加工和流通全过程的标准化。大力发展生态农业，推广应用无公害低毒低残留农药、生物有机肥料和重大病虫无公害处理、生态养殖等技术，发展无公害农产品、绿色农产品和有机农产品。建设一批柑橘、烤烟、中药材、优质茶叶、富硒猕猴桃等特色产业示范基地；培育一批食品药品加工龙头产业，建立国家级大宗商品交易中心。培养新型职业农民是推进农业现代化、城镇化进程的必然要求，也是湖南省未来农业生产经营主体优化发展的方向，有助于农村居民收入水平的提升和城乡收入差距的进一步缩减，并为地方实施科技兴农战略提供人力资源保障。

一是强化新型职业农民培育的政策导向。构建新型职业农民培育的投入保障机制，推行新型绿色证书制度，把农民获证与农业产业发展的扶持政策紧密结合，让获得绿色证书的农民来经营宝贵的农业资源，让持证新型职业农民享受财政支持、税费减免、土地流转、社会保障、信贷发放、技术服务等优惠扶持政策。把新型职业农民培养任务和持证农民数量纳入各级政府的综合考核指标体系，提高各级政府的工作主动性和责任感。二是构建远程教育服务网络，建立新型职业农民培育体系。要提高农业产业劳动力素质，加快培育新型职业农民，就要构建教育服务对象不受年龄限制、有真实教育需求就能够随时享受优质教育的

农村职业教育体系，建立远程教育与普通中高职教育有效衔接、学历教育与非学历教育互通的新型职业农民培育机制。三是完善政府主导、行业指导、企业参与的新型职业农民培育新机制。在政府主导下，发挥远程教育教学平台、信息技术手段的优势，统筹各类优质教学资源，构建以广播电视大学、农业广播电视学校、涉农高职院校、农业技术推广体系为主要依托，涉农高等院校、农业科研院所、农业龙头企业、其他社会力量广泛参与的多元办学机制，形成农科教大协作、产学研相结合的新型职业农民教育培训机制。四是创立新型职业农民培养模式和管理制度。利用远程教育，突破时空限制，积极推进工学结合的新型职业农民培养模式，坚持学习与生产实际相结合，让农民一边从事农业生产，一边学习，根据农业产业发展和农业生产实际的需求接受教育。创立新型职业农民培养管理制度，教育对象以有学习需求及一定文化基础的人员为主，专业设置按照农业产业类型划分，教学模式结合农业生产的季节性进行分段设计，坚持送教下乡，突出实践教学，强化跟踪服务，教学内容以实用为主，突出针对性和实效性，直接面向农业农村生产一线培养新型职业农民。

（9）大力发展特色旅游业，推进乡村旅游的全面开发和发展

湖南拥有丰富的旅游资源，名山大川、历史文化名城、人文景观、历史遗址等应有尽有，不论是古代的还是现代的，自然的还是人工的，都是中部地区可以开发和利用的宝贵资源。可以依托境内丰富的旅游景点，打造精品旅游特色品牌，要突破行政区划的限制，以大湘西地区为基点，对接长沙、岳阳、贵州、四川旅游资源，加强跨地区的旅游合作，开发跨省旅游线路。努力实现旅游资源共享、旅游线路互通、旅游客源互引，构筑大湘西地区的旅游网络，不断提高旅游产业的经济和社会综合效益。相对于其他地区而言，大湘西地区农业资源和旅游资源较为丰富，这为乡村旅游的发展提供了赖以存在的物质基础。随着大湘西地区文化产业和旅游产业的进一步开发，目前已出现了湖南新化等乡村旅游开发较为成功的地区，这为整个湖南省乡村旅游的发展提供了宝贵经验。

附件1：伍中信：应允许宅基地部分入市（凤凰网报道）

来源：中国房地产报

“土地承包经营权、宅基地使用权、集体收益分配权是法律赋予农民的财产权利，任何人都不能侵犯。”今年的政府工作报告再次强调要保障农民财产权利。但长期以来，“权利贫困”特别是农民土地财产权利的贫困一直存在，如何填平理想与现实之间的“沟壑”？

2012年3月12日，全国政协委员、湖南财政经济学院院长伍中信接受本报记者专访时建议，现阶段可允许农民将宅基地部分入市交易。此举在破解农民土地财产权利贫困的同时，还可一举多得。

记者：“创造条件让更多群众拥有财产性收入”是十七大提出的，“创造条件增加城乡居民财产性收入”被写入“十二五”规划纲要。你认为，增加居民财产性收入的重要性何在？

伍中信：我在2008年做了一个专门针对财产性收入的国家课题。我们国家如何走向国富民强或藏富于民，是必须要解决的问题。十七大报告中提到“创造条件让更多群众拥有财产性收入”，现在的状况如何呢？可以说是比较遗憾，房地产和股市都很尴尬，普通居民没得到什么收入。

增加居民财产性收入是藏富于民的好办法。让居民拥有货币收入是不能藏富的，因为汇率会贬值，而财产性收入是增值的。如何增加居民收入，同时增加财产性收入？我们在这方面做得很不够，不如世界发达国家。

与城镇居民相比，农村居民的财产性收入更少。城市居民还可以炒股、买房，而农民不会炒股，也不能鼓励他们去炒，买房也买不起。目前农村还是一句老话：养儿防老。

记者：近几年，在城市化过程中，农户的土地产权遭到了严重的剥夺与侵犯。请问，为什么农民的土地财产权难以实现？

伍中信：土地、宅基地和宅基地上的房产，可以作为农民的财产性收入。但遗憾的是，集体土地不能自由买卖，宅基地也不能自由买卖。宅基地只能在农民之间交易，只是成本补偿性的，谈不上收入，不能增值。这几方面的权利不能产权化，农民就几乎没有财产性收入的来源。

今年的政府工作报告提到了这几个权利的保护，这是一大突破。尽快让农民的财产性收入增加起来是当务之急。这样一来，城乡居民的收入差距不会继续拉大，城乡二元结构会逐步缩小。

记者：一些城市大规模地开展农民进城运动，鼓励农民"以地换房"进城定居，并帮助农民就业，提供社会保障。但一些人认为这是地方政府的"新圈地运动"。对此，你如何来看？

伍中信：老一代农民进城，可能有不能融入城市的问题，但新一代的农民工进城不存在这个问题。不能把农民工老是理解为方方面面的工作都能做。如果不把农村土地产权化，新一代的农民工进城就很难，反而束缚了他们。

记者：中国正处于城镇化进程的加速过程中，怎样做到既保障农民的土地财产性收入，又不影响城市化进程？

伍中信：大家一直在呼吁农村集体土地和城市国有土地能够同地、同价、同权，允许农村集体土地入市自由交易。但土地制度改革牵一发而动全身，不能一蹴而就。

我有一个方案，既能让农民安定不流离失所，同时又能够取得财产性收入。可以允许农民将部分宅基地卖给城镇居民建房，国家给予完整的产权。比如，农民有两亩地的宅基地，可把其中的1/3出让，或者最多拿出一半，出让给城镇居民建房。

这样做的好处是：一是农民取得了财产性收入。二是解决了一部分城镇居民在城里买房难的问题。比如一栋150平方米的住房在城里要上百万元，在农村买地建房可能只需一半的钱，省下的一半还可以买汽车，又扩大了内需。三是推动了城镇化建设，且不需要国家花一分钱。

大小城市周边的农村都这样做，就会扩大城市圈，既解决了城市化问题，理想中的田园生活也可以实现。此外，还可解决留守儿童问题、食品安全问题等。

记者：有些人反对农村宅基地自由买卖，认为如果城里人去农村买宅基地用来进行商业开发，将导致建设用地增加、耕地减少，你怎么看？

伍中信：国家希望社会稳定，社会大众希望公平。国家应该从全民的角度来考虑问题。允许农民交易部分宅基地，农民就有了进城买房、安居乐业的资本，同时也避免了宅基地大量闲置和荒废。

附件 2：政协委员伍中信：建议部分宅基地产权化，提高农民财产性收入（全国两会访谈）

大智慧阿思达克通讯社 3 月 10 日讯，全国政协委员、湖南财政经济学院院长伍中信在接受大智慧通讯社专访时表示，建议通过部分宅基地产权化，提高农民的财产性收入，这样既可以避免农民失地，也可以科学引导城镇化发展。

伍中信表示，财产性收入是影响城乡居民收入差距的重要因素。而农民的财产性收入比较重要的部分就是其宅基地部分。中央对于宅基地的改革一直比较谨慎，其主要的顾虑是怕农民将宅基地转出之后流离失所，想让农民安居乐业本无可厚非，但同时却造成了城乡的不均等发展。

为了解除上述顾虑，同时也保住 18 亿亩耕地红线，伍中信建议，通过部分宅基地产权化提高农民的财产性收入。在农民的宅基地的总面积里面拿出一部分，比如 1/2 的宅基地用来流转给城市居民。

伍中信介绍了部分宅基地产权化的好处，首先，流转给城市居民之后农民可以获得比较可观的货币收入，使其快速致富，缩小城乡差距；其次，对于城市居民来说，到农村购房可节省很多成本，并且可以稀释城市居民，缓解城市交通压力和环境治理压力；再次，这种方式可以避免城市“摊大饼”式的发展，城市居民去农村买房便可以使农民就地城镇化，更好的实现城乡融合；最后，农民可以在当地就业，不需要再背井离乡地外出打工，这也就解决了留守儿童和留守老人的问题。

与其让月亮变成太阳，不如让星星更多，这是伍中信对于城镇化的理解。城市居民购买农民一部分的宅基地建房，同农民居住在一起，便不再有农民与城市居民的差别，这便是伍中信理想中桃源般的生活。

附件3：必须增加居民的财产性收入（和讯网采访实录）

和讯网：伍老师，中央最近提出要增加居民的财产性收入，您对此有什么看法呢？

伍中信：居民的财产性收入在我们国家十七大首次提出，经过这五年的发展，有了一定的进步，但还是没有明显地增加。应该说，近几年国家富裕起来了，但是老百姓还不是很富。

因此，我们希望能够创造一个“国富民强”的国家。所以在十八大的时候又进一步提出来要加快速度增加居民财产性收入。

虽然我国居民财产性收入增加的总量还是可以的，但离我们的预期还是比较远，同时低微收入阶层收入的增加速度不快，所以我们最近的热点问题就是在保障性住房上面，能够增加投资的幅度，让我们低微收入阶层人员拥有房产，同时又增加了财产性收入。

对于那些炒房团来说，要限制他们购买两套、三套、四套住房。这种不是以居住为目的的财产性收入增长，在我们国家是不允许的，我们老百姓也是不愿意看到的，所以我们调控房地产市场的目的也在于此。

和讯网：伍老师，对于房产问题，您对小产权房研究比较多，您对小产权房问题是怎么看的？

伍中信：我们国家在这个问题上面可能关注得不够。为什么这么认为？因为我们国家几千年来都讲究一个安居乐业，担心我们的农民把宅基地卖了之后就流离失所了，担心这个问题。

我有一个方案，能否在农民的宅基地的总面积里面拿出一部分，比如说1/3，不到1/2的宅基地用来流转给城市居民。既不会让农民流离失所，同时又取得一部分的收入，而且这笔收入可能比他们一辈子打工得到的都多，再拿这个钱置业，从而增加他们的财产性收入。

这个方案会带来一系列的好处，比如对我们城市居民，缓解了城市居民的用房问题。这个投入肯定比城市城镇买房要少得多，那么剩下的钱可以购买汽车，提高他们的生活质量。同时也缓解了城市的交通压力，人群疏散了，不完全密集了。

假如一个城市周边的农民都这么做，就可以极大地加快城镇化建设，就不要国家投入一分钱，像小卫星城的感觉，周边的农民都城镇化起来了，绿化也出来了。还会解决一系列的社会问题，比如食品安全问题，比如城市居民到农村去住了，我可以吃周边的，自己可以种，也可以请当地的农民种，这个就很放心了。

和讯网：您的意思是说应该大力发展小产权房，是这个意思吗？

伍中信：我的意思是说，希望政府能够放开到让农村的宅基地适度地产权化，比如1/3，不超过1/2的比例产权化。

把这些宅基地进行产权化，让它不是小产权，哪怕是全产权都可以。因为我们国家对小产权房，就是刚才讲的担心房子会带来一些变化，同时也担心农民失去了宅基地以后会流离失所，也会担心18亿亩耕地会受到侵犯，所以我的理解就是小产权房不能侵犯到耕地，而只涉及宅基地。因为一般的农民怎么也有那么一两亩宅基地。比如荒山野岭，土地也不能做别的用，只能建房，这个还是可行的。

对于国家来说，对于城市居民来说，对于农村居民来说，对于文化建设、城镇化建设，绿化、食品安全，和农村留守儿童的一系列问题，包括农民的安居乐业我觉得都能够解决，因为他们不再需要大量外出务工，不会带来民工潮的概念了，这都有一系列的好处。

参考文献

[1] Alessie R, Hochguertel S, Van Soest A. Household portfolios in the Netherlands [J]. Household Portfolios, 2002.

[2] Beaudry, P. E. Collard. Decomposition the Twin – Peaks in the World Distribution of Output – Per – Work, 2002.

[3] Bourguigon, Dasilva. The Impact of Economic Policies on Poverty and Income Distribution: Evaluation Techniques and Tools [J]. Washington, D. C: Word Bank, 2003.

[4] Calo miris Charles, Indira Rajaraman. The role of ROSC As: Lumpy durables or event insurance? [J]. Journal of Develop ment Economics, 1998 (56): 207 –216.

[5] Caselli, F. , and J. , Ventura. A Representative Consumer Theory Distribution [J]. American Economic Review, Fall/2000.

[6] Chatfield, M. A History of Accounting Thought [M]. New York Press, 1977 Paton, W. Accounting Theory, New York: Ronald Press, 1992.

[7] Cocco. J. Portfolio Choice in the Presence of Housing [J]. Review of Financial Studies, 2004, 18: 535 –567.

[8] Djankov S, E Glaeser, R La Porta, F Lopez – de – Silanes, A Shleifer. The New compara tive economics [J]. Journal of Comparative Economics, December, 2003.

[9] Folke, Douring, Land Economics [M]. Boston, Mass: Breton Publishers, 1987.

[10] Kauf Mann Daniel, Aart Kraay, Massimo Mast ruzzil. Governance matters Ⅳ: Governance indicators for 1996 –2004 [R]. World Bank Policy Research Working Paper Series No . 3630, May 2005.

［11］ Lisa A Keister, Wealth in America – trends in Wealth Inequality ［M］, Cambridge: Cambridge University Press, 2000: 6 – 11.

［12］ Quash, D. Galton's Fallacy and Convergence in Models of Distribution Dynamics, Scandinavian Journal of Economics, Jan 1993.

［13］ Ravallion, M. and S. H. Chen. Measuring Pro – poor Growth ［J］. Economic Letters, 2003, 78 (1): 93 – 99.

［14］ R. M. Sundrum. Income Distribution In Less Developed Countries ［M］. Routledge, 1990: 50.

［15］ Sala – i – Martin, X. The World Distribution of Income ［J］. Quarterly Journal of Economics, 2006.

［16］ Tenu, Puu. Mathematical Location and Land Use Theory: an Introduction. New York: Springer, 1997.

［17］ 马克思．资本论：第1卷［M］．北京：人民出版社，1975.

［18］ 黑格尔．法哲学原理［M］．北京：商务印书馆，1979.

［19］ 卢现祥．新制度经济学［M］．武汉：武汉大学出版社，2004.

［20］ 卢现祥．西方新制度经济学（修订版）［M］．中国发展出版社，2003.

［21］ 伍中信，田昆儒．产权理论与中国会计学［M］．北京：中国人民大学出版社，2003.

［22］ 中华人民共和国国家统计局［M］．北京：中国统计出版社，1994 – 2008.

［23］ 毕宝德，柴强．土地经济法，第5版［M］．北京：中国人民大学出版社，2006.

［24］ 王克强．中国农村集体土地资产化运作与社会保障机制建设研究［M］．上海：上海财经大学出版社，2005.

［25］ 刘楹．家庭金融资产配置行为研究［D］．［博士学位论文］．西南财经大学，2005.

［26］ 程国栋．我国农民的财产性收入问题研究［D］．［博士学位论文］．福建师范大学，2005.

［27］ 周诚．土地经济学原理［M］．北京：商务印书馆，2003.

［28］ 赵世义．论财产权的宪法保障与制约［J］．武汉：法学评论，1999（3）.

［29］ 广东省社科院历史研究所，等．孙中山全集：第九卷［M］．北京：中华书局，1986.

［30］ 莫里斯·迪韦尔热．政治社会学——政治学要素［M］．北京：华夏出

版社，1987.

［31］R. 科斯，A. 阿尔钦，D. 诺斯，等．财产权利与制度变迁——产权学派与新制度经济学派译文集［M］．上海：上海三联书店，2003.

［32］林毅夫，蔡昉，李周．中国的奇迹：发展战略与经济改革［M］．上海：上海三联书店，1994.

［33］周其仁．收入是一连串事件［M］．北京：北京大学出版社，2006.

［34］陈静宇，魏力伟．劳动者权益会计理论述评［J］．会计研究，2007（7）.

［35］樊纲，姚枝仲．中国财产性生产要素总量与结构的分析［J］．经济研究，2002（11）.

［36］徐现祥，舒元．协调发展：一个新的框架［J］．管理世界，2005（2）.

［37］李实，魏众，丁赛．中国居民财产分布不均等及其原因的经验分析［J］．经济研究，2005（6）.

［38］徐现祥，王海港．我国初次分配中的两极分化及成因［J］．经济研究，2008（2）.

［39］王兰芳．中国居民的收入分配：现状分析与理论探索［J］．经济评论，2002（4）.

［40］林毅夫．经济发展战略与公平和效率［J］．宏观经济研究，2005（10）.

［41］骆祚炎，刘朝晖．资产结构、收入结构与股市财富效应［J］．财经科学，2004（47）.

［42］丁栋虹．论产权与政权关系的制度重构及其在中国的实践［J］．战略管理，2000（3）.

［43］李荣山．我国居民财产发展的比较分析及实现路径［J］．山东财政学院学报．2008（4）：7－10.

［44］彭必源，王凯．关于增加湖北省农民财产的探讨［J］．农业经济，2009（8）.

［45］万广华，张藕香．人力资本与我国农村地区收入差距：研究方法和实证分析［J］．农业技术经济，2006（5）.

［46］牛晓奇，农村居民财产现状、困境及增收建议——基于安阳县100户农村居民财产的实证分析［J］．农业经济，2008（9）.

［47］吴宜勇．我国当前农地产权制度存在的问题分析［J］．科技信息（科

学教研)，2008 (13).

[48] 刘虹．土地承包经营权流转中的问题及对策 [J]. 河南农业，2008 (06)：16－17.

[49] 陈志武．国有制压抑个人财富增长 [J]. 经营管理者，2008 (1).

[50] 曾国安．论工业化过程中导致城乡居民收入差距扩大的自然因素与制度因素 [J]. 经济评论，2007 (3).

[51] 陈家泽．土地资本化的制度障碍与改革路径 [J]. 财经科学，2008 (3).

[52] 夏锋．千户农民对农村公共服务现状的看法 [J]. 农业经济问题，2008 (5).

[53] 樊纲．两种改革成本与两种改革方式 [J]. 经济研究，1993 (1).

[54] 樊纲，王小鲁等．中国各地区市场化相对进程报告 [J]. 经济研究，2003 (3).

[55] 罗小芳，卢现祥．论有利于穷人的经济增长及其制度安排 [J]. 财贸经济，2008 (8).

[56] 杨灿明，毛晖．市场组织还是科层组织 [J]. 财贸经济，2008 (10).

[57] 国家统计局城市司，广东调查总队课题组．城镇居民家庭财产性收入研究 [J]. 统计研究，2009 (1)：12－19.

[58] 彭屹松．财产权利视角下居民财产性收入提高 [J]. 求实，2010 (6)：82－89.

[59] 李时华，张军莲，郑必清．论增加居民财产性收入 [J]. 湘潭大学学报，2008 (1).

[60] 刘茂彬．基于生命周期理论的居民家庭金融资产结构影响因素研究 [D]. [硕士学位论文]. 南京农业大学，2012.

[61] 李实，魏众，古斯塔夫森．中国城镇居民的财产分配 [J]. 经济研究，2000 (3).

[62] 刘毅．社会转型期中产阶层的财产变动 [J]. 开放时代，2008 (1).

[63] 青连斌．健全科学有效的权益保障机制 [N]. 人民日报，2007－7－20.

[64] 舒家先．财产性收入：居民收入增量的重要来源之一 [J]. 经济纵横，2008 (1).

[65] 谭伟．财产性收入会为中国带来什么 [N]. 北京周报，2007－12－5.

[66] 唐泽富．论我国城镇居民财产性收入的新变化、问题及措施 [J]. 企业家天地，2008 (2).

［67］夏锋．增加群众财产性收入是缩小贫富差距的重要举措．学说连线．

［68］曾为群．分配、金融制度与居民财产性收入增长［J］．湖南社会科学，2008（2）．

［69］赵丽．财产性收入增加的宏观意义［J］．四川省情，2007（11）．

［70］赵人伟．正确处理财产收入与劳动收入的关系［J］．中国改革，2008（1）．

［71］孙敬水，黄秋虹．中国城乡居民收入差距主要影响因素及其贡献率研究——基于全国31个省份6937份家庭户问卷调查数据分析［J］．经济理论与经济管理，2013（6）：5－18.

［72］李秉强．我国居民收入增长及其影响因素研究［D］．［博士学位论文］．华中科技大学，2007.

［73］王力．我国居民收入差距的测度及其影响因素研究［D］．［博士学位论文］．东北财经大学，2012.

［74］吴培冠，朱婕．居民收入水平影响因素及其城乡和区域差异［J］．中国农业大学学报，2015（20）：251－258.

［75］彭妮娅．居民收入差距的测度、影响因素及经济效应研究［D］．［博士学位论文］．湖南大学，2013.

［76］蔡经汉，苏榶芳．基于面板数据方法的泉州市居民收入收敛性实证研究［J］．科技和产业，2010（7）．

［77］刘东皇，沈坤荣．收入分配、居民消费与经济发展方式转变［J］．华东经济管理，2010（11）．

［78］陈宝英．庇古“收入均等化”理论对我国收入分配制度改革的启示［J］．河南教育学院学报（哲学社会科学版），2010（3）．

［79］郭平，彭妮娅，潘郭钦．衡量收入分配差距的计量经济学方法——对均等指数法的疑问及改进［J］．财经理论与实践，2011（3）．

［80］李建军，田光宁．中国融资结构的变化与趋势分析［J］．财经科学，2001（11）：2－11.

［81］董虹．中国城镇居民财产性收入增长的制度因素分析［D］．［硕士学位论文］．陕西师范大学，2009.

［82］刘飞，谢建文．关于增加农民财产性收入的几点思考［J］．商业经济，2008（7）：35－36.

［83］宋玉军．增加居民财产性收入的机会创造与政府作为［J］．统计与决策，2008（14）：142－144.

[84] 刘凤根. 财产性收入及其经济效应研究 [J]. 湘潭大学学报，2008 (5)：40－44.

[85] 王一鸣. 努力促进城乡协调发展 [N]. 湛江日报，2007 (001).

[86] 张国华. 人口结构变动对居民储蓄和投资的影响 [J]. 上海统计，1999 (12)：5－8.

[87] 姜晶，姚荣东. 论增加个人财产性收入的意义 [J]. 广西青年干部学院学报，2009 (19)：63－70.

[88] 张云婧，薛玉琴. 山东省农村居民人均财产性收入增收对策浅析 [J]. 全国商情（经济理论研究），2008 (22).

[89] 夏宁、夏锋. 农民土地财产性收入的制度障碍与改革路径 [J]. 农业经济问题，2008 (11).

[90] 石磊，张翼. 农地制度、财产性收入与城乡协调发展 [J]. 学术月刊，2010 (4).

[91] 郑辉. 引入人口结构和社会保障因素的中国储蓄率模型 [J]. 特区经济，2011 (01)：279－280.

[92] 李实. 鼓励财产性收入是否会加大差距 [J]. 人民论坛，2007 (23).

[93] 国家统计局. 2011 年城镇住户调查方案 [R]. 2011.

[94] 史代敏，宋艳. 居民家庭金融资产选择的实证研究 [J]. 统计研究，2005 (10)：43－49.

[95] 张学勇. 居民金融资产结构的影响因素——基于河北省的调查研究 [J]. 金融研究，2010 (3)：34－44.

[96] 郭庆旺，吕冰洋. 论要素收入分配对居民收入分配的影响 [J]. 中国社会科学，2012 (12).

[97] 周其仁. 可顶大梁的财产所得 [M] //收入是一连串事件. 北京：北京大学出版社，2006.

[98] 周其仁. 从产权的角度看土地流转——城乡中国系列评论之 (73) [R]. 经济观察网.

[99] 徐延辉，林群. 福利制度运行机制：动力、风险及后果分析 [J]. 社会学研究，2003 (6).

[100] 黄学军，吴冲锋. 社会医疗保险对预防性储蓄的挤出效应研究 [J]. 世界经济，2006 (8).

[101] 龙志和，周浩明. 中国城镇居民预防性储蓄实证研究 [J]. 经济研究，2000 (11).

[102] 汪红驹，张慧莲．资产选择、风险偏好与储蓄存款需求 [J]．经济研究，2006 (6)．

[103] 孔丹凤，吉野直行．中国家庭部门流量金融资产配置行为分析 [J]．金融研究，2010 (3)．

[104] 李实，罗楚亮．中国城乡居民收入差距的重新估计 [J]．北京大学学报（哲学社会科学版），2007 (2)．

[105] 李实，罗楚亮．中国收入差距究竟有多大 [J]．经济研究，2011 (4)．

[106] 罗楚亮．居民收入分布的极化 [J]．中国人口科学，2010 (6)．

[107] 黄祖辉，王敏，万广华．中国居民收入不均等：基于转移性收入角度的分析 [J]．管理世界，2003 (3)．

[108] 袁文平．“让更多群众拥有财产性收入”的意义重大 [J]．财经科学，2007 (11)．

[109] 马明德，陈广汉．中国居民收入不均等：基于财产性收入的分析 [J]．云南财经大学学报，2011 (6)．

[110] 曾国安，胡晶晶．2000 年以来中国城乡居民收入差距形成和扩大的原因：收入来源结构角度的分析 [J]．财贸经济，2008 (3)．

[111] 祝伟，汪晓文．中国省际间农村居民收入结构和收入差距分析 [J]．中国人口与环境，2010 (4)．

[112] 王婷．增加财产性收入对居民收入差距的影响评析 [J]．当代经济研究，2012 (7)．

[113] 陈建东，晋盛武，侯文轩，陈众．我国城镇居民财产性收人的研究 [J]．财贸经济，2009 (1)．

[114] 迟巍，蔡许许．城市居民财产性收入与贫富差距的实证分析 [J]．数量经济技术经济研究，2012 (11)．

[115] 周晓蓉，杨博．城镇居民财产性收入不平等研究 [J]．经济理论与经济管理，2012 (8)．

[116] 唐平．农村居民收入差距的变动及影响因素分析 [J]．管理世界，2006 (5)．

[117] 吴彦艳，丁志卿．居民财产性收入的几个问题研究 [J]．经济纵横，2007 (11)．

[118] 周荔，曾为群．我国居民财产性收入：存在问题及增加策略 [J]．南华大学学报（社科版），2008 (2)．

[119] 雷晓燕，周月刚．中国家庭的资产组合选择：健康状况与风险偏好［J］．金融研究，2010（1）．

[120] 陈晓枫．中国城乡居民财产性收入的六大特点［J］．福建论坛（人文社会科学版），2010（1）．

[121] 赵人伟，李实．中国居民收入差距的扩大及其原因［J］．经济研究，1997（1）．

[122] 李实．鼓励财产性收入将会加剧社会财富的集中［J］．人民论坛，2007（23）．

[123] 贾康，孟艳．我国居民财产分布差距扩大的分析与政策建议［J］．经济社会体制比较，2011（4）．

[124] 邹炜，李兴发．我国金融发展与居民财产性收入的协整分析［J］．海南金融，2008（5）．

[125] 易宪容．如何让更多群众拥有财产性收入［J］．人民论坛，2007（23）．

[126] 曾康霖，范俏燕．论财产性收入与扩大内需［J］．经济学动态，2009（9）．

[127] 宁光杰．通过扩大财产性收入缩小收入分配差距的可行性分析［J］．中国经济问题，2009（3）．

[128] 余劲松．城镇居民参与股市及其对财产性收入的影响［J］．证券市场导报，2011（10）．

[129] 史代敏，宋艳．居民家庭金融资产选择的实证研究［J］．统计研究，2005（10）．

[130] 杨新铭．城镇居民财产性收入的影响因素——兼论金融危机对城镇居民财产性入的冲击［J］．经济学动态，2010（8）．

[131] 朱岚．我国居民金融资产选择与经济增长的关联性研究［D］．［硕士学位论文］．西南财经大学，2007.

[132] 商洋洋．房地产价格变动对居民投资行为的影响研究［D］．［硕士学位论文］．暨南大学，2011.

[133] 罗旋．居民金融资产选择与金融市场发展关系研究［D］．［硕士学位论文］．西南财经大学，2007.

[134] 伍中信．财权流：现代财务本质的恰当表述［J］．北京：财政研究，1998：32－35.

[135] 吴卫星，易尽然，郑建明．中国居民家庭投资结构：基于生命周期、

财富和住房的实证分析［J］. 经济研究，2010（1）.

［136］陈斌开，李涛. 中国城镇居民家庭资产—负债现状与成因研究［J］. 经济研究，2011（1）.

［137］甘犁，尹志超，贾男，徐舒，马双. 中国家庭金融调查报告 2012［M］. 西南财经大学出版社，2012.

［138］李实. 中国收入分配中的几个主要问题［J］. 探索与争鸣，2011（4）.

［139］Anthony Shorrocks，万广华. 收入差距的地区分解［J］. 世界经济文汇，2005（3）.

［140］李实. 对基尼系数估算与分解的进一步说明——对陈宗胜教授评论的再答复［J］. 经济研究，2002（5）.

［141］徐宽. 基尼系数的研究文献在过去八十年是如何拓展的［J］. 经济学（季刊），2003（2）.

［142］洪兴建，李金昌. 如何正确测算我国居民收入基尼系数［J］. 南开经济研究，2005（4）.

［143］洪兴建，李金昌. 关于基尼系数若干问题的再研究——与部分学者商榷［J］. 数量经济技术经济研究，2006（2）.

［144］万广华. 中国农村区域间居民收入差异及其变化的实证分析［J］. 经济研究，1998（5）.

［145］伍德里奇. 计量经济学导论（第四版）［M］. 中国人民大学出版社，2010.

［146］董书辉. 居民财产性收入与经济波动的相关关系研究：以美国为例［D］.［硕士学位论文］. 南京大学，2011.

［147］王月霞. 河北小城镇建设中的问题与对策［J］. 经济论坛，2000（07）：26－27.

［148］吴卫星，齐天翔. 流动性、生命周期与投资组合相异性——中国投资者行为调查实证分析［J］. 经济研究，2007（2）：97－110.

［149］肖卫国，徐小飞. 居民金融资产选择与股票市场发展关系研究［J］. 统计与决策，2009（13）：21－22.

［150］易宪容. 关于财产性收入的两个重要背景［J］. 人民论坛，2007，2（15）：14－15.

［151］厉以宁. 提高农民收入是关键［J］. 书摘，2007（11）：42－45.

［152］王利明. 强化物权保护增加财产性收入［J］. 民主与法制，2007

(22)：20－23.

[153] 钟文晶. 农民宅基地财产性收入增加研究 [J]. 广东农业，2011 (2)：199－201.

[154] 李军峰. 基于农村宅基地使用权流转视角下增加农民财产性收入的研究 [D]. [硕士学位论文]. 重庆大学，2013.

[155] 丁俊峰. 群众财产性收入增加的金融视角 [J]. 农村金融研究，2007 (12)：101－103.

[156] 李金凤，李晶龙. 财产性收入对中国贫富差距的影响 [J]. 天津经济，2008 (01)：42－44.

[157] 伍中信. 提高居民财产性收入的财务对策研究 [J]. 统计与决策，2010 (11)：72－78.

[158] 武剑. 储蓄存款分流与货币结构变动 [J]. 金融研究，2000 (4)：5－15.

[159] 汪红驹，张慧莲. 资产选择、风险偏好与储蓄存款需求 [J]. 经济研究，2006 (06)：10－13.

[160] 谷继建，张国魁. 通货膨胀现状及其对投资影响探究 [J]. 特区经济，2008 (1)：75－76.

[161] 肖倩. 通货膨胀与居民金融资产结构相关性研究 [D]. [硕士学位论文]. 中国海洋大学学报，2009.

[162] 刘欣欣. 不确定性与居民金融资产选择 [J]. 生产力研究，2009 (1)：62－63.

后　　记

本书是在国家社科基金项目“居民财产性收入增加与保障的财务体系创新研究”（08JY012）的基础上完成的。全书以增加我国居民财产性收入为逻辑主线，共分为9章，分别以城镇居民和农村居民这两个我国人口主要的构成部分为对象来进行研究。本书以历年所发文章为基本叙述方式，尊重单章逻辑布局和当时研究的经济环境，体现了时代发展的“历史痕迹”。

本书的研究还凝结了祝子丽、王传彬、葛干忠等同志的共同成果，得到了会计分社樊清玉老师的全程协调与帮助，在此一并表示感谢！

作者

2019年2月于长沙岳麓山下